中国扶贫开发协会编辑组 编著

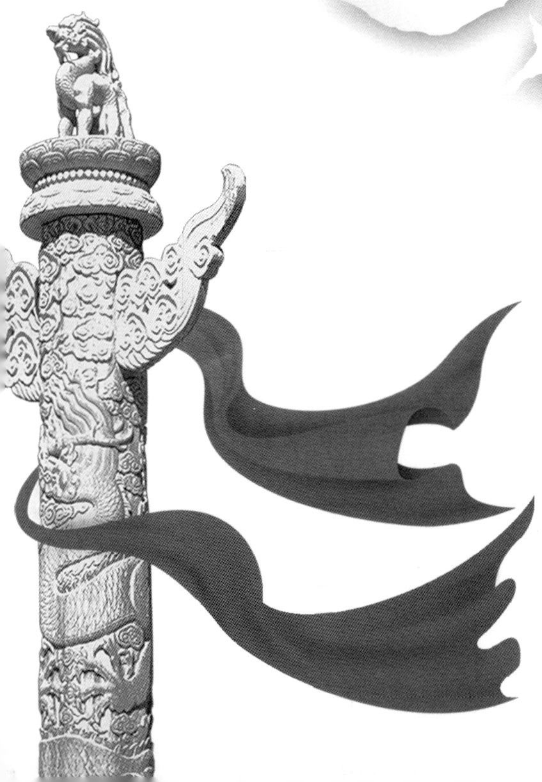

改变贫困的

中国扶贫开发典型人物

全国百佳出版社
中央编译出版社
Central Compilation & Translation Press

改变贫困的力量

辛卯春月 于信国

图书在版编目(CIP)数据

改变贫困的力量 / 中国扶贫开发协会编辑组编. —北京:中央编译出版社, 2011.12
ISBN 978-7-5117-1114-4
Ⅰ.①改⋯
Ⅱ.①中⋯
Ⅲ.①扶贫—概况—中国
Ⅳ.① F124.7
中国版本图书馆CIP数据核字(2011)第232068号

改变贫困的力量

出 版 人	和 龑
责任编辑	邓 彤、汤来先
策划/采编	罗子杰
责任印制	尹 珺
出版发行	中央编译出版社
地　　址	北京西城区车公庄大街乙5号鸿儒大厦B座（100044）
电　　话	（010）52612345（总编室）　（010）52612361（编辑室） （010）66161011（团购部）　（010）52612332（网络销售） （010）66130345（发行部）　（010）66509618（读者服务部）
网　　址	www.cctpbook.com
经　　销	全国新华书店
印　　刷	北京鑫海达印刷有限公司
开　　本	787毫米×960毫米　1/16
字　　数	200千字
印　　张	19.75
版　　次	2011年12月第1版第1次印刷
定　　价	86.00元

本社常年法律顾问：北京大成律师事务所首席顾问律师　鲁哈达
凡有印装质量问题，本社负责调换，电话：(010)66509618

《改变贫困的力量》
编辑委员会

编委会主任
胡富国

编委会副主任
郭东坡　田瑞璋　谷永江　温克刚　李宝库　田爱习
李守山　宋克荒　曹金龙

执行主编
石昕蕊

编委会成员
王志纯　裴希更　刘晓山　王宏　洪海　蒋任重　宋继华

责任编辑
汤来先

策划执行
杨震　罗子杰

美术编辑 / 封面设计
刘续尧 / 刘晓峰

发行统筹
姜诏文　宁喆　国红　吴恺伦

领导批示

胡锦涛同志2005年5月22日对中国扶贫开发协会工作的批示：

  扶贫开发是建设中国特色社会主义事业的一项历史任务，也是构建社会主义和谐社会的一项重要内容。这些年来，我国扶贫开发工作取得了显著成绩，但面临的任务仍十分繁重艰巨。帮助贫困地区尽快脱贫致富，需要党和政府以及社会各方面共同努力。中国扶贫开发协会作为扶贫开发的一支重要力量，要按照党和政府扶贫开发工作的总体部署和要求，充分发挥自身特点和优势，在推动产业扶贫开发、开展扶贫资金技术信息服务、促进贫困地区劳动力培训和转移、加强扶贫开发国际交流与合作等方面发挥积极作用，为加快我国扶贫开发进程、为实现全面建设小康社会宏伟目标作出新的更大贡献。

胡锦涛

吴邦国同志2005年4月5日对中国扶贫开发协会工作的批示：

富国同志：今年5月将召开扶贫开发第三届会员大会。扶贫开发、消除贫困是全社会关注的热点问题，也是构建和谐社会题中应有之意。动员全社会关心、支持、参与扶贫开发的思路很好，相信必将得到社会各界广泛响应和好评，并在实践中探索出符合我国国情的扶贫开发的新路子。协会工作大有可为，预祝大会成功。

吴邦国同志2007年2月25日批示：

富国同志：读了汇报材料，很好。只谈一点，就是引导企业投入扶贫工作。过去企业困难，自身难保，现在企业好起来，有能力、也应该在扶贫事业中回报社会。这方面工作潜力大得很，与国外也有很大差距。此点供酌。

吴邦国同志2008年2月12日对胡富国会长《我从事扶贫工作九年来的有关情况和当前扶贫开发工作的建议》所作的重要批示：

富国同志：今年5月将召开扶贫开发第三届会员大会。扶贫开发、消除贫困是全社会关注的热点问题，也是构建和谐社会题中应有之意。动员全社会关心、支持、参与扶贫开发的思路很好，相信必将得到社会各界广泛响应和好评，并在实践中探索出符合我国国情的扶贫开发的新路子。协会工作大有可为，预祝大会成功。

温家宝同志2004年12月1日对中国扶贫开发协会工作的批示：

动员全社会力量开展扶贫开发是消除贫困的一条重要途径。要充分发挥扶贫协会的作用。

温家宝同志2007年2月18日对中国扶贫开发协会工作的批示：

扶贫开发是一项长期而艰巨的历史性任务，必须坚持不懈地努力。希望扶贫协会的工作越做越好。

贾庆林同志2007年11月17日对中国扶贫开发协会在广西北海举办社会扶贫研讨会所作的重要批示：

中国扶贫开发协会创造性地开展工作，取得了很大成绩，要认真总结经验，以利再战。

要按照十七大报告的要求，加大对革命老区、民族地区、边疆地区、贫困地区发展扶贫力度。进一步发挥民间社团的优势，积极动员社会力量开展多种形式的扶贫开发，尽最大力量为民解困，为党分忧。

各级政协组织和政协委员要更加积极参与扶贫开发工作，这是我们应尽的社会责任。

贾庆林同志2008年2月8日对胡富国会长《我从事扶贫工作九年来的有关情况和对当前扶贫开发工作的建议》所作的重要批示：

富国同志负责的中国扶贫开发协会，我认为至少有两个特点：一是带着感情抓扶贫，特别是把革命老区、贫困山区、边疆地区根本改变贫困面貌作为工作重点；二是创造性地开展工作，组织了一大批各级政协委员参与扶贫，以多种形式，例如教育扶贫、培训专门人才等，发挥了重要作用，取得了积极成果。感谢富国同志很好地履行全国政协常委的职责，为党和人民的事业作出贡献。

贾庆林

习近平同志2008年2月13日对胡富国《我从事扶贫工作九年来的有关情况和对当前扶贫开发工作的建议》所作的重要批示：

富国同志：这些年来，中国扶贫开发协会按照中央的总体部署和要求，在动员和组织社会力量参与扶贫开发等方面做了大量工作，发挥了积极作用。希望你们认真学习十七大精神，发挥优势，扎实工作，为推动我国扶贫开发事业、帮助贫困地区脱贫致富奔小康作出更大的贡献。

习近平

曾庆红同志2005年4月26日批示：

　　扶贫工作意义重大，动员社会力量积极参与扶贫开发大有可为。

曾庆红同志2007年2月27日批示：

　　感谢中国扶贫开发协会的同志们在国家的扶贫开发中所做的大量有成效的工作，希望协会在扶贫开发中发挥更大的作用。

回良玉同志2004年11月29日对中国扶贫开发协会批示：

　　发挥民间组织作用，动员社会力量参与扶贫开发，这是我国扶贫开发的一种有效形式，这方面潜力很大，大有作为。扶贫协会动员社会力量进行扶贫的意见很好，请扶贫办认真研酌。

领导批示

刘延东同志2010年9月3日对中国扶贫开发协会《宣传表彰中国扶贫开发人物活动的情况报告》所作的批示：

  长期以来，扶贫开发协会为推进我国扶贫开发事业做了大量工作，作出了重要贡献，这次宣传表彰活动影响大、效果好。请科技部、教育部、文化部在各自领域与扶贫开发协会加强合作，优势互补，提升科教扶贫、文化扶贫的水平和成效。

刘延东

陈至立同志2006年9月27日为中国民办院校教育扶贫工程启动仪式发来的贺信中指出：

  教育扶贫是扶贫事业的重要组成部分。一批民办院校和职业教育机构同中国扶贫开发协会一道，为一些家庭贫困学生提供帮助，为扶贫事业增添了新的力量，值得称道和提倡。

陈至立

领导关怀

① 2005年中国扶贫开发协会"527换届选举"时，全国政协主席贾庆林、国务院副总理回良玉与中国扶贫开发协会会长胡富国进入会场

② 2005年中国扶贫开发协会"527换届选举"大会上，全国政协主席贾庆林发表讲话

③ 全国政协主席贾庆林与中国扶贫开发协会会长胡富国亲切会谈并指导工作

④ 全国政协副主席、全国工商联主席黄孟复出席中国扶贫开发人物宣传表彰大会

⑤ 全国政协主席贾庆林与中国扶贫开发协会领导合影

⑥ 国务院副总理回良玉参加2005年中国扶贫开发协会"527换届选举"，与中国扶贫开发协会胡富国会长亲切交谈

① 2008年3月底，国务院扶贫办主任范小建对云南莽人、克木人生产生活情况展开调研

② 2008年2月4日，国务院扶贫办主任范小建出席中国扶贫开发协会举办的"向南方雪灾最重五省捐赠仪式"并讲话

③ 2008年10月27日，国务院扶贫办副主任王国良在云南走访贫困户

④ 2008年7月9日，国务院扶贫办副主任郑文凯到宁夏回族自治区同心县菌草养殖大棚考察

⑤ 国务院扶贫办行政人事司司长司树杰参加扶贫开发协会举办的"文化扶贫"活动并讲话

⑥ 2008年11月29日，国务院扶贫办党组成员、国际合作和社会扶贫司司长张磊参加中国扶贫开发协会活动并讲话

中国扶贫开发协会名誉会长

李兆焯

第十一届全国政协副主席

李金华

第十一届全国政协副主席

钱正英

第七届、八届、九届全国政协副主席

顾秀莲

第十届全国人大常委会副委员长,全国妇联副主席

中国扶贫开发协会

  中国扶贫开发协会是国务院扶贫开发领导小组办公室主管民政部登记注册的全国性社团组织，其宗旨是致力于消除贫困、缩小贫富差距，促进共同富裕，构建社会主义和谐社会，辅助政府广泛动员社会力量，引导多种所有制经济组织开展产业扶贫开发工作，实现扶贫开发的社会效益与投资回报双赢。中国扶贫开发协会成立十余年来一直与中国扶贫基金会合署办公，从2001年起独立开展工作。中国扶贫开发协会成立于1993年，第一任会长是项南同志，第二任会长是王郁昭同志，2005年5月胡富国同志当选为第三届会长，2010年12月1日连任第四届会长。

中国扶贫开发协会会长

  胡富国，1937年生，山西人，中共十三大代表，十四、十五届中央委员，第十届全国政协常委，现任中国扶贫开发协会会长。1993年9月任山西省省委书记，1999年6月任国务院扶贫开发领导小组副组长，2005年当选为第三届中国扶贫开发协会会长，2010年12月1日当选为第四届中国扶贫开发协会会长。胡富国致力于积极调动社会力量参与我国扶贫开发事业，倡导"真扶贫、扶真贫"，全心全意为穷人服务，积极探索扶贫新模式，通过产业扶贫、教育扶贫、农村信息化扶贫、劳动力培训转移扶贫、文化扶贫等模式扶贫济困，实实在在改善了贫困人口的生活。

宣传活动

2009年9月9日，中国扶贫开发人物宣传表彰大会

① 全国政协主席贾庆林与全国政协副主席杜青林、黄孟复及全国政协原副主席钱正英等接见中国扶贫开发人物

② 中国扶贫开发人物宣传表彰大会上，全国政协主席贾庆林发表讲话

③ 全国政协副主席、全国工商联主席黄孟复等领导同志为中国扶贫开发人物系列活动启动仪式剪彩

④ 中国扶贫开发人物宣传表彰大会上，中国扶贫开发协会会长胡富国发表讲话

⑤ 大会现场

⑥ 大会现场

中国扶贫开发人物系列活动

① 全国政协主席贾庆林参观中国扶贫开发人物雕塑展
② 北京王府井中国扶贫开发人物大型图片展
③ 在北京王府井举办的中国扶贫开发人物雕塑展
④ 在重庆举办的中国扶贫开发人物大型图片展
⑤ 举办中国扶贫开发人物大型慈善晚会"以温暖的名义"
⑥ 著名歌唱家、中国扶贫开发协会荣誉大使宋祖英演唱《长大后我就成了你》

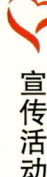

宣传活动

中国扶贫开发人物展北京启动仪式

① 中国扶贫开发协会会长胡富国在启动仪式上发表讲话
② 北京启动仪式现场
③ 中国扶贫开发人物展北京王府井雕塑展
④ 中国扶贫开发人物展全国巡展活动北京启动仪式现场
⑤ 中国扶贫开发协会领导出席中国扶贫开发人物展全国巡展活动北京启动仪式
⑥ 中国扶贫开发人物及工作人员合影

中国扶贫开发人物展山西巡展

① 中国扶贫开发人物展山西太原巡展
② 山西巡展现场
③ 胡富国会长参加中国扶贫开发人物展山西太原巡展,和与会人员亲切交谈
④ 中国扶贫开发人物展山西长治巡展现场喜气洋洋
⑤ 中国扶贫开发人物展山西太原巡展现场
⑥ 中国扶贫开发人物展山西长治巡展热闹的现场

宣传活动

中国扶贫开发人物展重庆巡展

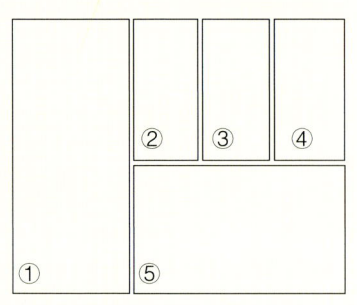

① 中共中央政治局委员，重庆市委委员、常委、书记薄熙来发表讲话
② 国务院扶贫办主任范小建在开幕式上讲话
③ 中国扶贫开发协会会长胡富国发表讲话
④ 重庆市委常委、常务副市长马正其致辞
⑤ 重庆巡展开幕式现场

中国扶贫开发典型人物名录

新中国成立 60 年特别是改革开放 30 年来,我国扶贫开发事业取得了举世瞩目的成就,其中社会各界发挥了重要作用,涌现出一大批先进典型。为展示先进事迹,讴歌时代人物,中国扶贫开发协会决定对下列 73 人、两个单位给予宣传表彰。

中国扶贫开发典

中国扶贫开发典型人物

曹振峰　高乃则　纪少雄　赵永亮　贾跃　陈峰　叶盛鹏　陈忠孝　赵笑长　张洪波
姜国峰　廖成军　马艳丽　加永尼玛　张金保　张建玲　周银柱　马怀兰夫妇　黄礼开
李双星　李生康　李晓光　李凌峰　陈继明　杜庆禄　罗瑞雪　郑清学　郑清宽　覃

中国扶贫开发模范集体

山西长治市政府　海南航空

林洪　徐桂芬　唐克碧　黎珊玉　王金凤　朱敦奎　刘光汉　刘经达　汤克林　张大权　王笑波　吴希宾　寒北星　王西林　宁杨锁　杜文修　杨晓宏　韩阿乙草　王道岭　骆驰　勃宏　熊安福

表 合 影

二〇〇九年九月九日 北京

正芬　张光花　张明君　张敏　林远泉　胡成来　熊维政　燕金凤　马福财
王贵发　李云峰　陈怀德　阿尼帕·阿力玛洪　徐莉　李达　沈为备　赵亚

目 录

序言

中国扶贫开发典型人物

曹振峰	"授人以渔"的扶贫典范	2
高乃则	扶贫的一面旗帜	10
纪少雄	炒田螺出名的慈善家	18
赵永亮	让梦想引领 不断超越	26
贾 跃	选择绿叶人生的快乐慈善家	32
陈忠孝	常平开发区致富带头人	36
陈怀德	大爱无边，善行天下	40
陈 峰	海航的缔造者和领航人	48
叶盛鹏	盐池县造福桑梓的带头人	52
赵笑长	回报社会没有句号	56
张洪波	用中澳模式助百姓养鸭致富	58
林 洪	广西罗非鱼加工首席创始人	62
徐桂芬	回报社会的"孺子牛"	66
唐克碧	中华孝亲敬老楷模	70
黎珊玉	黄袍乡脱贫致富领路人	74
王金凤	文成县兔业先锋	78
朱敦奎	用肉鸭产业带富一方百姓	82
刘光汉	澜沧江啤酒集团领航人	86
刘经达	青山深处的开拓者	90
汤克林	牛肉加工上做出大文章	94
张大权	在岩溶山区开创生态畜牧业	96
张正芬	清远天农"养鸭博士"	100
张光花	"编"出来的致富领路人	104
张明君	北票市养鸡产业带头人	108
张 敏	产业扶贫除"穷根"	112

林远泉	用"五动"方式引领林业发展	116
胡成来	马铃薯产业的带头人	118
熊维政	中国医药杰出企业家	122
燕金凤	催生全国第三大绢花基地	126
马福财	一片深情献东乡	128
李海燕	周口科技职业学院院长	132
冷友斌	黑龙江省捐资助教标兵	136
张红梅	农村青年创业致富带头人	138
姜国峰	职业教育雨露洒全国	140
廖承军	百色职业学院院长	144
马艳丽	科学养鸡带富一方	146
加永尼玛	致富不忘乡亲的劳动模范	150
张金保	开山凿渠铺致富路	152
张建玲	温庄村党支部书记	154
周银柱、马怀兰夫妇	山西井沟村致富带头人	158
黄礼开	情注贫困山村	162
王笑波	搭建文化扶贫大舞台	166
吴希宾	在废墟上筹建图书室	170
寒北星	山川文化策划大师	174
王西林	延安宝塔山下的慈善使者	178
宁杨锁	扎根西北扶贫的晋商代表	182
杜文修	花椒产业脱贫致富带头人	184
杨晓宏	汗洒原州的扶贫使者	188
韩阿乙草	引领民族妇女致富的践行者	192
王道岭	对口帮扶的典范	194
骆驰	巴渝大地矢志助学的慈祥老人	196
王贵发	关爱弱势群体的"光彩之星"	200
李云峰	"绿色家园"园长	204
阿尼帕·阿力玛洪	民族大家庭的爱心妈妈	208
徐莉	215名孩子的"漂亮妈妈"	210

李 达	扶贫战线上的耄耋老人	216
沈为备	为了周总理的遗愿	220
赵亚夫	找到亚夫准能富	224
熊 静	长坪塘村义务扶贫13年	228
孔炳生	爱洒边疆的好书记	232
刘继华	敢为人先的扶贫办主任	236
李双星	让"细胞工程"迸发致富力量	240
李生康	"四区"扶贫事业的领头雁	244
李晓光	全力打造白鹅之乡	248
李凌峰	新疆移民开发模范	252
陈继明	百里沙丘的"淘金人"	256
杜庆禄	架起扶贫助学桥梁的人	260
罗瑞雪	带领复兴村走上复兴路	264
郑清学	扶贫战线默默奉献的好干部	268
郑清宽	"西畴精神"的奠基人	270
覃勋宏	一心为民的好主任	272
熊安福	左贡特色扶贫创始人	276

中国扶贫开发模范集体

| 山西长治市政俯 | 解决老区人民饮水难题全国典范 | 280 |
| 海南航空 | 中国公益事业先锋企业 | 284 |

序言

授之以鱼不如授之以渔

第十一届全国政协副主席 李金华

  由中国扶贫开发协会主编的《改变贫困的力量》一书即将付梓，我谨表示由衷的祝贺！富国同志邀我作序，盛情难却，借此机会谈谈我对扶贫工作的一点想法。

  扶贫开发是建设中国特色社会主义事业一项长期历史任务。党中央、国务院历来高度重视缓解和消除贫困，制定了一系列促进贫困地区加快发展的政策措施。新中国成立以来，特别是改革开放32年来，我们成功走出了一条符合中国国情的扶贫开发道路，实现了人民生活从温饱不足到总体小康的历史性跨越。从1978年到2009年，中国农村贫困人口减少两亿多人，是最早实现联合国千年发展目标中贫困人口减半的发展中国家。在这样短的时间内，帮助这么多的贫困人口解决温饱问题，这是一个了不起的成就。但也必须清醒看到，我国仍处在社会主义初级阶段，经济社会发展总体水平不高，贫困人口规模大，扶贫标准低，相对贫困现象凸显，返贫问题严重，集中连片特殊困难地区扶贫任务十分艰巨。帮助贫困地区尽快脱贫致富，需要党和政府以及社会各界付出更大的努力。

  当前，我国正处在全面建设小康社会的关键时期，扶贫开发也进入攻坚阶段。党的十七大提出了到2020年基本消除绝对贫困现象的奋斗目标。前不久召开的党的十七届五中全会强调，要深入推进开发式扶贫，逐步提高扶贫标准，加大扶贫投入，加快解决集中连片特殊困难地区的贫困问题，有序开展移民扶贫，实现农村低保制度与扶贫开发政策有效衔接，这为进一步做好扶贫开发工作指明了方向。我们要深入学习贯彻十七大和十七届五中全会精神，充分认识做好扶贫开发工作的重要性、紧迫性和艰巨性，坚持开发式扶贫方针，全面提高减贫成效，推动贫困地区社会经济又快又好地发展。

  胡锦涛同志指出："扶贫开发是建设中国特色社会主义事业的一项历史任务，也是构建社会主义和谐社会的一项重要内容。"扶贫济困一直是中华民族的传统美德。近几年来，在中国扶贫开发协会的组织下，在广大会员单位、企业家的共同努力下，扶贫开发事业取得了显著的成绩！

中国扶贫开发协会作为扶贫开发的一支重要力量，长期以来为加快我国扶贫开发进程作出了积极贡献。特别是协会第三届领导班子成立5年来，自觉实践科学发展观，按照党和政府扶贫开发工作的总体部署，充分发挥自身优势，广泛动员社会力量，扎实有效地开展工作，为推动贫困地区经济社会发展发挥了重要作用。扶贫事业需要继承与发扬，在新时代下，我们应该将传统的帮扶转变成为开发，用"造血"的方式替代"输血"的方式。尽可能地推动贫困地区产业项目，改善贫困的面貌。中国扶贫事业需要拥有激情，需要拥有科学的方法，还需要拥有坚韧不拔的毅力。

为深入贯彻落实党中央国务院关于扶贫开发的指示精神，鼓励先进，弘扬正气，动员和引导全社会广泛关注、支持扶贫开发事业，中国扶贫开发协会举办的"中国扶贫典型人物"宣传系列活动评选出了七十余位扶贫开发典型人物。他们热爱祖国，服务人民，崇尚科学，辛勤劳动，团结互助，诚实守信，遵纪守法，艰苦奋斗，用自己的实际行动践行了社会主义荣辱观。这些典型人物事迹感人至深，为扶贫开发做出了突出贡献，是扶贫战线的楷模，弘扬了中华民族扶贫济困的传统美德，值得向全社会宣传和弘扬。

古人云："授之以鱼不如授之以渔"。扶贫是目的，开发是手段。扶贫开发工作不能等同于救济，更应通过企业和其他组织的参与，将贫困地区的人口纳入市场各行业的产业链中，提升贫困人口的劳动技能、创造新的就业岗位，增加收入，从而分享经济发展的成果。本书将"中国扶贫典型人物"系列活动评选出的扶贫开发典型人物的事迹，在社会上进行了广泛传播，意在讲述他们"授之以渔"的故事。

在此，我要向积极参与扶贫开发工作的企业家、志愿者表示敬意！并呼吁更多的有识之士加入到扶贫开发的队伍中来！

是为序。

二零一一年六月

中国扶贫开发
典型人物

人物档案

姓名/曹振峰

性别/男　出生年月/1960年3月

籍贯/河北省邯郸市

职务/北方汽车专修学校校长

主要事迹/多年来，共为华官营学校捐助教学设备100万元；为家乡修路、引水捐资50万元；为邯郸培养下岗工人5 000余人，直接帮助2 000多名下岗女工再就业；向汶川地震灾区捐款20万元；开展"北方七千万捐资助学计划"，免费培训4 000名贫困生

曹振峰　"授之以渔"的扶贫典范

20世纪，衡量一位企业家的贡献，主要看他企业有多大，挣了多少钱，交了多少税。21世纪，衡量一位企业家的贡献，要看他解决了多少人的就业问题，转化了多少农村过剩劳动力，尤其是改变了多少最贫困最底层人的命运。北方汽车专修学校校长曹振峰就是一位21世纪成功的有社会责任感的企业家，他专注于教育扶贫，尤其是2007年斥资7 000万元扶助4 000名贫困学生的教育计划引起强烈反响。全国政协主席贾庆林评价说："曹振峰同志既是扶贫开发协会办好事的典型，也是政协办好事的典型。穷孩子到了你的学校就受益，找到了工作，一家脱贫了，一生都有了保证了。这就能显示扶贫的作用。"

曹振峰出生在一个普普通通的农民家中，从小就对电子和机械设备有着浓厚的兴趣。1979年，他参军入伍，在当兵尽义务的同时，刻苦学习先进的电子技术。1981年，年仅21岁的他在部队"军、地两用人才成就展示会"上展示了自己组装的几百件无线电设备，获得了部队领导的高度认可，被破格提升为无线电教员。此后，在军队服役的几年时间里，他几乎将全部精力都投入到钻研无线电技术中，并将自己的收获毫无保留地传授给学员。现在曹振峰回忆当年在部队的这段经历

时说，当兵的环境启发了他想当一名将军的决心，当兵也让他养成了良好的习惯，比如他现在睡硬板床、冬天不用暖气、夏天不用空调、每天早上跑步、每天晚上游泳，保持了健康的生活方式。这段经历为他日后成功创业奠定了坚实的基础。

1984年，曹振峰从部队转业回到家乡，开了一个门市，用数字万用表、一步到位法修汽车、摩托车。他修车技术精湛，在唐山、天津一带的大车、集装车都到他那儿修。很多年轻人都来拜师学技术。通过几年在地方经济建设大潮中的摸爬滚打，细心的曹振峰敏锐地意识到，随着汽车工业的迅猛发展，汽车市场将不断扩大，汽车维修行业也必定会迎来大发展的黄金时期。而当时国内专业汽修人才却供不应求，汽修专业人才培养基本上还是一片空白。

1995年6月，他自筹12万元资金，创办了北方汽车专修学校。曹振峰认为，争取国家财政资助来发展职业教育是没有希望的，未来的职业教育应该采用北方汽车专修学校以企业管理的方式，运用市场化的手段，打破传统的学历教育格局，用市场来养活自己、发展自己的模式。北方汽车专修学校在曹振峰的带领下，飞速发展，由小到大，由弱到强，经过15年的艰苦创业，学校已由最初的几排小平房发展成拥有分布中国大江南北14所分校、教师科研团队3 000余人、年招生6万余人、总资产达15个亿的北方汽车教育集团，是全国唯一系统培训汽修全能人才的专业学校，享有"汽修教育界航母"的美誉。当被问及北方汽车专修学校成功的奥秘何

■曹振峰作为扶贫开发典型人物与全国政协主席贾庆林（前排左二）等一起合影

■2010年12月1日，在中国扶贫开发协会第四届会员大会上全国政协主席贾庆林接见曹振峰

在时，曹振峰轻松地回答说："北方汽车专修学校发展到现在招生量这么旺，实际上我也没什么秘诀，也不是我多么聪明，我也不比别人多强，实际上是一个看书的结果，是个知识爆炸的结果，是一个现代企业管理创新与传统办学很好结合的结果，是一个适应市场、来源于市场、回馈于市场的结果。"曹振峰的理想是，在中国竖立起与世界接轨的现代化汽车大学，为中国早日生产出具有自主知识产权、中国自己品牌的汽车培养出世界一流的汽车研发、维修技术人才。

"北方"今日的成功，得益于党的富民政策。曹振峰早年贫苦生活的经历让他始终不忘社会责任。为了配合家乡发展基础教育和解决当地群众吃水难、出行难的问题，他先后为华官营学校捐助教学设备达100万元，为乡村修路、引水捐资50万元。自1999年以来，每年春节他都要拿出数十万元的资金和物品，慰问全乡的五保户、残疾人和生活困难群众。他为国家和政府分忧，为维护社会稳定贡献力量，配合邯郸市政府实施"北方社区服务工程"，培养下岗工人5 000余人，直接帮助2 000多名下岗女工再就业。在国家重大灾害面前他更是挺身而出，2008年向汶川地震灾区捐款20万元。

随着企业的成长壮大，曹振峰的思想也在不断升华。他认为，物质上的扶贫，纵然是金山银河，也不能解决根本问题，唯有将贫困者改造成有能力摆脱贫困的

■曹振峰与全国政协主席贾庆林（中）、中国扶贫开发协会会长胡富国（右）合影

人，才是真正有意义的善举。他用实际行动履行"授之以鱼不如授之以渔"的古训，坚持"面向社会，服务社会"的办学方针和"严格管理，科技领先"的理念，努力实现"培训一人，安置一人，稳定一人，脱贫一户"的目标。15年来，北方汽车专修学校共为全国培训汽修人员18万人。这18万人，不仅自己获得了就业机会，同时他们就像一颗颗种子在全国各地生根发芽、开花结果，带出了一批又一批汽修技术人才，为政府解决城镇人口就业、下岗职工再就业和农村剩余劳动力转移作出了重要贡献。

2006年9月28日，"中国民办院校教育扶贫工程"正式启动。中国民办院校教育扶贫工程旨在使更多家庭贫困学生获得接受高等教育的机会，通过知识改变命运，通过教育成就人生。北方汽车专修学校校长曹振峰得知这一消息后，立即与中国扶贫开发协会教育扶贫办公室主任刘心远联系，表达了准备捐资助学的强烈愿望，"北方教育扶贫计划"协议很快达成。

2007年4月14日，"北方七千万捐资助学计划"在人民大会堂举行新闻发布会及启动仪式。此计划旨在将教育资源落后的贫困地区优秀青年培养为掌握新型技术的应用型人才，这无疑是一次传统扶贫思维模式上的突破，更是教育扶贫适应中国农村剩余劳动力转化的一次全新结合，标志着曹振峰传统扶贫思维模式的突破。中国扶贫开发协会会长胡富国对此高度评价说："你们做了大好事、大善事，得民心。你们这个学校虽然是个民办学校，你们这个校长虽然是个一般的百姓，但是你们的觉悟高，你们对穷人有感情，向你们学习，向你们致敬。"曹振峰谈及捐资助学的初衷时曾说："我的初衷很简单，我小时候也是个穷苦的孩子，知道上不起学念不起书的滋味，那种迷茫、无助的痛苦我是深有体会的。有的孩子拿不起钱上学，他们就给我写信，我就免了很多孩子的学费。真正没钱的孩子我绝对不能让他走。现在我有能力去帮助这些穷孩子，我就去做了这件事。""北方"投资 7 000 万元（其中 1 000 万元现金捐助主要用于工程的运作、宣传，6 000 万元用于 4 000 名贫困学生的免费就学），将在河北、辽宁、山西、陕西、贵州、四川、江西、西藏等 14 个省（区），选拔 4 000 名家境贫困的优秀青年，由北方教育集团为他们提供免费的汽修技能培训，不但授之以一技之长，而且保证他们毕业之后的就业。当他们成为汽修行业的优秀人才之时，他们获得的不仅是财富，还有获得更多财富的实力与信心，摆脱贫困的绝对不只他们自己，而是他们背后的整个家庭，甚至是他们的家乡。当无数的青年、无数的家庭、无数的乡村摆脱了贫困、获得新生之时，我们的国家也迎来了新的希望。

为了这一计划的实施，北方汽车专修学校派出 12 个组 500 名"草根扶贫"志愿者，走访了全国 10 个省（区）583 个县镇 869 个村庄的 1 201 个贫困家庭，为贫困学子送上入学通知书和上学的路费。他们自己租车，自己解决食宿，走村串户，当场看户口本，当场查身份证，当场照相，当场颁发录取通知书，确保"草根扶贫"落到实处。第一批入藏 9 人招聘小组中，5 人有严重高原反应，腿肿，呼吸困难，其中张光伟、王静波严重血晕，肺部感染，飞回北京，直接进医院治疗。为了不影响招生工作，北方汽车专修学校再次派人进藏。招生小分队在招生期间，做了大量的社会调查，对各地的人口构成、贫困状况、经济来源等进行了分类统计，为以后中央教育扶贫政策的制订提供了大量一手资料。胡富国会长原计划亲临西藏，但因身体不适，特委派助理刘心远、副会长曹正峰亲临一线督查。曹振峰带着志愿者亲自走访了西藏、广东、山西、山东等地的贫困家庭。他后来回忆说："事先我知道很多地区很贫困，但眼前的贫困状况超出了我的想象。很多家庭只有一间茅草屋，除了铁锅值钱，其他没有任何值钱的东西，这些地区极端的贫困状况更加坚定了我教育扶贫的决心。"他走一路，捐一路，捐完没钱了，就赶紧找人再取，准备下一户的时候再捐。山东省沂蒙山区费县闻家岭村，18 岁的闫春生姐弟俩，前年母亲因尿毒症去世，留下债务 6 万元。父亲为了还债，外出打工，从事高危工作，祸不单行，意外烧伤全身面积 70%。为了给父亲看病，姐弟俩走遍全村，借债 16 万元，但依旧无力回天，只能听天由命。曹振峰和刘心

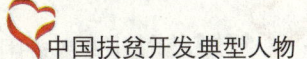

远看到惨不忍睹的情景,无不怆然泪下,曹振峰掏出随身携带的5 000元,刘心远拿出1 000元,其他随行人员也倾其所有,慷慨解囊。两位领导当场给姐弟俩签发了录取通知书,姐弟俩以人生第一次的下跪感谢党和政府,感谢扶贫开发协会。曹振峰认为自己所做的事情很有意义,他说:"做一个有社会责任感的企业家,意义在哪里?首先为政府解决了困难,第二帮助了贫困百姓,第三在整个过程中别人都会说你好,别人通过你的力量改变了生活,他们会记住你,感谢你。"

2008年4月20日,贫困生入校,学费解决了,生活费却没着落,面临二次失学的危机。生活班主任赵伟说:"令我最感到难受的一次是,我在食堂检查的时候,有一张桌子上放了一根其他学生吃了一半扔掉的油条,咱们扶贫的有个同学趁人家不注意,其他同学没有看到的时候,偷偷地把这根油条放到自己的饭盒里,继续在那儿吃。我当时心里一阵酸楚。在这段时间里,还有很多学生四五个人打一份面条吃。他们都是十八九岁的孩子,正处在身体发育和长身体的阶段,四五个人吃一份面条能吃饱吗?"有同学在食堂的窗口前一直徘徊,望着窗口里各种各样的食品,直吞咽着口水。他们为了不给家里面添更多的负担,为了不给学校增添更多的麻烦,有病了挺着,不敢去看,因为他们没钱。有的人在一天只吃一顿饭的情况下,仍然坚持在学习。这种情况在老师们中间引起极大震动。为了让每个贫困学员在免除学费的基础上看得起病、吃得上饭,学校组织员工捐款

■曹振峰与中国扶贫开发协会会长胡富国(右)合影

100万元设立了"贫困学生医疗生活基金"。

学校有170名藏族贫困学生,他们当中很多人是第一次出家门。来到一个新的环境,他们有很多地方不适应,水土不服的现象很严重,一些学生经常会生病。曹振峰深知这些孩子的窘境,他们连火车票都买不起,哪里有钱治病。于是,他吩咐学校将所有孩子的吃饭、住宿、医疗全包。春节前,曹振峰还特意嘱咐给买不起车票的学生买票回家,他的这份贴心让孩子们感动不已。春节后,藏族学生千里迢迢给他带来了糌粑、牦牛肉、藏獒幼崽等,用自己的方式感谢曹校长。为了彻底解决扶贫计划扶助的贫困生的生活问题,学校和一些企业合作,让这些贫困生先在这些企业从事半年简单的工作。一方面让他们适应城市的生活环境,因为很多学生来自贫困地区,对城市生活很陌生,适应环境变得很必要。另一方面,半年内所得报酬可以为以后的学校生活提供保障。半年工作后,再从事汽车修理学习,结业后可以找到比较好的工作。

为了让学员毕业之后顺利就业,学校在北京、上海、广州建立面向全国的分配办事处,并借助全国1000多家签约厂、店优势,充分保障了学员的就业分配。从2005年开始,"北方"每年都定期举行春秋两届招聘会。来自北京、上海、天津等地几百家汽修厂、特约维修站的代表云集"北方",近距离接触"北方"学子,

■中国扶贫开发人物表彰大会上,曹振峰与领导们一起步入会场

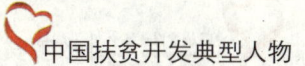

签订适合本单位的人才。毕业生在招聘会上很紧俏,岗位和应聘者的比例至少在3∶1。以北京为例,每年新增汽车30万辆,看看遍地跑的汽车,拥堵的交通,就知道汽修人才紧缺到了怎样的地步。到现在为止,接受北方教育扶贫活动资助的大批学员已完成学业,分赴广州、上海、浙江、江苏、河北等地的汽车制造厂、特约维修店、4S店、5S店、一类维修站和二类大型企业就业。学员就业后,北方汽车专修学校将对学员进行追踪管理,如果学员对学校推荐的工作不满意,学校就免费帮助学员调换工作。即使在受世界金融危机影响、就业形式异常严峻的情况下,北方汽车专修学校仍尽全力安排好学员的就业。"北方"成立10多年来,优秀毕业生自己开厂的不计其数,但许多学生毕竟经济实力不足,难以做大做强。如今北方汽车专修学校专门成立专款4亿元的基金会,为技术精良、谋求联手的毕业生提供20万元的汽修设备,计划3年内在全国开设2000家北方汽修连锁店。这是极好的学校和学生共赢的重要举措。

曹振峰说:"当我投身扶贫的光荣事业时,我就认为自己做了一件最有意义、最符合人性的事,这也是我多年来一直想做的事。"因为需要救助的人太多了,个人的力量微不足道,他呼吁所有有责任感的企业家加入到扶贫开发协会中,参与草根教育扶贫行动,让更多的孩子得到救助,更多的家庭摆脱贫困。7000万元只是一个开始,是北方汽车专修学校全面开展教育扶贫行动的开始,是中国新型扶贫概念的开始。

■ "北方七千万捐资助学计划"揭牌仪式

改变贫困的力量

人物档案

姓名/高乃则
性别/男　出生年份/1961年
籍贯/陕西省府谷县
职务/陕西兴茂侏罗纪煤业镁电（集团）有限公司董事长
主要事迹/先后拿出5.94亿元，资助扶贫开发和社会公益事业，2008、2009、2010年连续三年以巨额捐赠分别列胡润慈善榜第九十一、八十五、十五位
荣誉/2005年度感动陕西十大杰出人物、首届西部开发新闻人物、榆林市学雷锋先进个人、府谷县劳动模范、榆林市十佳劳模等

高乃则　扶贫的一面旗帜

　　陕西省府谷县位于陕、晋、蒙三省（区）交界处，这里蕴藏着丰富的煤炭资源，是中国著名的"能源新都"。"府谷海红子，扶贫高乃则"，这已成为府谷县扶贫开发推崇的两张名片。海红子被誉为"钙王"，是当地农民致富的产业品牌，高乃则是当地社会扶贫的一面旗帜。从2006年至今，他积极投身于扶贫开发、新农村建设、公益事业，累计捐资约5.94亿元。2010年4月22日，胡润研究院发布《2010胡润慈善榜》，高乃则第三次荣登该榜，名列第十五位。

　　高乃则出生在府谷县最贫穷的武庄乡高庄则村。由于家境贫寒，上了3年学就辍学回家，当时他才11岁。为了生存，他开始务农、放羊、打砖坯。他的母亲患有肺结核，身子一天不如一天。那个时代，农村缺医少药，老人撒手离开了人世。他痛哭一场，发誓一定要让家人过上有饭吃、有衣穿、有钱看病的日子。在家乡贫瘠的土地上无法实现他的愿望。1992年，他绝望地离开了高庄则村，带着父亲给他的10元钱来到了府谷县城，和他的妻子开始了他们的城市梦。

　　高乃则刚到府谷县城之初，很难融入这个城市。他只熟悉卖豆腐这门生意，其他的干不了。他租来磨豆子的机器，做豆腐卖。刚开始，他的豆腐只卖出去一半,为此全家人吃了一顿豆腐餐。世上没有永远的成功,也没有永远的失败,问题是有的人面对一两次失败就自暴自弃,而有的人却越挫越勇。渐渐地,人们知道他的豆腐真材实料,价格公道,他的生意就好起来了。后来他又用豆腐渣养了六七头猪,这些收入加在一起就顶得上两个工人的工资。正是做豆腐、卖豆腐让他学会了怎么做生意。不少40岁以上的府谷县城人至今还记得,高乃则在县政府往东的十字路口卖豆腐时的情景。

几年下来,他卖豆腐挣了一笔钱,但他不愿意一辈子卖豆腐。1988年,神朔铁路开始修建。他想着能不能从中找到一个能让自己发展事业的机会。经过打听,修铁路的工程都是由铁道部工程局承担的,只有土方工程是对社会承包。高乃则利用自己微薄的积蓄,和几个朋友筹钱买了一台推土机,雇了一个司机,很快承包了一段土方工程。随着土方工程的顺利进展,他意识到这是很重大的商机。一台推土机不够用,他凑了几万块钱又买了10台。村里人都以为他疯了。"有时候,一个人要成功,必须要摒弃世俗的眼光,承受常人无法忍受的痛苦,做别人不敢做的可怕的'愚蠢'事情。据我感觉,好像府谷还没有几个人是因为胆小发财的。"高乃则回忆起这段经历,笑着说。这个时期很赚钱,但也很辛苦。高乃则到现在还记得当时辛苦工作的场景。每天早晨天一亮就起床,同其他工人一起扛石头。骄阳似火的5月,天热得出奇,豆大的汗水像断了线的珠子不停地流下来,眼睛也被汗水浸得难受,他想用手帕去擦,但肩上的石头压着他。工地终于到了,他

■2010年10月,国务院副总理回良玉(左)接见高乃则

褪下身上的汗衫，挥动着制造点凉风。

　　铁路就要修好了，推土机的出路又成了问题。府谷是举世闻名的神府煤田腹地，随着全国经济的深入发展，能源的重要性日益凸显。高乃则洞察到了陕北煤炭开发的时代已经到来。1995年，对高乃则来说是人生中的一大转折。他赌上拼命几年挣得的家当，在府谷煤炭市场出现严重不景气的背景下，逆势而上，筹资创办府谷镇二矿，开始投身于煤炭商潮的拼搏。煤炭行业经过短暂的不景气很快复苏。府谷镇二矿给他带来了滚滚财源。好运接踵而至。1997年，高乃则与人合资开办府榆煤矿。1998年，创建府谷兴茂侏罗纪煤业有限公司，开办中圪垯一矿。2001年，兴建年产12万吨的万富恒焦化厂。2002年，与人合资兼并府新煤矿，并承包了新尧沟煤矿。2003年，兴建兴茂金万通镁厂和内蒙古准旗兴茂化工有限公司。2004年，组建陕西兴茂侏罗纪煤业镁电（集团）有限公司。高乃则力求紧跟政策导向，政府治理和整合小煤窑，他率先实现煤炭行业的集团化；政府治污减排，他不惜投入1.6亿元巨资，实现企业节能降耗、清洁生产、环境绿化美化；政府要求资源整合，他率先响应资源综合利用；政府鼓励能源转化，他就积极论证氮肥厂筹建。2007年，府谷县20多家企业组建煤业集团，高乃则在选举中三次全票当选董事长。高乃则一路凯歌，一路奋进拼搏，在能源领域里谱写出一个

■高乃则代表府谷煤业集团向汶川地震灾区捐款200万元

个神话,仿佛是神来之笔。如今,陕西兴茂侏罗纪煤业镁电(集团)有限公司,总资产 100 亿元,职工 8 718 人,旗下拥有 25 个子公司,经营原煤、焦油、半焦油、电石、金属镁、房地产、典当行、酒店和农业开发等业务。

高乃则说:"我小的时候家里很穷,靠打砖坯娶了媳妇,靠卖豆腐买了推土机,靠承包工程买下煤矿,靠采煤实现多元化集团运作。"在没有文化、没有资金、没有社会背景的情况下,高乃则取得了别人难以企及的成功。他不自以为能,他说:"兴茂集团能够发展到现在的繁荣局面,不是我高乃则有多大能耐,而是天时、地利、人和有机统一的结果。天时是我们赶上了党的好政策,地利是上天给咱们留下了这片好资源,人和是遇到了好领导、好搭档、好员工、好朋友。兴茂集团也将一如既往地帮助需要帮助的人,为社会作出更大的贡献。"高乃则用自己的豪情谱写了自己的传奇,在未来的征途中,他将用自己坚毅的脚步和果敢的决心,带领陕西兴茂集团迈向更大的成功。

高乃则富了,但他没有忘记回报家乡、回报社会。一个经历过人间沧桑、熟知人情冷暖的人更懂得回报社会。高乃则说:"我出生在府谷县武家庄乡高庄则村。由于家境贫寒,童年留给我的记忆,除了饥饿还是饥饿,'不拿镰头握锄头,不是炕头是地头'是我和乡亲们的全部生活。在成长和发展中,有我自己的闯劲、干劲,也有乡里乡亲的热心帮助、大力支持。可以说,没有乡亲们的帮助,就没有我的今天。现在,我就想回报过去给我雪中送炭的乡亲们,让乡亲们过上体体面面、安安稳稳、宽宽裕裕的日子,我心里才觉得踏实。更何况,企业发展到今天,全靠党的改革开放的好政策。没有党的富民政策,就没有我们民营企业发展的好环境。"

高乃则曾经不止一次说过,"自己小的时候因为家境贫寒而上不起学,直到现在还感到遗憾"。他在谈及致富之路的时候,说过很多因为个人知识欠缺而遇到种种不便与困难的事例。所以,他"要搞府谷最大的教育,办最好的学校,为

■高乃则捐资建设的高庄则区域性新农村

■高乃则捐资修建的府谷高庄则村中心小学

后人造福"。2007年，高乃则个人拿出800余万元在自己的家乡高庄则村建起一所占地面积约为50亩的小学——高庄则完全小学。为了让邻村贫困户的孩子们专心读书，学校免费提供食宿。

高乃则曾经承诺过，只要是府谷县的学生，考上清华、北大，他将为考生提供10万元的奖金。这些年来，高考成绩在全府谷县前20名的学生都得到他5 000元的资助，对家境贫困的大学生每人给予3 000～5 000元的资助。他这几年共有约1 000多万元用于扶贫济困和资助大学生上学。他每年都会固定向府谷中学捐赠二三十万元。2010年，集团及高乃则董事长计划三年捐资约3.5亿元在府谷新区打造一流的重点高中。府谷中学的刘老师说："他这样做并非是哗众取宠，而是出于对知识和人才的渴求，办的是实实在在的事儿。"

为了让父老乡亲真正"享受"他的胜利成果，高乃则让他们有钱的入股，有物的参股，年终都给分红。现在在他的企业入股的有1 000多人。这几年分红最高的有1 000多万元，最少的也有四五万元。他借钱给农民工，让他们发展产业。他给村里60岁以上的老人每人每年养老金1 000元，大米、白面各一袋，让他们安度晚年。"咱给老百姓做一点算一点，趁咱有能力，能办多少事办多少事。"高乃则常这样说。

为使农村摆脱贫困落后的面貌，他出资帮助30个村完成饮用水工程，为4个

■兴茂农业发展公司万头养猪场

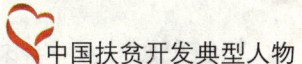

村架设了电线，实施了12个村的农网改造，修通9个村的通村道路、31个自然村的无线电话。佳县是全国贫困县，高乃则出资帮助佳县坑镇进行农业基础设施建设。他还为神木县永兴、栏杆堡等地进行基础设施建设，并捐助子洲县慈善协会30万元。

在医疗卫生事业方面，高乃则也作出了很大的贡献。2009年12月，他拿出1 000万元为府谷县人民医院添置医疗设备——核磁共振（MRI）。"我们当时只是想向高乃则化缘100万元，没想到他主动给1 000万元。"提起1 000万捐款，府谷县人民医院院长田乃飞高兴地说。高乃则的附加条件是：病人来拍核磁，医院不能按市场价格收费，只许象征性地收点成本费，要让利于百姓。"扶贫开发就是扶吃不上饭的、上不起学的、看不起病的"，高乃则曾这样说。

高庄则村是高乃则的家乡，也是全县有名的贫困村。近几年，由于农村条件差，投入不够，好多地荒了，好多设施废了，好多人走了，好多学校没学生了。高乃则看在眼里急在心上。党的十六届五中全会提出建设社会主义新农村的战略目标，他决定结合府谷县的"双百"帮扶工程，投资7.5亿元建设8平方千米的高庄则区域性新农村。这项工程涉及3个行政村、8个自然村，受益人口290户1 058人，将彻底改变当地贫穷落后的面貌。

高乃则结合江苏省华西村的经验，请来西北农林科技大学的专家，对他建设

的高庄则新农村实施勘测、规划和论证。高庄则新农村分为5个小区。公益居住区：占地72亩，建设面积1.6万平方米，新建居民住房120套，办公宿舍80间，完全小学两所，"两委会办公室"、文化室、会议室、餐厅、医务室、兽医门诊一应俱全，主街道横穿而过，并建音乐休闲广场一处；养殖加工区：建农副产品加工厂1个、豆腐坊1个、油料坊1个，养猪场、养羊场、万头养猪场各一个；高效农业示范区：建设蔬菜大棚100座，占地80亩，年产蔬菜300万斤；综合食品生产区：规划建设耕地6 500亩，统一种植无公害绿色蔬菜、油料作物，并建粮食储备库1座；生态观光区：规划种植柠条3 000亩，沙棘2 000亩，经济林1 000亩，苜蓿1 000亩，景点绿化林800亩。为了强化新农村建设，高乃则出资配套建设"引黄工程"和"李一峰"公路。"李一峰"公路全长21千米，"引黄工程"沿"李一峰"公路将黄河水引上山，直接服务11个行政村，可发展水浇地1 800亩，彻底改变以前耕作条件，直接让农民受益。新农村将成为集团的粮副基地，农民以土地入股，成为产业工人，农产品由集团包销，基础设施由集团无偿投资，区内集种、养、加工为一体，形成农业产业链。此举既拓宽了农民的就业渠道，同时又增加了经济收入，可以说是为农民开辟了摆脱贫困、走向共同富裕的好路子。

　　2006年，高庄则新农村建设正式启动，到2010年9月，高庄则区域性新农

■2010年2月27日，高乃则在府谷县为公益事业捐款2.34亿元，加上所属煤矿的捐款高达3亿元

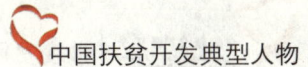

村建设已经完成投资2亿多元,昔日荒凉的十几个小山村发生了翻天覆地的变化,尤其是高庄则村。过去的土窑洞如今已变成了整洁的居民楼和宽阔的街道,现代化的养殖基地和蔬菜大棚遍布村庄周围。

榜样的力量是无穷的,典型的作用是巨大的。高乃则现象在府谷众多的企业家中形成一股强大的冲击波。通过高乃则典型示范和典型引路,其他民营企业家的帮扶建设力度明显加大,形成了备受全国关注的"府谷现象":找准了政府意志、农民愿望、企业家意愿的结合点,形成了政府、企业、农民"三位一体"的扶贫帮建新农村模式。一个高乃则只是一个故事,上百个"高乃则"就成了一道风景。2007年,府谷县"双百"工程的启动实施以来,有176个工矿企业的500多名大股东、1万多名小股东参与到扶贫开发中来,实施项目涉及农业龙头企业、农业产业开发、农村基础设施、农村机关等多个方面,有效地突破了制约"三农"发展的瓶颈。2010年2月27日,57位府谷当地民营煤炭企业家及其所属77家煤矿,为公益事业捐资12.8亿元,这一数字超过了府谷县2009年10.56亿元的地方财政收入。高乃则一次性捐款2.34亿元,加上他所属的煤矿的捐款达3亿元。这是府谷县首轮"双百"帮扶工程的延续和升华。

利益不是一个企业家的全部,党和国家的政策支持成就了高乃则,高乃则赢得了事业上的成功,同时也用自己的实际行动践行着一个企业家的社会使命。高乃则说:"作为企业家、农民的儿子,应该为家乡人民做一些力所能及的事情。钱对于个人来说再多也只是个数字,本质上属于社会,用于社会也是理所当然的。"他表示,今后将一如既往全力支持社会公益事业,与企业界同行共同打造府谷和谐共荣的发展环境,为社会作出更多更大的贡献。

■高乃则荣任中国扶贫开发协会副会长

■高庄则区域性新农村温室大棚

改变贫困的力量

人物档案

姓名/纪少雄

性别/男　出生年月/1955年6月

籍贯/广东省普宁市　职务/珠海新海利实业发展有限公司董事长、珠海新海利大酒店有限公司董事长、中国扶贫开发协会副会长、中国侨联常委、中国侨商联合会常务副会长、广东省政协常委、广东省侨联副主席、珠海市人大代表

主要事迹/真心扶贫，长期扶贫，扶贫到底，为我国的扶贫开发事业捐款捐物3 000多万元

荣誉/十大杰出贡献复转军人、广东省"五一"劳动模范等

纪少雄　炒田螺出名的慈善家

　　纪少雄，一个普普通通的复转军人，从街边炒田螺开始起家，几经艰辛，在珠海创造了一个又一个传奇，成为拥有亿万资产的企业家。他在发展自己事业的同时，积极参与社会公益事业。他真心扶贫，长期扶贫，多年来为我国的扶贫开发事业捐款捐物3 000多万元，为中国扶贫开发事业作出了杰出贡献。

　　纪少雄是一个普通农民的儿子，因家庭贫穷，兄弟姐妹多，交不起7角5分钱的学费，一年级结束学校教育，13岁从事第一份工作——放牛。他把牛养胖，驯得听话，很好地从事春耕工作，受到村民的好评，被当地群众推荐入伍。

　　20世纪70年代，纪少雄应征入伍，在部队从事炊事员工作。他看到其他战友会写字、看报、在讲台上讲话，很羡慕。想想自己没有读过多少书，就很难过，常因此而落泪。他知道，有文化好，有文化作用大。这也成就了他一生资助教育的情结，为的是不让孩子们重历他的悲惨遭遇。

　　80年代，纪少雄复员回到广东普宁。普宁所在的潮汕地区人多地少，新中国成立前没办法生活的人就漂洋过海创业。中国实行改革开放政策后，珠海被划为经济特区。为了谋生，他第二次告别家乡、告别亲人，带着几百元钱来到珠海创业。那是他第一次真正步入社会。那时候的珠海算作边疆，一片荒凉。以什么样的方式养活自己呢？纪少雄的脑海一片空白。刚从部队出来，什么也不懂，只能从自己现有的技能和专长上想办法。他在部队里是炊事员，专门炒菜，经过部队这个大熔炉的培养和锻炼，这成为他的一个专长。于是，他做了长远的计划。珠海刚成立特区，很多民工纷纷来到珠海搞特区建设，因为缺乏饮食行业这方面的配套，纪少雄认为这就是自己的出路，决定在珠海马路边做小食档，炒田螺。他白天到处去抓田螺，开荒种点小菜，晚上推着小车到处卖炒田螺。当时刚改革开放，没有固定的市场，所以还不能叫夜市。一段时间后，纪少雄在大街小巷炒田螺，赚到了些本钱，搭起棚子办起了安利小餐厅。虽美其名曰"餐厅"，但无固定住所，随时搬迁，过着甜酸苦辣的生活。沿海一带经常下大雨刮台风，以前树林少，天气预报不准。他有一次连自己和小棚子被台风吹到海边的沙滩过了一天一夜，家里人都以为他被台风吹走失踪了。他回到家，很乐观地对家人说："像神仙一样随风而去，没那么快，我还没修炼到家，人家佛祖不会让我到西天的，因为人间的我还有很多事情没做完呀。"

纪少雄发扬军人不怕苦不怕累的精神，吃苦耐劳，不断创新。经过3年的苦心经营，生意逐渐红火起来。他看到珠海特区的发展前景很好，意识到小餐厅远远不能适应大市场的需求。1983年，他建起了珠海安利餐饮店。虽然餐饮店的生意不错，但毕竟还是名不见经传，远未形成气候。1994年，他抓住市场机遇，走

■纪少雄在北京部队时照片

■纪少雄12岁时的照片

中低档饮食路线，果断成立了新海利海鲜广场。通过几年的努力拼搏，一跃成为珠海餐饮业的巨头。2001年，他建起了几个上星级的大酒店，为珠海饮食文化增添了一道亮丽的风景。

餐饮业上的成功使纪少雄信心倍增，更加坚信自己的经营观念。于是，他在发挥自身优势的同时，不断拓展发展思路。刚好党的全面开放、搞活经济的政策出台，他果断地成立了新海利实业发展有限公司，走多元化的实业发展道路。新海利随着特区经济的飞速发展，由一家餐饮店发展成为集地产、服务和进出口为一体的综合性跨国集团公司。

纪少雄的宗旨是，克勤克俭，金钱来于社会，用于社会，回报社会。经过自己的努力，他终于闯出了一条致富之路，同时他没有忘记家乡的父老乡亲。作为一个农民的儿子，他深深地爱着这块孕育他成长的土地，不遗余力地造福桑梓。20多年来，他从未间断过资助家乡普宁的公益事业。

纪少雄回到家乡时，发现家乡很贫穷落后，虽然有些变化，但还是老样子。他在外面到处跑，见识了大千世界，知道别的地方的人民生活水平很高。家乡的落后面貌，尤其是看到父老乡亲不分老幼，排着长长的队伍去远处取水的场景，触动了他的乡情。他想不论怎样，都应该拿出钱来解决村民的饮水问题。相对村民来说，当时他生活过得去，算先富起来的人，但也不是有很多钱。尽管如此，他还是果断决定，拿出23万元来，把山里的水引到平原上来，给每一户人家装上水龙头，让他们喝上清洁水，顺便灌溉农田。石头、水泥等材料钱由纪少雄一个人出，全体村民出劳动力。当时买一套楼也不过4万元，他自己连新房子都没有，就拿出自己的全部积蓄来办好事。"饮水思源"，全村的老百姓见到纪少雄，都很感谢他的好心，有的感动得哭了。当记者问他："你当时做生意正需要钱，你却把所有的10万元全部拿出来修水渠了，你的生意怎么办呢？"纪少雄说："扩大生意靠自己，靠奋斗，钱可以慢慢赚。乡亲们每天排队挑水喝，费力还不健康，看到父母辈的老人排队挑水喝，你能过意得去吗？村民的健康比生意重要喔！"

纪少雄小时候生活的那个村庄，有一条河——钟潭河，是几个村的水上交通要道。河上没桥，人们每次都要摸着石头过河，尤其是背负东西过河就要困难多了。雨季一来，河水涨了，这条河简直成了村民们的拦路虎。这在纪少雄儿时的记忆中留下了深刻的印象。几十年过去了，村民们的生活还是老样子，桥还没修起来，过河依然困难。纪少雄痛下决心，桥一定要修。他拿出2万元钱开始筹建桥梁。后来，随着工程进展，钱不够，他动员在外做生意的好心人投资，他自己又追加了1万元，终于把这座桥修好了，村民的理想变成了现实。摸着石头过河的村民，走在平坦的桥上，感觉很幸福，内心对纪少雄充满了感激之情。

李海燕　冷友斌　张红梅
夫　熊静　孔炳生　刘继华

20世纪80年代到90年代末，纪少雄的家乡全镇的五保老人一共18位，他全部承担起他们的抚养费，每年都出钱为这些老人购买被子、衣物和粮食。如果老人去世了，他还要出丧葬费。后来政府划出一块地来，纪少雄出钱，建了房，把全部的老人集中到一处。1990年，政府出台尊老爱幼政策，动员纪少雄参与公益活动。他回家独资建起了一家敬老院。同一年，他在普宁市建起了一家敬老院。他为家乡老人作出杰出贡献，当地人民永远忘不了他。

1995年，纪少雄出资50万元，为村里修了一条水泥路。村里以前的路是土路，坑坑洼洼，走起来高一脚低一脚，要是汽车在上面走就更是颠簸得厉害。尤其是到雨季，路面上布满一个个泥塘，村民们走路，脚上不仅满是泥巴，而且深一脚浅一脚地浸在冰冷的泥水里面，不要奢望脚上有一双干净的鞋子。因为家乡的经济要发展，路不通财不通，那个时候修这条路用去50万元，相当于现在的四五百万元。那个时候纪少雄真心扶贫，还没赚到钱，按出资额占利润的比例计算，几乎所有利润都用在扶贫上了。

纪少雄支持家乡建设义举频出：捐资为全村5 000多村民购买了农村医疗保险，为普宁市流沙新河引水改造工程捐款50万元，资助普宁市育英中学兴建5栋教学楼，捐资为池尾贵政山小学建教学楼一幢，捐资修建贵政山华侨中学教学楼，资助普宁市教育、梅林医院、妇女儿童活动中心，资助家乡文物古迹保护。

纪少雄在勤劳致富、不断进取的同时，热心公益事业，不断回报社会，时刻

■中共中央政治局常委、全国政协主席贾庆林接见纪少雄

关注弱势群体，为 1 000 余人解决就业，在珠海捐资用于文教、扶贫济困、抗洪，帮助残疾人和退伍军人，资助珠海市在中国西部兴建的珠海小学。随中国扶贫开发协会赴西部捐资助教；又陆续资助珠海侨联农场、侨心工程、珠海总工会困难职工、珠海体育事业、珠海教育事业（珠海教育强市教育强区、珠海西区贫困学生助学），帮助困难户，向珠海红十字会、慈善总会、民间组织总会捐款。他成为"替政府分忧，为群众解困"的典范，受到了各级政府和广大群众的高度赞誉。

2005 年，纪少雄经人介绍，认识了中国扶贫开发协会会长胡富国，应邀加入中国扶贫开发协会并担任副会长。纪少雄说："看到胡富国同志这么大的年纪，本该享清福了，还带我们去全国各地看中国 13 亿人口现在还有多少人没有脱贫，启发企业该怎么去承担责任，我很感动。于是，我迈出了紧跟中国扶贫开发协会扶贫的第一步。"借助这个广阔的平台，纪少雄能更好地实现他的心愿，他扶贫的足迹遍布延安、山西、四川等地。他的生意虽不大，可是他常扶贫、真扶贫。近几年，据不完全统计，他向社会捐款捐物 3 000 多万元，以实际行动将爱心、关爱无限播撒、传递，在社会上产生了积极的影响，受到了党和国家领导人的亲切接见。

2006 年，在中国扶贫开发协会会长胡富国的带领下，纪少雄跟随全国政协考察团到陕西考察。当看到延安仍然比较落后，并且还有很多贫困人口没有脱贫，很多贫困孩子不能接受必需的教育时，他感到非常难过，心里想：延安是革命的老区，他们老一辈为了新中国流血流泪，不怕牺牲。他暗暗发誓，作为在新时代成长起来的企业家，自己有责任也有义务，为老区人民脱贫致富做点实实在在的事情。纪少雄说："我看到那些小孩，看到延安小学生 6 个班合在一起，当场我真的掉眼泪了。我作为一名军人，知道革命老前辈拼死拼活干革命，才有了今天人民的幸福生活。步入新世纪了，全国都奔小康了，我们今天坐在沙发上，过上舒

■ 全国人大常委会副委员长顾秀莲为纪少雄颁发抗雪救灾荣誉证书

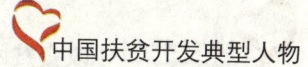

适的生活,而老一辈革命家战斗过的地方还有部分比较落后,他们的子孙还有部分受不到教育,部分人民生活水平还没脱贫,我很难过,不管怎么都要尽力帮他们做点事。"

他响应政府加强农村富余劳动力转移的政策号召,打响了资助延安农村劳动力转移培训的第一炮。延安职业技术学院是中国扶贫开发协会劳务培训基地。当他得知学院经济非常困难时,当场慷慨解囊,拿出部分资金,资助60名家庭贫困学员参加劳动力转移培训,让他们学习一技之长,并为学员就业安置、实习等多方联系企业,为该校开展农村劳动力培训与转移输出给予了大力支持。随后,纪少雄再次出资36万元,资助延安600名贫困家庭子女参加劳务转移培训。

这么多年来,纪少雄一如既往地关注革命老区的扶贫开发劳务培训,关注贫困家庭的孩子,支持延安的劳动力转移培训基地的建设。正是像纪少雄这样一些企业家的善举,像涓涓暖流,如点点甘霖,改变着延安老区一个又一个贫困山村孩子的人生轨迹。首批受助学员代表赵新凯在结业典礼上这样表达他和同伴的心声:"我这个生在陕北、长在陕北的青年,同样也有着一颗想报效祖国、回报社会、报答父母的心,但苦于贫困,我显得无能为力。当我听说中国扶贫开发协会和纪少雄副会长向我们这些生活在陕北老区的贫困青年伸出援助之手予以资助时,我感到由衷的高兴和万分的激动,我在心灵上受到深刻的洗礼。这段学习经历将从根本上改变我们过去的生活模样,为今后的美好生活奠定良好的基础。中国扶贫开发协会和纪少雄副会长的资助如春雨之润物,如阳光之普照,圆了我们的梦,我们以后一定要向纪少雄副会长学习。"

后来随政协考察团到山西考察时,纪少雄看到有些地区经济发展缓慢,便捐助100万元支援革命老区发展教育事业。他向邓小平的家乡四川广安的20名小学生提供1~6年级的学费。他还资助江西教育基金。纪少雄的善行善举深深地感

■中共中央政治局委员、国务院副总理张德江(左)为纪少雄颁发热心公益事业贡献奖

■中共中央政治局委员、中共重庆市委书记薄熙来(左)接见纪少雄

动着国内外一大批企业界人士。在他的带动下，加拿大多伦多市其昌诚实业有限公司、珠海市南嘉房地产开发有限公司、加拿大多伦多市何发房地产开发有限公司、北京麦迪商贸有限公司等多家公司的企业家，纷纷加入到公益事业中来。

2006年的夏天，广东受到台风"碧利斯"影响，遭遇暴雨洪涝，部分地区灾情严重，尤其是乐昌市，人们生活在水深火热当中。纪少雄在电视上看到灾区的灾情报道后，专程从珠海赶到广州捐献20万元的善款，支持灾区的救援工作。在这次灾害中，纪少雄先生前后捐款50多万元。

2008年的冬天，百年难遇的雪灾横扫我国南方5省，造成南方多个地区受灾，其中湖南、云南灾情尤其严重。这场雪灾牵动了全国人民和世界华侨的心，社会各界纷纷投入到抗灾救灾的行动中。2月5日，纪少雄对遭受冰雪灾害的灾区群众表示慰问，向受灾比较严重的湖南灾区捐赠了40万元的救灾专款。

纪少雄的企业不大，但有心扶贫，长期扶贫。每一次抗洪救灾、公益事业、扶贫济困，都有他的身影，都有他的名字。他为汶川地震灾区先后捐款80万元后，记者问他："你作为一个企业家，为什么一下子从利润中拿出这么多钱来捐款呢？

■2008年5月27日，中共中央政治局委员、广东省委书记汪洋（左一）接见纪少雄

■2010年11月30日，澳门特区行政长官崔世安（右）亲切接见纪少雄

■纪少雄为延安600名贫困学员捐助培训费30万元

■珠海市慈善总会副秘书长丁伟庭（左）接受纪少雄为四川地震灾区提供的10万元捐款

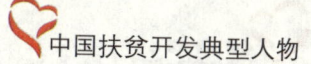

纪少雄慷慨地回答:"兄弟有难,不讲究钱,只要我拿得出来,希望他们早日平安,这是我作为社会一分子的责任。"他认为,如果大家万众一心,动员起来,那么中国13亿人口,有多少没有脱贫的,也能很快脱贫;他捐的款对于自己来说是个大数目,但和政府、大企业相比,就很少,但他尽心,为扶贫事业带一个头,如果大家在观望,你看我,我看你,那么就没法扶贫了。2010年,广东省把每年的6月30日定为扶贫日,省委书记汪洋号召大家记住这个日子,积极参与扶贫。他听到这个消息,立即拿20万元去捐款。

这么多年来,通过一件一件的公益行动,纪少雄用自己的行动铸成了他的三千多万元的公益事业,默默地润泽着祖国的大地。他这种"扶贫到底"的精神,得到了各级领导及社会的赞誉和支持。在2010年12月1日举行的中国扶贫开发协会第四届换届大会上,纪少雄连任协会副会长一职。同时身为中国侨商联合会常务副会长、广东省政协常委、广东省侨联副主席的他,从没停下脚步,公益之行还在延续,公益事业还在发展壮大,他将把伟大、艰巨、光荣的扶贫事业进行到底!

■珠海市委副书记、市长钟世坚(右),市人大常委会常委副主任罗春柏(左)接受纪少雄抗洪救灾捐款

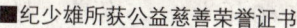

■纪少雄所获公益慈善荣誉证书

人物档案

姓名/赵永亮
性别/男　出生年月/1957年12月
籍贯/内蒙古自治区达拉特旗
职务/东达蒙古王集团党委书记、董事长
主要事迹/在沙漠里成功开发出沙柳造纸产业化项目、獭兔养殖产业化项目，建设东达生态移民扶贫村，为社会公益事业捐资2亿多元，让数万人受益
荣誉/全国光彩事业国土绿化贡献奖、内蒙古品牌功勋人物奖、中国中外新闻社2010年度新闻人物、公益万民伞、改革开放30年内蒙古最具影响力经济人物、中国三农人物30人、热心公益杰出人物

赵永亮　让梦想引领　不断超越

　　他是企业家，却拥有政治家的胸怀，他的目标是打造年出栏1亿只獭兔的"世界獭兔业的航空母舰"，让东达生态移民村成为"中国西部第一村"。他，是赵永亮。

　　赵永亮被冠以东达生态移民村"村长"的头衔，这一荣耀，非东达蒙古王集团董事长赵永亮莫属。在财富与公益间，他选择百姓为先；他以绿色经济作为企业二次创业的支撑点，并旗帜鲜明地在产业链上大做文章。他是企业家，却拥有政治家的胸怀，所以才会把东达生态移民村的建设当做自己人生的最高理想。如今无论走到哪里，赵永亮的话题必是围绕东达生态移民村而展开，并且还向每一个人盛情发出邀请："有机会你们一定要到东达生态移民村看一看，亲自感受一下在沙漠中建立起来的新农村最真实的面孔。"赵永亮自豪地说，笑容憨厚。

　　位于内蒙古鄂尔多斯市达拉特旗白泥井镇中部的风干圪梁，如果不是因为东达生态移民村的出现，那么至今仍是一个被遗忘的角落。两条季节性河流——母花儿沟和哈什拉川分别从风干圪梁东西两侧流过；鄂尔多斯煤炭运输的汽车大通道——德敖线和德敖复线两条公路从中穿行；周围是几十万亩的生态恢复地，包括十多万亩的沙柳种植地；并且这里距离黄河和包头只有60千米……5年前，赵

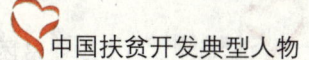

永亮慧眼相中这一片"风水宝地",于是萌生了要让召沟村(也就是其出生地)全村人迁移至风干圪梁居住的念头。但东达蒙古王集团的管理层中没有一个人支持他,包括他的弟弟——目前身为总裁的赵永明。"企业的目的是要赢利,这一件事在我们看来很难赚到钱。"为了阻止哥哥的"疯狂想法",赵永明直言不讳。

但最终没有人能改变得了赵永亮的"一意孤行"。对于这件事的坚持,他出乎预料地"偏执"到"狂热"的地步。经过多方论证、协商和寻求支持后,2005年东达蒙古王集团开始启动东达生态移民扶贫村建设。5年后的今天,荒芜成为了风干圪梁历史的容颜,取而代之的是拔地而起的300套公寓楼,以及完备的生活配套设施,如幼儿园、小学和中心卫生院等;与此同时,那里还构成了初具规模的獭兔经济链条,在目前超过2 000多户农牧民移民中,有1 000户左右从事獭兔专业养殖,所有设施建设都由东达蒙古王集团全程负责。

到目前为止,东达蒙古王集团已投入24亿元到东达生态移民村的建设中,为此赵永亮放弃了很多其他高回报的投资项目,这让他心里多少有些遗憾,但却无怨无悔。"以前村民的年收入也就在1万元左右,如今至少达到了6万元",在赵永亮看来,这比他自己挣到钱还要高兴。作为一个企业家,赵永亮到底图的是什么?有人质疑他靠此圈钱,对此赵永亮只是大笑回应说:"我已经投入了20多亿元,

■国务院扶贫办主任范小建(右二)视察东达生态移民扶贫村

到目前为止没挣到一分钱,你说我图什么?"

在东达蒙古王集团的规划中,未来东达生态移民扶贫村项目的建设资金将达到70亿元,最终发展成为总占地面积约53平方千米、人口约10万,以工业、种养业、物流服务业、文化影视旅游业和种苗培育五大支柱产业为主体的大型生态新村。"当獭兔养殖达到2 000万只规模的时候,就会带动多个产业链条的形成,如以兔肉为主的休闲食品开发、以动物内脏为原料的宠物食品开发、以獭兔皮毛为原料的服装制造业……"赵永亮毫不掩饰自己的雄心壮志,"我们的目标是打造出'世界獭兔业的航空母舰',让东达生态移民村成为'中国西部第一村'。"为此,赵永亮还把"风干圪梁"改为"风水梁",寓意这一片"风水宝地"必将名副其实。

凭借着内心的激情,赵永亮义无反顾。鲜为人知的是,在他心中尘封着一片记忆,充斥着狂风、沙尘、贫瘠以及困苦,这些字眼对如今资产过亿的赵永亮来说,已经完全是另一个世界的东西。然而,正因为曾经经历的一切,让赵永亮拥有了如此大的决心要改变旧有的一切,为自己,更为和他一样受过苦的人们。"10年前我已经是万元户,如今我们富得流油,贫困区的老百姓还在流泪。"赵永亮在很多场合都会发自肺腑地说出这样朴实的话。从未泯灭的恻隐之心,让赵永亮无论做怎样的选择都不是把自己的利益放在第一位。他承认企业的最初阶段必须以追逐最大利润为目标,但企业发展到一定程度,"责任"就是不可推卸的。从创办企业至今,东达蒙古王集团从未有过任何逾期贷款的纪录。甚至有一次他以6 000万元的超低价将3处矿产卖了,只为帮助无法按时还贷款的百姓。在赵永亮看来,无论世事如何变迁,"责任"和"诚信"将是他永不丢失的信仰,他背负着它们前行,或者可能会走得慢一些,累一些,但他决不会放弃。

在赵永亮身上,笼罩着太多光环。1999年,他获得国务院颁发的政府特殊津贴;2005年获得"光彩事业奖章"之后,2007年,他又获得"CCTV中国经济年度人物公益奖"提名、"全国优秀乡镇企业家终身成就奖""全国爱心企业家"……每一个荣誉于他而言,多一个都是锦上添花。

谁曾料想到,40年前一个13岁的少年,初中毕业后因家境贫穷不得不终止学业,帮助父母挑起家庭这副重担,开始了他给供销社赶猪送羊的差使。那个少年就是赵永亮。回忆往事,赵永亮印象最深刻的却是他在山头上干活时闻着别人宰羊炖肉时散发的香味,"那时候就想,如果有一天想吃多少羊肉就吃多少,那该有多好"。少年赵永亮的真实想法天真到赵永亮如今说起来都为自己感到心疼。那时候的他根本不敢想象,有一天他也可以把福祉带给与他有过同样遭遇的人们。

1973年,16岁的赵永亮开始在内蒙古达拉特旗供销社做技术员,同时负责农畜产品的收购。如果说贫穷可能会剥夺一个人的某些梦想,那么对赵永亮来说,

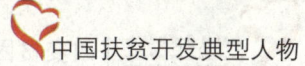

他却获得另外的收获——那就是比任何人都能吃苦,更能脚踏实地走好脚下的每一步。他19岁在伊克昭盟畜产品全项目技术大赛中获得第一名,获得的"全国新长征突击手"对他来说是无上荣誉。1980年,22岁的他被提拔为伊克昭盟纺织原料公司副总经理;5年后,他又被委任为伊克昭盟羊绒衫厂(也就是鄂尔多斯羊绒集团前身)副厂长及原料部部长,直至1990年。

如果不是因为一件事情的发生,刺激着他必须去寻找可以点燃生命的火花,赵永亮或许还会继续他的鄂尔多斯羊绒集团高层管理者的职业生涯,并且一步步达到顶峰。1989年,赵永亮祖母终老,他回到老家召沟村为老人料理后事,却发现当地竟然贫穷到连电都没有,他想放哀乐送老人上路的愿望都难以实现。此时他的内心被重重地撞击了一下,于是当场暗自立下誓言,"我不帮乡亲通上电就是狗熊!"1年后,赵永亮拿出3万元积蓄为召沟村通上了电。后来有一次,他偶然在村里遇见一群因贫穷而无法上学的孩子在哭泣,随后他又在当地陆续创办两所学校,只为不再让自己无法如愿完成学业的缺憾再次发生在下一代的身上。从此,赵永亮的善举再也没有停止过。

离开鄂尔多斯羊绒集团后,赵永亮下海先后在西安裕民绒毛制品公司和大连三友绒毛制品有限公司担任副总经理。1993年,他终于破釜沉舟,创办了东达羊

■中国光彩事业促进会换届大会上,东达集团董事长赵永亮和中央统战部部长杜青林(左)在一起

绒制品有限公司。1996年公司改制，东达蒙古王集团成立，从此赵永亮的商业版图开始迅速扩张。1997年，东达蒙古王集团涉入路桥建设和房地产开发，迅速抢占经济高速发展的制高点。到目前为止，他先后建了10条公路和5座大桥，总长700多千米的黑色路面，其中2007年投资8.9亿元建设的树林召至包头东兴黄河公路大桥，主桥长近7千米，成为黄河上的第一大桥。此外，东达城市广场等地产项目的开发更是让东达蒙古王迅速积累大量的财富。但这一切并没有让赵永亮有太多成就感，因为他很清楚地知道，时势造英雄，而他只是幸运地抓住了最好的时机而已。

赵永亮从未停止为企业发展谋求蓝海的脚步，终于他找到了让他兴奋的事情。1998年，东达蒙古王集团投入2.2亿元收购了一家倒闭多年的造纸厂，从此围绕着沙柳种植形成了将沙漠治理、造纸生产及生态建设为一体的产业链条。"沙柳不仅可以用来防尘固沙，还是绒山羊的最好饲料，更重要的是它还是最好的造纸原料。"赵永亮介绍说。2001年，著名科学家钱学森亲笔给赵永亮和时任内蒙古沙产业草产业协会副会长郝诚之写信说："我认为内蒙东达蒙古王集团是在从事一项伟大的事业——将林、草、沙三业结合起来，开创我国西北沙区21世纪的大农业！而且形成了农工贸一体化的产业链！"如此高的褒扬让赵永亮欣喜万分，更坚定了他将沙柳产业化进行到底的决心。2005年，首期10万吨的沙柳造纸项目在当年创造了3.2亿元的产值。沙柳这一在内蒙古其貌不扬的灌木，在赵永亮的慧眼中，终于发挥了它最大的经济效益。随后，东达蒙古王集团又投资1亿元在库布其沙漠边缘建起300万亩的沙柳基地。在规模化经营的沙柳

■东达生态移民新村鸟瞰图

产业中,赵永亮在"生态建设不以绿色划句号"的口号下开始描绘属于自己的绿色产业版图。

　　时至今日,东达蒙古王集团发展成为拥有53个企业、1.1万余名员工、总资产达到120亿元的全国500强企业,横跨羊绒、路桥、房地产到沙柳产业以及东达生态移民等七大产业。累计为国家缴税费12.9亿元,并为社会公益捐资2.9亿元。"为赚钱而生存,最多是个生意人,买卖做大到一定程度离企业家又近一步,真正的企业家必然要回报社会和人民,具有社会责任感的企业家才是我追求的最高境界。"赵永亮激情昂扬地说。

　　在赵永亮日常行程安排中,"五多一少"已经成为了一个规律——他开会多、讲话多、会客多、朋友多、路途多,休息少。他精力充沛到只有生病才会停下手头的工作。企业发展在如火如荼地进行中,赵永亮却逐渐地把企业重担下放到小他9岁的弟弟的身上,而且他的两个儿子从加拿大学成归国后也加入到公司成为他最得力的帮手,如东达蒙古王救助农牧区先天性心脏病儿童促进会的创办及运营就是由他的两个儿子在负责。"社会上对富二代印象不佳,他们当中有一部分人都是吃老本。都说创业容易守业难,所以对于他们,我的要求会更严格。他们可以承袭我的一些东西,但最终企业还是属于全社会。"对于这一点,赵永亮很坚定。因为从创办企业的第一天起,他的目的就不仅仅为了自己,而是让百姓过上更好的生活。对此,他此生无憾。

■赵永亮在沙漠中

■赵永亮手握沙柳枝条

人物档案

姓名/贾跃
性别/男　出生年份/1958年
籍贯/河南省
职务/锦绣江山（北京）投资公司董事长、中国扶贫开发协会副会长、内蒙古自治区扶贫开发协会副会长、额济纳旗神舟药业有限责任公司董事长、额济纳旗盛源矿业有限公司董事长、额济纳旗小学名誉校长
主要事迹/在大漠深处建造氧化钼生产线、5万亩肉苁蓉种植基地扶贫工程，先后捐款捐物达2 000多万元
荣誉/多次被评为县市级劳动模范

贾跃　选择绿叶人生的快乐慈善家

印度诗人泰戈尔有句名言："果实的事业是尊贵的，花的事业是甜美的；但是让我做叶的事业吧，叶是谦逊地专心地垂着绿荫的。"贾跃，欣赏花的鲜美，但选择了叶的事业。他有强烈的社会责任感，长期参与中国的扶贫开发事业，为内蒙古额济纳旗居民的生活带来翻天覆地的变化。贾跃说，在这个过程中，他是快乐的。

苍茫荒凉的戈壁，飞沙走石的大沙漠，呼啸的北风，零下十几度的严寒，飞舞的雪花，这或许是内蒙古额济纳旗给常人的印象。可是在荒凉的大漠中蕴藏着丰富的钼矿石，这是上苍对额济纳旗人的恩赐。只是，怎样开发利用它，这是个问题。

2004年冬天，贾跃带领工人上矿山，下矿井，安装设备，奋力施工建设。仅仅用了4个月，就在额济纳旗荒无人烟的戈壁滩建成一座每天处理150吨钼矿石的选矿厂，开始了额济纳旗从未有过的钼矿石加工项目。

贾跃执掌的盛源矿业面临着的难题是，要放弃难选的氧化钼矿石吗？因为氧化钼矿石非常难选，加工成本很高，一般的矿业公司都选择硫化钼矿石。贾跃想，如果能够在氧化钼矿石的选矿技术上有突破就好了。可是，氧化钼矿石是一个世

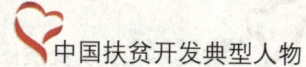

界性的选矿难题,要想取得成功,谈何容易。贾跃不服输,他铁心要在这艰难的环境中,解决这个世界性的选矿难题。他在董事会上明确申明:研究氧化钼选矿难题所需的资金全由他自己承担,成功了,是企业甚至额济纳旗的巨大财富,将为额济纳旗科技史增添重要的一笔,万一失败,也当是自己为额济纳旗研究低品位氧化钼选矿方法作出的贡献吧!

贾跃多年从事矿山开发,积累下了很多的宝贵经验和丰富的矿业工程师资源,这促使贾跃坚定信念,确定思路,在上下求索的道路上迈开了坚定的步伐。他从全国各地请来在研究氧化钼技术上有贡献和成果的17位专家,购买顶级的实验设备,冒着戈壁滩零下几十度的严寒,夜以继日地进行研究。他投入巨资,不断改进流程、配方、工艺,仅生产线就改动4次。历经千辛万苦,这个研究小组终于成功研究出氧化钼选矿的关键技术和配方。中国地质科学院查证,这是中国第一条具有自主知识产权的完整生产线,一举解决了国际上困扰几十年的选矿难题。

2005年9月18日,盛源矿业新选矿厂破土动工。仅仅64天,一座日处理150吨的氧化钼选矿厂在这大漠深处诞生了。上级领导多次带队考察,为他的精神感动,对他取得的成就加以肯定。贾跃在氧化钼项目上取得了巨大的成功,但他不止步于此。

额济纳旗的肉苁蓉是一种特殊的植物,素有"沙漠人参"的美誉,肉质肥大、

■2010年12月1日中国扶贫开发协会第四届会员大会在京召开,全国政协主席贾庆林接见贾跃

■ 中国扶贫开发协会会长胡富国与中国扶贫开发典型人物贾跃合影

■ 贾跃参加庆祝新中国成立60周年暨中国扶贫开发人物系列活动启动仪式

油性足、鳞片清晰，是肉苁蓉中罕见的品种，药用价值极高。贾跃心想，如果能在肉苁蓉深加工上做文章，那该多好啊。在额济纳旗政府的协助下，贾跃聘请专家进行项目的可行性分析，得出的结论是：项目可行，但投资巨大。

贾跃果断地和政府签订下《内蒙古自治区额济纳旗5万亩肉苁蓉种植基地及配套加工项目》的协议。2008年6月，贾跃投资100万元，并提供技术，在内蒙古成立额济纳旗神舟药业有限公司，目标是建立一个5万亩肉苁蓉种植基地，一个年生产200吨肉苁蓉深加工产品的药厂。该项目被额济纳旗政府列为三北防风造林重点工程项目。

2008年冬天，贾跃带领工人们在大幅降温、伴有强沙尘暴和降雪的恶劣条件下艰苦挖掘种植梭梭林需要的树坑，5万亩整齐划一的树坑出现在额济纳荒凉了几百年的戈壁滩上。空前规模的5万亩防风造林工程项目的实施，对当地生态环境的改善，对额济纳旗的沙漠治理、防风固沙都将起到巨大作用。同时，这一项目的发展可以带动整个镇5万户农牧民增加种植50万亩肉苁蓉，每户年均增收1.2万元，为当地农牧民增加就业岗位150个。

在创业的十几年当中，贾跃始终热心慈善事业和社会公益事业，先后在捐资助教、抗洪抗旱、救灾等方面捐款捐物达2 000多万元。予人玫瑰，手有余香；奉献爱心，收获希望。

2006年，贾跃在内蒙古自治区扶贫办开会，席间休息，有一对夫妇带着自己的女儿找到自治区扶贫办公室寻求帮助。这对夫妇有一个女儿在自治区某学院学习，学习成绩很好，已近毕业。由于家境贫困，这名女生尽管生活简朴，同时勤工俭学，但还是一直拖欠学校各种费用几千元。屋漏偏逢连夜雨，这名女生的母亲又得了重病，家里想尽了各种办法，住院花光了全部积蓄，只好出院。眼看着难以为继，生活困苦，这名女生无奈之下准备辍学，去打工为母亲治病。听到这里，贾跃被女孩的行为深深打动了，他强忍泪水，当即表态："你安心学习，学费及所欠学校的钱我解决，家人看病的费用我负责。"当天下午，贾跃让随行工作人员从他的银行卡中取出3万元转交给这个家庭，解决了这个普通家庭当下遇到的燃眉之急。

这件事情一时在自治区扶贫办传为佳话。当被问及是什么促使他当时做出这样的举动时，他深情地说："小时候由于家境贫寒，父母省吃俭用供他读书，但当时教育条件实在太简陋，我就想如果将来条件允许的情况下，一定会在教育方面贡献自己的微薄之力。"

2007年，贾跃得知额济纳旗小学正处于艰难的起步阶段，各项教育教学设备短缺，已经不能适应教育的要求，心里十分难受。当时，盛源矿业正进行扩建，新建了一座日生产1 500吨矿石的选矿厂，资金相对紧张。但是，为了支持额济纳旗教育事业的发展，贾跃建议公司董事会向额济纳旗小学捐赠50万元，购买教学设备，并承诺连续10年每年向额济纳旗小学的捐赠不低于50万元。贾跃说："我们捐赠出去的，不仅仅是教学设备，更是时代的接力棒，是点燃社会主义事业灿烂明天的熊熊火炬！"

贾跃，在事业得到发展的同时，把回报社会作为实现他人生价值的最高追求，真真正正体现出了一个民营企业家的社会责任！

贾跃，正是选择了这样一种绿叶人生，努力地投下更多绿色，荫蔽他人。以他的努力，将这片绿荫扩展，再扩展，让这份清润，蔓延，再蔓延……

■捐赠仪式上贾跃董事长发表致辞感言

人物档案

姓名/陈忠孝
性别/男　**出生年月**/1953年8月
籍贯/山西省壶关县
职务/山西常平经济开发区党委书记、常平集团有限公司董事长兼总经理
主要事迹/常平集团一企带十村，带领农民脱贫致富，为社会光彩事业捐资累计3 900万元
荣誉/全国劳动模范、全国优秀乡镇企业家、优秀中国特色社会主义事业建设者、全国首届百名慈善人物、2006年度中国扶贫爱心大使等

陈忠孝　常平开发区致富带头人

　　陈忠孝是土生土长的常平村人。20世纪70年代末，常平村是壶关县出了名的穷村，"摸黑睡觉糠菜饭，一工倒贴两毛钱，全村穷得叮当响，村民背井又离乡"是常平村人当时生活的真实写照，1978年全村年人均收入仅56元。贫困落后的生活激发了陈忠孝的拼搏意识和创业热情，他于1980年白手起家创办了常平村有史以来第一家村办企业——机砖厂。因为没钱，建不起烟囱，与常平村相邻的县水泥厂内高高的废弃烟囱引起了他的兴趣，能不能借用这个没用的烟囱呢？他骑着自行车跑了10多千米路到长治钢铁厂，找到一位技术员，说出了自己的想法。那位技术员一听就笑了，说："我中国快跑遍了，借烟囱我还是头一次听说。"他央求那位技术员理论上论证，那位技术员查阅资料后告诉他："理论上不超过50米是可以的。"他听了这话就像得了圣旨一样，回来后立即找了20多人挑灯夜战，用了7天7夜就把烟囱"借"了过来。砌窑的砖买不起，他就发动群众用夯出的土坯代替。土坯窑建成后请那位技术员点火，人家怕担不起责任没敢来。他只得硬着头皮点燃了一捆玉米秆，只听"轰"的一声，别人的烟囱里冒出了自己的烟。这一招为他省下了足足6万元的烟囱钱。白手起家是何等的艰难！陈忠孝又以"滚

雪球"的方式,连办了几个"吃石头"的企业,使常平村逐步走上兴工致富的发展道路。1992年邓小平南方讲话后,时任村党总支书记的陈忠孝创造性地运用股份合作制,靠"吃亏"和诚信发动村民集资入股并吸引外地股金,先后办起了高标号水泥厂、炼铁厂、煤气发电厂、电石厂等企业,常平村成为山西省远近闻名的小康村。近年来,他坚持以科学发展观统领企业的发展思路,先后建成了100万吨铁厂、200万吨钢厂、200万吨轧钢厂、120万吨焦化厂、太行大峡谷八泉峡风景区等工程,使常平集团形成了以钢铁为龙头,煤矿、铁矿、焦化、煤气发电为配套,旅游、农业开发、房地产为补充的综合性民营企业集团,保持了持续健康的发展势头。常平集团连续5年跨入全国民营企业500强,2005年成为全国工业企业1000强,2006年成为全省工业企业20强、全国成长性企业100强。2008年,常平集团销售收入达到50亿元,上缴国家税金3亿多元。

一人富了不算富,一村富了也不算富,让常平村周边的农民都富起来,是陈忠孝的人生追求和价值理念。为支持其他村的发展,他亲自制订了"一企带十村、建设新农村"的战略,统筹规划常平开发区的发展。围绕常平集团的产业布局,各村配套了36个石料、石灰、机修、建材等企业。常平开发区大力创优环境,积极扶持第三产业的有序发展,运输、养殖、餐饮、旅馆等服务业蓬勃兴起,转移

■全国政协主席贾庆林(右一)亲切接见陈忠孝

劳动力就业 3 650 名，有力地促进了集体增效、农民增收。常平开发区内常平村 2 180 名村民原来人均月收入 3 500 元，2008 年提高到 9 000 元，其他各村 8 500 名村民人均月收入由原来的 1 300 元提高到 4 000 元。在陈忠孝同志的带领下，开发区 10 个村都发生了翻天覆地的变化，建起了 560 幢通电、通自来水、通暖气、通煤气、通闭路线、通程控电话、通宽带"七通"的小别墅，修建了人才楼、卫生院、养老院、殡葬区等公共公益设施。常平集团资助 7 000 万元，帮助常平开发区拓公路、修大街、垫大坝，完善各类基础设施；建水上公园、绿野观光游园，并进行全方位、立体化的绿化、美化和亮化；还建起六年制完全中学和常平职业技能学校。村民月月发放福利，老人享受养老金待遇，常平开发区朝着"工业生态化、农业科技化、环境园林化、农村城镇化"的和谐小康社会阔步向前迈进。

陈忠孝不仅惠及开发区的父老乡亲，还把更多的目光放在回报国家、回报社会上。陈忠孝坚持守法经营、诚信纳税，常平集团成为壶关县域经济的财政支柱。陈忠孝积极推行"以人为本"的经营理念，常平集团除安排开发区 2 860 名劳动力全部就业，还接收下岗职工、周边村庄劳动力、外来打工者以及大中专毕业生等 3 270 名，并吸收各类专业技术和管理人才 372 名，全部为员工办理了劳动保险和意外伤害保险。陈忠孝还积极对外投资，帮助贫困地区发展。2001 年，他买断长治市东风钢铁厂、平顺县后曼选矿厂，使两个濒临破产的国有老厂重新起死回生。2003 年，他在忻州市五台县兴建了 20 万吨选矿厂，在长治市沁源县、武乡县等贫困地区兴办煤矿和焦化厂，有力地推动了老区经济的进一步发展，创造就业机会 5 800 个。近年来，常平集团累计对外投资 8 亿元，转移农村剩余劳动

■ 2008 年 5 月 22 日，陈忠孝自愿缴纳"特殊党费"100 万元支援四川灾区抗震救灾

力8 600名,为推动区域经济的发展作出了积极贡献。陈忠孝并不满足于现状,他制订了更高的发展目标,力争使常平集团实现销售收入100个亿,上缴利税10个亿,步入全国先进民营企业行列。

陈忠孝热衷于光彩事业和慈善活动。多年来,拥有一颗赤子之心和奉献情怀的他资助贫困家庭孩子上学,救助困难职工,捐资修路,援助抗洪抢险,支援国防建设,修建敬老院,用于社会光彩事业的善款累计3 900万元。他和壶关县五龙山乡东黄野池民族集聚村结为帮扶对子,先后捐款捐物120万元,帮助村民修缮了清真寺,建起了民族学校,修通了进村公路。他投资70万元为50名孤儿建起了常平爱心楼,捐款成立了"忠孝慈善基金",先后帮扶弱势群体1 320余人次。他以自己的高尚品德和诚挚爱心赢得了社会各界和广大职工群众的一致好评。

5·12汶川大地震发生后,灾情牵动着陈忠孝的心。常平开发区、常平集团立即行动起来,慷慨解囊,纷纷奉献自己的爱心。陈忠孝以省工商联副主席身份向灾区捐款50万元,以长治市人大代表名义捐款1万元,以常平集团员工身份捐款2 000元。2008年5月22日下午,根据中共中央组织部《关于做好部分党员交纳"特殊党费"用于支援抗震救灾工作的通知》精神,陈忠孝立即组织常平开发区全体党员干部按时缴纳"特殊党费",他再次以向党组织缴纳"特殊党费"的方式向灾区捐款100万元。至此,陈忠孝以个人名义已累计向灾区捐款151.2万元。在他的感召下,常平集团广大党员和职工纷纷捐款捐物,总计捐款520万元。常平人与灾区人民心连心、肩并肩,体现了"一方有难,八方支援"的奉献精神。

■陈忠孝代表常平集团向山西省慈善总会捐赠70万元

| 改变贫困的力量

人物档案

姓名/陈怀德

性别/男　**出生年份**/1964年

籍贯/广东省化州市

职务/月朗国际董事长、美国富佑集团董事局主席、中国扶贫开发协会副会长

主要事迹/先后创办20家企业，累计捐款物过亿元

荣誉/2006年度世界华人杰出贡献奖、2007年度中国扶贫明星人物、中国经济百名杰出人物、全国先进爱国企业家、国际慈善功勋奖、影响中国进程100位杰出企业家奖、2008中国民生行动先锋等

陈怀德 大爱无边，善行天下

　　从大学到现在的20余年时间里，陈怀德这个"慈善狂人"频繁参加各种慈善公益活动，向社会各界捐赠了逾亿元的款物。他放出豪言："慈善已成为我的一种习惯。有生之年，我要为慈善捐出100个亿，这就是我人生的终极目标。"

　　孟子说："天将降大任于斯人也，必先苦其心志。"陈怀德童年时代的生活是极其艰辛的，令他至今难以忘怀。艰辛正好磨砺了他的意志，培养了他的善心。

　　1964年，陈怀德出生在广州市的一个书香之家。如果不是遇上史无前例的"文化大革命"，他会有一个幸福的童年。1968年，时任《羊城晚报》副刊《花地》主编的父亲被打成反动文人。不久，不甘沉沦的父亲又办起了化工厂。在那个到处割资本主义尾巴的年代，这可是一件"冒天下之大不韪"的事情。"罪上加罪"的父亲被捕入狱，一判就是8年。年仅4岁的陈怀德被迫随着家人离开广州回到化州农村，而年幼的陈怀德也遭受了失学的厄运。

　　在那"运动"频仍、经济瘫痪的年代，根正苗红、劳力强的家庭尚且吃不饱，像陈怀德家这样"政治反动"、孩子多、劳力少的家庭又如何能饱腹？那段日子里，陈家彻底陷入困境，缺米少粮甚至断炊的事情经常发生。很多时候，为了让孩子

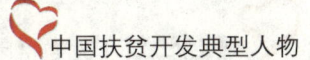

们吃上一顿饱饭,他母亲不得不拖着孱弱的身体一次又一次地走进医院卖血,给孩子们换点粮食吃。为了填饱肚子,小小年纪的陈怀德有时不得不随着母亲一起挨家挨户地讨口饭吃。

有一次,陈怀德一家已经四天四夜未进一粒米了,家里能吃的东西都吃了,连原来给鸡吃的谷糠也被就着凉水吃完了,全家人饿得毫无力气。陈怀德跑去偷甘蔗,他以最快速度吃完一根甘蔗,并捎带一根回家。不料,中途被菜农逮住带到公社,他还握着那根甘蔗不肯放。好心的王书记了解他家困窘的情况后,亲自送了30斤米到他家,救了他一家人的命。那天,他喝了15碗粥,以至永远忘不了"雪中送炭"的那份温暖。

"几天没吃的,突然有30斤米,那是做梦都不敢想的事情,真是比过年还开心。当时那种雪中送炭的感觉真的太棒了!从那时开始,在我心里就种下了爱的种子。我暗中发誓,长大了一定要出人头地,做一个像王书记一样的有'菩萨心肠'的人,去帮助穷苦人了。"几十年后陈怀德回忆起童年的这件事,仍然很兴奋,

■陈怀德与全国政协主席贾庆林合影

终生难忘那时的感激之情。

1977年，"文革"结束，陈怀德的父亲才得以平反，一家人重新回到广州。由于还没落实政策，日子还是很艰难。全家7个人挤在外公家一个7平方米的小屋里，上下搭了三层。

陈怀德13岁才有机会走进课堂。两年后，天资聪颖的他考上了广东名校广雅中学。有一件事陈怀德至今仍记得很清楚。当时初一刚进校时，学校要求大家穿白衬衣参加升旗仪式，但入不敷出的陈家哪里买得起白衬衣。母亲灵机一动，把家里的两个米袋改成所谓的"白衬衣"（其实是米黄色的）给他穿。可以想象，在广雅这样一个名校，大家看他的眼光该是多么的异样。由于家境贫寒，在广雅读书的时候，他上学穿的裤子都是他哥哥不合穿了才给他的，上面有很多补丁，有时裤子短得露出半截小腿。他每次都无法按时交学杂费、伙食费。1985年，陈怀德考上了深圳大学，家里七拼八凑给他筹了400元钱，第一天办完报到手续、买完饭菜票，他身上就只剩下50元钱了。

贫穷的生活并没有压倒陈怀德，他并没有消沉，而是乐观奋发。他早早就开始创业，并做出了惊人的成绩。

具有敏锐市场嗅觉的陈怀德，刚跨入大学校门就把目光瞄准了刚刚开学之初同学们都在集中拍照留念的商机上。他在同学父亲开办的冲印社承接学生们的照片冲晒业务，利用深圳和广州的差价，竟然在开学第一个月就赚了2万多元，跻身为学生"万元户"。小试牛刀之后，陈怀德收购电子表、推销收录机、批发彩电，他在商业运作上与生俱来的天赋发挥了出来。后来，积累了一定资本的陈怀德，

■ 由于在公益扶贫方面的突出表现，陈怀德受到国务院副总理回良玉同志的亲切接见

■ 全国人大常委会副委员长周铁农亲切会见陈怀德

承包了学校内的多个商场，并办起了学生服务公司，将贸易做到全国各省，创造了大学时代获利6000多万元的奇迹。

1989年，他毕业后经过了反复的市场调查，最终将目标锁定在服装行业，投资创办了深圳雅仕衣帽有限公司。尽管当时各国的服装已经纷纷进入中国市场，中国的各大服装厂商也已各占一方，但是陈怀德认定，随着中国经济的不断发展和人们消费水平的不断提高，服装市场仍然大有作为。很快，雅仕服装风靡全国。接着，他又注册了香港雅仕企业集团有限公司。

1992年，他抓住邓小平南方讲话的历史性机遇，先后投资创办了香港天才科技有限公司、深圳怀德实业有限公司、广州雅仕制衣厂、沈阳雅仕餐饮娱乐有限公司等17家公司，事业越做越大。

1997年，在那个电脑还没有普及的年代，陈怀德敏锐地觉察到了电子商务的无限商机，果断地成立了香港月朗国际电子商务有限公司和深圳市月朗科技有限公司，这更是让他的事业如日中天。

陈怀德在创业过程中不断思考市场、人生价值、国家和个人等不同层面的问题，最终为自己确立了四个使命。使命，已经成为陈怀德一路前行的最大动力。他说："因为使命在肩，我和我的企业充满力量。为着这些使命，我们会继续努力。"

使命一：用最优质的产品呵护天下女性。2001年，陈怀德的母亲因患妇科疾病不幸逝世。极度悲痛之余，陈怀德深刻认识到了妇科疾病对女性健康的危害。从此，他立志要开发出最优质的妇女保健产品，像对待自己的母亲一样去呵护天下所有的女性。经过多年的努力，他旗下的企业如今已经成为妇女保健产品领域

■陈怀德把学习和生活用品送给灾区的孩子们

的一面旗帜，多款质量优异的女性用品为海内外的女性源源不断地送去健康的福音。

使命二：用中国创造的产品赢回属于中国人的尊严。在考察俄罗斯市场时，陈怀德偶然发现一家大型商场的橱窗上印着一句醒目的标语，出于好奇，陈怀德询问身边工作人员标语为何意。当得知标语的意思是"本商场没有中国商品"的时候，陈怀德感到既愤怒又屈辱，他在心底暗暗发誓："我一定要让俄罗斯人知道，中国商品是最优秀的。"随后不久，陈怀德率领企业大举进入俄罗斯市场。在一家大型商场门前，他摆下擂台："现场PK，如果谁能在俄罗斯找到一款比我们好的产品，我们愿意白送200箱价值10万美元的产品给他。"这种大胆的举动，彻底征服了当地的消费者，俄罗斯市场迅速打开。在俄罗斯为中国人赢回了尊严的陈怀德并没有陶醉于眼前的成功，他让自己肩负起了更大的使命：引领中国创造的产品走向世界，在世界舞台上为中国产品正名。

使命三：在全球打造民族企业品牌。一次，陈怀德到日本考察市场，在分公司门前，两名妇女拉住他哭诉。原来，她们都是来自中国的经销商，想到分公司咨询更多的业务，但是一名日本籍的经理就是不让她们进去，理由是："日本经销商已经把日本市场做得很好了，不需要中国经销商。"陈怀德听后勃然大怒，他怒斥那位经理说："你既然这样瞧不起中国人，为什么还要在中国人开的公司里面做事？从现在起，请你离开公司！"经过此事之后，陈怀德意识到，如果自己的公司是一家全球知名的大企业，别人就不会如此放肆。有感于此，陈怀德为自己立下了人生中的第三个使命：在全球范围内打造属于中国人的民族企业品牌。他认为，在当今的世界，国与国之间的竞争，不再是战场上的竞争，而是商业上的竞争，而商业上的竞争，就是拥有核心品牌的大企业之间的竞争。中国能否在这场竞争中胜出，取决于能否有屹立于世界的民族品牌。

使命四：打造创业的平台，帮助更多的人成功。一个人的成功，只是微小的成功，一群人的成功才是伟大的成功。让更多的人在自己打造的平台上收获成功，这是陈怀德的第四个使命。他认为，世界上最大的慈善不是捐了多少钱，而是帮助多少人走向了成功。因为只有更多人成功了，整个社会才更和谐，我们的国家才更强盛。

从小立志做慈善家，陈怀德如是说，长大以后，也是这样做的。他把慈善列为自己的使命之一。他说，人生的价值不在于官大官小，也不在于钱多钱少，而在于你为社会付出了多少，贡献了多少；人活着，不能只是为了自己幸福快乐，还要对这个社会尽点责任。

1988年，陈怀德正念大学三年级。那年，母校广雅中学举行百年校庆。他向母校捐赠了2万元。"80年代当个'万元户'就已经很不错了,我作为一个学生捐出2万块钱轰动了整个学校。那次捐赠完全改变了我在大家心目中的形象,大家开始用赞赏的眼光来看我。"多年以后再提起第一捐赠,陈怀德的那份自豪感依然溢于言表。自此,他的慈善义举一发不可收拾。

一年秋天,他深入大山深处的学校进行考察。学校里有几个老师拖家带口,一个月的工资300多元,照顾方圆几十里的几百个孩子。"用来区分这些孩子们家境好坏的,就是看他们从家里带来的咸菜里有多少油。"老校长的这句话时刻萦绕在他脑海里。2003年,陈怀德又去了一趟西藏、青海,看到还有很多人连一个月几十块钱的生活费都没有,很多孩子读不起书。这真实而残酷的现实不仅强烈地震撼着陈怀德,也深深地刺痛了他。陈怀德当时就立了志愿,在他有生之年,只要自己有能力,他一定会捐建1000所希望小学,让贫困地区的小孩都能读得起书、上得了学。他说,这是他的理想,同时也是让他奋斗不息的一个目标。

2005年,经过多番考察与沟通、交流,陈怀德在青海省玉树收养了100名身带残疾、父母双亡或单亲家庭的困难儿童,每年资助每人1800元,一直供他们读书、生活至18岁。此后,救助费用一再追加,目前这一数字已经超过200多万元。2006年11月,他又在玉树捐资85万元修建一所"怀德救助学校"。2007年9月,学校建成并投入使用。在建这所学校时,他非常重视工程的质量,专门派了一个监工在工地上待了半年,直到学校建成。2010年4月14日,玉树发生大地震,学校周边的房子几乎全部倒塌,唯独学校安然无恙,在这里上学的150多个孩子也无一人受伤。新浪网、中国青年报、广州日报、钱江日报等各大媒体对此进行

■2009年3月7日,向浙江大学捐赠20万元善款,用于帮助该校10名贫困学生支付4年的学费

■2009年11月21日,向安徽省青少年发展基金会捐赠50万元,用于援建寿县安丰镇的"道涵怀德希望小学"

了报道,玉树"怀德救助学校"因此成为此次地震中最牛的建筑之一。虽然玉树"怀德救助学校"在地震中并没有遭受大的创伤,但陈怀德不愿让这些孩子们今后有任何危险,执意要对学校进行重建。他对校长说:"未来我还会在青海收养300到400名孤儿,他们将与现在的这些孩子一起在更好更大的救助学校里上学、生活。"

2008年汶川大地震时,陈怀德受中央电视台新闻频道"特别关注"栏目的邀请,走进灾区一线,在帐篷里一起住了6天。孩子们说要学校,他马上捐建学校。从选址到建校舍,他们只用了3天就建成了1所能抗8级地震的学校。学校落成仪式结束后,一直在帐篷里吃罐头、感受余震的陈怀德惊讶地发现,饭桌上竟然有鸡肉。旁边的人告诉他,乡亲们为了表达谢意,杀了村里仅有的6只老母鸡。

2009年初,陈怀德去参加由深圳市关爱办和深圳广电集团经济频道"寻找最需要帮助的人"栏目组织的扶贫救助活动,一个名叫赖碧红的白血病女孩深深地打动了他。赖碧红来自广东河源紫金县一个典型的贫困家庭,父亲肾衰竭,母亲精神分裂,姐姐体弱多病,年幼的弟弟还在读书。2001年,赖碧红到深圳,在一家餐馆当服务员,勤劳朴实的她深受大家喜爱,很快从服务员做到了主管,成了一家的经济支柱。然而,在2003年这位朴实可爱的姑娘患上了卵巢癌。由于治疗费用昂贵,赖碧红在接受了几次化疗后,就再也没舍得花钱做任何复查,一拖就是5年。2009年5月,赖碧红病情加重,在家人的催促下,她再次来到了医院。检查的结果是,她又患上了急性白血病,残酷的事实几乎将赖碧红一家击倒。陈怀德了解情况后,当即援助20万元,解决了这个困难家庭的燃眉之急。

在2009年4月15日,河北省儿童医院举行的"大爱无边——救助河北白血病患儿捐款仪式"上,患儿家属们的眼泪深深打动了这位感性的慈善家,他当场

■陈怀德先生、胡静女士一同把15万元的捐赠支票交到了广西红十字基金会副理事长谢景开的手中

■陈怀德先生把捐赠牌交到马海莉主席手中

就追加了50万元的善款，尽管一个多月前陈怀德的富迪科技在河北分公司开业时已向当地10名白血病患儿捐助了10万元。用他自己的话来说，"其实我这个人很简单，当时的场面太令人感动了，那些孩子一哭，我就受不了了，我想让他们快乐，而且帮助人是一件很快乐的事。"

这件事以后，陈怀德就开始持续关注白血病患儿这个已经被社会忽视很久的弱势群体。他坚信，在白血病治愈率为80%到90%的条件下，患儿们缺的不是技术，而是治病的钱，特别是那些贫困家庭的白血病患儿，他们更需要有人伸出援手。至今已帮助过10个城市近200名白血病患者的陈怀德深知自己做的还不够，他说："单靠我一家企业的力量是不够的，中国还有400万白血病患儿，还有很多孩子等着我们去帮助，希望我的捐赠能起到推动作用，让更多人关注这个群体，吸引更多的企业参与进来。"

在苦难中长大的陈怀德一直铭记着儿时的誓愿，在全国各地的教育、文化、体育、慈善等各项事业进行了大量的捐赠，处处彰显其过人的胸怀与气度。为全力支持各项社会公益事业，他向中国扶贫开发协会、全国妇联、中国外交部、广州教育基金、深圳大学、广州市广雅中学等机构做了大量捐赠。他曾独力赞助了1996年亚特兰大奥运会、2000年悉尼奥运会上中国运动员的服装，以及第七、八、九届全国运动会广东运动员的出场服装，赞助1995年世界举重锦标赛100万元。2008年南方抗雪灾，有他的身影；汶川大地震，他不仅捐款捐物，还亲赴甘肃灾区一线……

"君子常怀德，甘霖润苍天。"如同他的名字一样，陈怀德把慈善捐赠和爱心付出当做一种自觉行为，他无时无刻都在奉献着爱，温暖人心，历久弥香。

■陈怀德把学习和生活用品送给灾区的孩子们

人物档案

姓名/陈峰
性别/男　出生年月/1953年6月
籍贯/山西省霍州市
职务/海航董事长、大新华航空董事长
主要事迹/组建海航,并使之迅速发展成为仅次于南航、国航、东航的大型航空集团公司。陈峰领导的海航积极承担社会责任,捐款、捐物、捐机票价值达5.3亿元
荣誉/全国优秀企业家、全国劳动模范、优秀中国特色社会主义事业建设者、中国企业改革纪念章、品牌中国30年30人等

陈峰　海航的缔造者和领航人

　　陈峰,现任海航集团有限公司董事局董事长、大新华航空公司董事长。作为海航的董事长,长期以来被视为海航的精神领袖。他1993年以1 000万元起家,通过成功地引进海外资本、不停地兼并重组,到如今建成中国第四大航空集团。陈峰的目标是打造一个以航运为核心的世界级一流航空品牌。因其卓越贡献,他荣膺"全国优秀企业家"等多项殊荣。

　　1993年,刚满40岁的陈峰从北京飞赴海南,想要打造一家与国航、南航、东航等国内传统航空公司发展模式迥然不同的航空集团。之前,他先后在中国民航总局、国家空中交通管理局任职,属于政府官员。陈峰说:"有的媒体说我是急流勇退,有的媒体说我是下海,这都不准确。我是从北京直接到海南省任一名厅局级干部的。"当时,海南省政府给雄心勃勃的陈峰出了一道题:只有1 000万元资金,要办一家航空公司。怎么办?自己去想办法。1 000万元意味着什么?只能买飞机的一只翅膀。但陈峰没有被困难吓倒。他利用自己在民航业内多年的经验积累,四处游说,终于交出了答卷。1993年4月13日,第一架波音飞机飞抵海口。同年5月2日,海南省航空公司(简称"海航")的飞机首航北京。

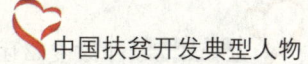

但创立伊始,海航只能在国内外大型航空公司的夹缝中求生。不过,陈峰自有他的办法。在计划经济时代下,服务不好是航空公司的通病。海航在初创的5年内,采取了一个比较极端的办法:只要有旅客投诉空乘人员,公司不做分析,马上让空乘人员下岗。"这其中可能会'误杀'员工,但我们以牺牲小我换来了海航的大发展。"这一招奠定了海航的服务基础:空乘服务以旅客需求为中心,一切服务围着旅客转。海航的服务一时在中国民航业内声名鹊起。

1995年,随着海航业务的拓展,公司对资金的需求越来越强烈。陈峰前往美国华尔街融资。在华尔街,陈峰用自学的英文给投资人讲海航100万美元起步的故事,大家听得津津有味。索罗斯的一位高级助理听到陈峰的演讲很兴奋,就问:"你们公司在中国的什么位置呀?"陈峰当时带了一张英文地图,在这张地图上,海南岛只是一个点,没有标地名。他问这位高级经理:"你知道越南吧?"这位经理表示知道,陈峰说:"我们就在越南边上。越南战争和朝鲜战争是在中国人的帮助下打的,美国人怕死,中国人民不怕死。"听了这些话,华尔街的银行家们哄堂大笑。陈峰当时用英语回答了300多个问题,华尔街的银行家听完之后觉得很亲切。海航的发展是奇迹,海航发展的故事足以使华尔街的银行家们感觉这帮管理者不得了。他们非常看重主要管理者的素质。两周之后,索罗斯通过旗下的美国航空公司正式入股海航,投资2 500万美元。

陈峰说,海航之所以能够引来索罗斯的投资,首先有中国改革开放的因素。索罗斯希望在中国改革开放的进程当中有一个角色。海航的国际化运作也是能够吸引索罗斯的一个重要原因。海航从一开始建立就采用了国际一流会计师事务所做审计,财务管理规范;海航用美国最大的律师事务所做公司的法律顾问;海航用美国一流的航空评估事务所做评估。评估海航的评估事务所负责人曾经写下这么一段话:"海航的管理者不仅在中国是一流的,在世界也是一流的。"一开始就

■2003年12月,海航集团"至善井"计划第一口井竣工交付仪式在海口市秀英区东山镇东星村举行。陈峰出席并作讲话

建立了国际标准的管理制度，这是海航融资取得成功的重要原因。

虽然海南经济特区的政策给了海航发展的机遇，但海南岛相对闭塞，如果只是在海南发展航空业务，显然会错失许多机遇。于是，陈峰决定走出海南，"上岸"发展。重组长安航空公司让海航迈开了走向全国的又一大步。2000年8月30日，海航与基地在西安的长安航空公司合作，以3架飞机的资金作为公司的注册资金，组建了长安航空有限责任公司。目前，长安航空在西安地区的市场份额超过40%，超过了东航西北公司，是西安航空市场的老大。重组长安航空公司后，海航的整合动作势如破竹。2002年10月27日，海航股份、新华航空、长安航空、山西航空4家公司合并运行，统一航班代号，统一安全责任，统一运行标准。海航一跃成为中国第四大航空集团。

海航在航空运输业的基础上，发展与航空有关的多元经营。在机场业务方面，目前的海航机场控股（集团）有限公司下辖海口美兰国际机场、三亚凤凰国际机场、宜昌三峡机场、甘肃机场集团（兰州、敦煌、嘉峪关、庆阳）、潍坊南苑机场、东营永安机场、满洲里西郊机场以及安庆机场等11家成员机场。在旅游业务方面，以海航旅业集团为核心企业，海航集团目前下辖幸运国际旅行社、吉林省旅游集团、金鹿公务航空公司、金鹿航空公司、大新华快运航空公司、祥鹏航空公司和西部航空公司、海航酒店集团、海航思福汽车租赁公司、海航会展公司、活力幻像广告公司和吉高报刊出版发行公司。在物流业务方面，海航以大新华物流控股有限公司为旗舰，旗下包括天津海运股份有限公司、大新华轮船有限公司以及靖江新华港务有限公司，要致力于成为国内首家独立拥有飞机和海运船队的大型综合性物流公司。在商业板块，海航下辖两家商业上市公司：西安民生集团股份有限公司和宝鸡商场集团股份有限公司，在陕西地区处于行业龙头地位。

■2009年3月，陈峰代表海航集团向海南省慈善总会捐赠房产并合影留念

■2009年3月，陈峰代表海航集团向海南省文昌市政府捐赠500万元现金支票

2005年，陈峰开始组建大新华航空公司。大新华航空公司成立并运营，标志着海航集团完成了以大新华航空为核心的航空企业群的架构。这一航空企业群包括：以经营高品质航线为主的大新华航空、以经营支线航空运输为主的大新华快运航空公司、专门经营公务机业务的金鹿公务航空公司、专门经营旅游包机业务的金鹿航空公司、经营货运业务的扬子江快运航空公司、祥鹏低成本航空公司和西部航空公司。大新华航空肩负着陈峰"打造一家中华民族的世界级企业和世界级品牌"的梦想。

海航在取得自身迅速发展的同时，大力弘扬"为社会做点事，为他人做点事"的企业文化精神，积极承担起企业应负的社会责任，大力支持社会公益事业。

陈峰16年来向自然灾害地区、贫困地区、残疾人联合会、慈善总会、红十字会、青少年发展基金会、妇女发展基金会、环境保护协会、海南大学等单位捐款、捐物、捐机票价值达5.3亿元，为社会公益事业的发展作出了突出贡献。

2008年汶川发生大地震后，海航集团在第一时间启动应急预案，共执行抗震救灾航班254个，飞行成本折合人民币1.84亿元，公司及员工捐款达642万余元。运输台胞捐赠的110吨救灾物资，开创了两岸货运包机直航的先例。海航集团抗灾救灾工作获党中央、国务院高度肯定，海航股份运控部签派控制中心获"全国抗震救灾英雄集体"称号，海航集团获民政部2008年度"中华慈善奖"、全国工商联"抗震救灾先进集体"等称号。

"中国公益事业十大先锋企业"组委会给予海航集团这样的评价：海航集团在不同的公益项目领域中，都作出了突出的贡献，自觉地把开展公益事业、慈善事业作为企业的社会责任，在创造经济效益的同时，创造更大的社会效益，为创建和谐社会树立了很好的典范。

■2009年3月，陈峰向海南省保亭县县长彭家典（左）移交捐建慈航小学的现金支票

■2009年5月，陈峰代表海航集团向陕西省法门寺慈善基金会捐款

人物档案

姓名/叶盛鹏

性别/男 出生年月/1955年11月

籍贯/宁夏回族自治区盐池县

职务/宁夏宁鲁石化有限公司董事长

主要事迹/公司累计向社会各界捐助财物达1000多万元,以叶盛鹏个人的名义捐款不下50万元,获得良好社会反响

叶盛鹏 盐池县造福桑梓的带头人

叶盛鹏,2003年组建宁鲁石化有限公司。这个当初固定资产不足百万元、职工不足30人的小企业发展成如今拥有固定资产6亿元、年产值10亿元、职工980人的大企业。有一种生命,生来便不得安闲,生存就是为了创造价值,为社会,也为自己。叶盛鹏就是如此,他凭着坚韧不拔的毅力和一股孜孜以求、奋力拼搏的闯劲,走出了一条人生的金光大道。

20世纪90年代初,许许多多的农民依然固守在黄土地上,广种薄收,靠天吃饭。人们最向往的莫过于过上饱暖又安稳的日子,可是身为盐池县苏步井乡人民政府年轻干部的叶盛鹏,却不这么认为。他辞去许多人梦寐以求的公职,从农村到城市,从本地到外省,风里来雨里去,尝尽了艰辛,也体会了初步成功的喜悦,更重要的是,经过商场多年的摸爬滚打,积累了一些资本和经商经验。凭着青年人特有的朝气和胆识,1998年叶盛鹏注册成立了盐池县盛宝丰畜产品开发有限公司,迈出了个人创业的第一步。

为了将企业不断做大做强,2000年3月,叶盛鹏出资兼并了宁夏盐池粤西溶剂油厂。2003年4月,他又与山东恒源石化集团公司实现了强强联合,组建了宁夏宁鲁石化有限公司。看到这拥有职工近900人、固定资产超过6亿元的现代化企业，有谁会想到它曾经是一个只有二三十人，固家资产仅有百万元的小企业呢？盐池县是国家级贫困县，属老少边穷地区，宁鲁石化公司是盐池县唯一一家产值过亿元、上缴税金过千万的企业，同时也是吴忠市非公有制经济十强和宁夏回族自治区30户非公有制重点工业企业之一。叶盛鹏领导的宁鲁石化，2008年的工业产值和税金分别占该县的53%和31%，为地方的经济作出了巨大贡献。叶盛鹏不爱讲排场，而是把主要精力花在经营管理上，连新厂区落成投产也没有搞搬迁庆典。公司几年来平稳健康发展，经营保持良好态势，受到各级政府的赞誉和广大职工的好评。公司先后荣获宁夏回族自治区"非公有制文明企业""东西合作优秀企业""五一劳动奖状"以及吴忠市"社会保险参保模范单位"和"优秀职工之家"等荣誉。

　　叶盛鹏认为，只有制造的产品得到市场认可，每年上缴税收增加，为国家和社会多做贡献，他心里才有踏实感，才能感到安心。他开办企业以来，多次捐资赞助社会公益事业。在他看来，财富取之于社会用之于社会是理所当然的，个人的享受有限，还是对社会多尽一些义务、多尽一份责任最踏实。他先后安排了200多名下岗职工、贫困人员和残疾人就业。

　　盐池县花马池镇汪记场村由于自然和历史等诸多因素的制约，基础设施建设十分落后，人畜饮水困难，生活能源极其紧缺，村民生活极度贫困，特困户

■叶盛鹏向宁夏回族自治区党委书记陈建国（正中）介绍公司情况

■叶盛鹏出席抗旱救灾捐款仪式

较多。叶盛鹏做出一个令人意想不到的决定,由宁鲁石化公司出资将该村 43 户 180 人整体搬迁至引黄农业开发区,将富余劳力安排到宁鲁石化公司上班,并投资 500 余万元治理这片沙化盐渍的土地。对此,有人说叶盛鹏瞎扔钱,企业家不应做无为的投资,等等,可叶盛鹏却说:"我是共产党员,有义务、有责任为社会多做事。""一分耕耘,一分收获",而今,搬迁至引黄农业开发区的汪记场村村民们生活富裕、安居乐业。原来沙化的土地也被治理得林草丰茂、生机盎然,成为盐池县沙漠化综合整治重点工程,被列入"三北"防护林体系。

2006 年,宁鲁石化公司出资 52 万元,修建了西北第一家县级科技馆——盐池县科技馆,为全县人民开展科学技术普及宣传与教育提供了场所,提升了盐池县公众的科学文化素质。2006 至 2008 年,宁鲁石化公司累计捐款近 200 万元用于盐池县抗旱救灾;向盐池县"两基"工程捐款 30 万元,为盐池县的教育事业添砖加瓦;向"希望工程圆梦行动"捐款 10 万元,使莘莘学子圆了大学梦。

2008 年 5 月 12 日,汶川发生特大地震,正在外地谈生意的叶盛鹏得知这一消息后,驱车数百千米连夜赶回公司,于 5 月 13 日清晨紧急召开董事会会议,研究部署支援灾区抗震救灾计划并提出了四条紧急措施:一、立即调查了解公司四川籍和受灾地区员工信息,尽快掌握员工家里受灾情况;二、妥善安抚员工,做好员工思想工作;三、对受灾员工提供援助,及时安排返乡行程;四、发出"众志成城抗灾害,情系灾区献爱心"活动倡议。他在公司全体员工大会上,通报了四川地震灾区灾情,宣布了公司支援灾区抗震救灾计划,提出由公司党支部牵头,迅速召集公司工会、团委、妇联等组织紧急行动起来,大力发扬"一方有难,八方支援"的精神,积极捐款捐物,全力支援灾区人民抗震救灾。公司及员工为灾区共募集善款554 598元,其中公司捐款50万元,叶盛鹏个人缴纳"特殊党费"1万元。

同年,宁鲁石化出资300万元,用于自治区各项事业建设;在内蒙古镶黄旗出资100万元,建立"宁蒙石化教育基金",旨在支持地方教育事业,用于奖励高考成绩优秀的学生及教师。

……

叶盛鹏经常说:"我们的社会责任,是经济责任的延伸和保障,是不以企业的意志为转移的,在做好企业各项工作的同时,要担负起必要的社会责任、政治责任和经济责任,这是责任,更是义务。"

截至2009年,公司累计向社会各界捐赠财物1 000多万元,以叶盛鹏个人名义捐助不下50万元,获得良好的社会反响。2003年,宁鲁石化公司被宁夏回族自治区人民政府授予"社会捐助先进集体"。叶盛鹏个人先后荣获宁夏回族自治区"'两基'工作先进工作者"以及吴忠市"尊师重教先进个人"和"支援抗震救灾优秀共产党员"等荣誉。

宁夏回族自治区宁鲁石化公司发展到今天,能够取得这一成绩,得益于国家的好政策,得益于叶盛鹏科学决策,领导有方。回首过去,成绩辉煌;展望未来,任重道远。叶盛鹏将继续弘扬企业文化,继承和发扬"扶危济困,回报社会"的传统美德,全面提高企业的整体素质,致富思源,富而思进,回报社会,为革命老区的社会扶贫开发事业建功立业!

■叶盛鹏与宁夏回族自治区党委书记陈建国(左)亲切握手

■叶盛鹏陪同外商参观宁鲁石化公司厂区

人物档案

姓名/赵笑长
性别/男 **出生年月**/1970年9月
籍贯/陕西省
职务/山西远鑫实业有限公司董事长、北京晋商博物馆董事长
主要事迹/远鑫公司的光彩事业到位资金达5.2亿元，并先后为阳泉公路建设、农田水利基本建设以及村镇办学和扶贫济困等累计捐资4 000多万元
荣誉/模范纳税大户、山西省十大杰出青年

赵笑长 回报社会没有句号

赵笑长，山西远鑫实业有限公司董事长。远鑫公司组建于1992年，是集生产、制造、矿业、房地产等为一体的多功能综合性集团公司，现拥有职工5 000多名，下设16家分公司，为国家上缴税金超过亿元。目前，远鑫公司的光彩事业到位资金达5.2亿元，连续多次被省、市、县评为"模范纳税大户"。

2008年8月，赵笑长投资20亿元筹建的北京晋商博物馆成立，主体建筑面积3万平方米，建筑群落面积20万平方米。这个博物馆是目前全国最大的晋商专题博物馆，是全国唯一的关于商人与商业的博物馆。研究晋商文化的专家估计，晋商有6万多件文物藏品，而在晋商博物馆里陈列的就有4万多件。让那些反映晋商族谱家世、墓志碑文、传记家训、当票汇票、店规行规等的文献和文物从此有了一个安静的归宿。

10多年来，赵笑长立足反哺社会，为人民办实事、办好事，以扶贫开发、救助困难群体为主线，积极探索不同的形式和方法，找准切入点和结合点，采取产业带动、教育投入、扶贫济困、繁荣城市经济、投资公益事业以及参与新农村、小城镇建设等多种方式，回报社会，回报人民。

赵笑长积极响应国家建设新农村的号召,投资1.5亿元建设盂县上曹村、东垴村、西垴村新农村建设项目8万平方米;投资2 500万元在巨城镇开发建设3.2万平方米"远鑫苑"住宅小区,首开了阳泉市社会资金参与新农村建设的先河;投资1 000多万元在平定县冶西镇开发了2万平方米住宅小区。他为新农村建设作出了突出贡献。

为了给孩子们一个良好的学习环境,赵笑长的公司先后兴建平定县巨城示范小学,每年给巨城村一至六年级学生每人100元补助,连续3年每年赞助内蒙古贫困大学生30万元,每年赞助阳泉地区贫困大学生10万元,在教育领域捐资就达500多万元。

赵笑长把企业建设与新农村建设结合起来,发展农村工业,安排龙庄村、巨城村、张庄村劳动力就业2 000余人,带动当地农民增收,并且带动运输、餐饮及其他服务业的发展,切实给农民生产生活带来好处,使农民群众真正得到实惠。

赵笑长的公司积极参与基础设施建设。为繁荣城乡物资交流市场,方便人民群众生活,公司出资40余万元兴建巨城镇集贸市场、娘白公路、龙巨公路、移穰村公路、会里村石瓮大桥、巨城村供水工程。这些活动对推进基础设施建设起到了积极的促进作用。

在汶川抗震救灾工作中,赵笑长想灾区所想,急灾区所急,他的公司通过红十字会、中国扶贫开发协会、光彩事业促进会等各种渠道,向灾区累计捐款280余万元。

赵笑长积极参与扶贫工程,传承中华美德,举行了资助孤寡老人,援助残疾人,帮助五保供养等慈善活动。

赵笑长说:"扶贫济困是中华民族的传统美德,远鑫人对社会的回报,只有逗号,没有句号。"

■办公室里的赵笑长

中国扶贫开发协会 | 改变贫困的力量

人物档案

姓名/张洪波
性别/男　**出生年月/**1966年4月
籍贯/山东省庆云县
职务/中澳控股集团有限公司董事长
主要事迹/在国内首创以"1235"为核心的中澳模式，借助中澳模式带动了庆云县及周边县市30万贫困农民共同走向致富之路。截止2009年5月，张洪波向社会公益事业捐款累计800万余元，资助贫困学生两千余人

张洪波　用中澳模式助百姓养鸭致富

　　张洪波，经过20多年的拼搏，从一个地地道道的农民，成长为一名优秀的企业家。他探索出中澳模式，带领庆云县及周边县市30万农民走上了致富之路，其成功经验被评为联合国扶贫开发案例，向全世界推广。

　　张洪波出生在农民家庭。高中毕业后，种过地，打过工，所有农民干过的活他都干过。因此，他具有农民的勤劳，深知农民的艰辛。1988年，他瞅准了家禽养殖行业，开始创业生涯。他只身来到天津一家养鸡场当工人。3个月后，他带着充抵工资的300只鸡苗回到家乡开始养鸡。由于防疫技术不过关，300只鸡"全军覆没"。张洪波并没有灰心。他买来养鸡技术的书籍刻苦研读，掌握了一整套养殖技术。1997年，他的养鸡场已颇具规模，成了小有名气的致富状元。随着养殖规模的不断扩大，原有的养鸡场已经不能满足他的要求。急于扩大养殖规模的张洪波买断了当时庆云县的国有肉鸡加工厂——德州中澳禽业有限公司。2000年前后，养鸡效益出现滑坡，养鸭不断升温。张洪波敏锐地捕捉到了这一市场的变化。2001年，他果断决定放弃养鸡，转而养鸭，并正式组建了中澳集团。

　　张洪波创建的中澳集团是一家民营股份制企业，拥有资产18亿元，员工

7 000余人，主要从事肉鸭的育种、繁育、养殖和深加工，是农业产业化国家重点龙头企业、国家扶贫龙头企业、中国肉类食品行业50强企业，连续10年被评为AAA级信用企业。先后通过了ISO9001和HACCP国际质量认证。生产的中澳牌鸭肉系列产品相继获得"无公害农产品"和"绿色食品"称号，产品畅销北京、上海、广东等20多个省、市、自治区，并出口俄罗斯、东南亚和中东等国家和地区。

张洪波在致富的同时，并没有忘记生他养他的这片土地。他在国内首创了以"1235"为核心的"公司＋标准化农场＋农户"的订单养殖模式——中澳模式。"1"就是以中澳集团为龙头；"2"就是"两高定价，农企双赢"，即高价赊销给农户生产资料，高价收购农户的商品鸭，从根本上解决了合作中的履约难题，实现了农企双赢；"3"就是三赊销，即公司与农户签订订单合同，公司向农户赊销鸭苗、饲料、兽药，以保护价回收农户的商品鸭，无论产品走俏还是滞销，保证收购价格不变，现款结算；"5"就是"五统一"，即公司对广大养鸭户实行统一供雏、统一供料、统一供药、统一防疫和统一回收宰杀的服务。

中澳模式解决了两大难题。第一，解决了如何将千家万户的贫困农民和企业科学地紧密地联结在一起的难题。企业进行科学管理和引导，农民积极主动参与，收入稳步增长。第二，解决了如何把千家万户的贫困农民纳入公司的标准化、集约化、契约化的管理中来，这也是产业化龙头企业普遍面临的难题。

借助这种标准化、集约化、契约化、规模化的中澳模式，不但有效地控制了疫病和药残的产生，同时又大幅度地降低了生产成本，既确保了农民的利益，又满足了集团生产所需优质原料的供应，实现了市场连公司、公司带农户的良性循环。

海尔的服务是全球一流的，张洪波就把海尔无微不至的服务精神应用在农民身上。要想服务好农民，就得先了解农民缺什么。中澳集团植根于农村，深刻地了解到：农民都想发家致富，但缺资金、缺技术、缺市场，它们就像三根绳子捆住了农民致富的手脚，为此集团制订了详细的服务策略。

■张洪波学习照

农民缺资金，集团给予资金扶持。近几年，公司向贫困鸭农无偿支援资金3 400万元，赊销给鸭农生产资料10亿多元。这些扶持措施的实行，有力地推动了养鸭农场的快速发展。

农民缺技术，集团就提供保姆式的专业化服务。中澳集团推行"五统一"服务，所有养殖农场都配有专职技术员，公司技术部实行统一垂直管理，大到防疫、保险，小到一个取暖炉子怎么建，方方面面的标准、规程都严格统一，从根本上解决了鸭农的技术难题。

农民缺市场，集团就是它们的市场。订单养殖使鸭农在离土不离乡的情况下变成了产业工人。

中澳集团经过一系列深入的服务，彻底解开了束缚贫困农民发家致富的三大绳索，激发了农民从事肉鸭养殖的热情，掀起了农民学标准、用标准的高潮，从而赋予了中澳模式强劲的生命力。中澳集团现已发展标准化农场380处，带动30万贫困农民走上了致富之路，充分发挥了龙头企业的带动作用，有力地促进了当地社会主义新农村的建设。

张洪波在鼓励农民建立养鸭基地致富增收的同时，还积极扩大产业链条，促进当地群众就业，仅肉鸭加工生产线就安置当地5 000人就业，其中贫困农民占70%以上，使当地的农民既挣到了钱，又免受外出打工思乡之苦。2008年，张洪波投资10亿元，新建了中澳工业园。该工业园分三期工程建设，一期工程建设肉鸭繁育中心（现已竣工投产），二期工程建设年产60万吨的饲料加工厂，三期工程建设年产4万吨的熟食加工厂。中澳新工业园建成投产后，可提供就业岗位6 000多个，将为农民增产增收和社会主义新农村建设作出更大的贡献。

面对汹涌的农民工返乡潮，张洪波在保员增效的前提下，员工工资不降反升。他还通过技术讲座、办班培训、组织参观、跟踪指导、现场示范等多种措施帮助当地农民及返乡农民工成功脱盲转岗。2008年，中澳集团新增就业岗位1 000多个。2009年初，又有300多名返乡农民工领到了中澳集团的上岗证。中澳集团还带动了庆云县及周边县域的运输、包装、饲料、鸭笼制作等相关产业的崛起，有效解决了农民工的就业问题。

张洪波做企业取得了巨大的成功，可是他并没有飘飘然去享受人生，而是用一位农家汉子的质朴情怀，反哺家园，回馈社会。

1998年，在庆云县开展为贫困儿童献爱心活动中，张洪波捐款20万元，并常年资助常家镇失学孤儿刘双喜，一直到她毕业。

2004的5月，在全省开展的旨在救济灾民和弱势群体的"慈心一日捐"活动中，张洪波一次性捐款10万元。7月，张洪波出资80万元为家乡修建了柏油路，

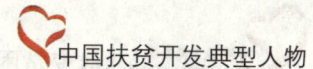

解决了村民多年行路难的问题。

2005年8月,张洪波资助了20多名贫困学生,使他们顺利完成学业。

为了响应胡锦涛总书记"一定要把朱德故居保护好,一定要把朱德故里建设好"的指示精神,2006年4月17日,张洪波在时任农业部部长杜青林同志的带领下,赴朱德总司令的家乡四川省仪陇县出席支持仪陇项目合作洽谈仪式,并向仪陇县无偿捐赠30万元。

2007年11月,张洪波积极响应为贫困地区捐赠衣物的号召,动员公司员工捐献了价值20万元的物资。

2008年5月12日的汶川大地震牵动着张洪波的心。他给中国红十字会总会捐款30万元,给北川羌族自治县捐款15万元,并多次组织集团员工向灾区捐款捐物,充分体现了灾难无情人有情、血浓于水的博爱情怀。

……

到2009年5月为止,张洪波向社会公益事业捐款累计已超过800万元,资助贫困学生2 000余人。

中澳集团的发展目标是:做强、做大、做精、做久,做一个有社会责任感和历史使命感的百年企业。未来5年,中澳集团将继续扩大肉鸭繁育、养殖和深加工规模,加大标准化肉鸭养殖农场建设力度,力争标准化肉鸭养殖农场达到1 000处,带动百万农民共同走上致富之路。

■张洪波在翻阅图书

改变贫困的力量

人物档案

姓名／林洪

性别／男　出生年份／1954年

籍贯／海南省海口市

职务／北海市洪恩集团董事长

主要事迹／带动广西壮族自治区合浦县小江水库周边1 763户农民养殖罗非鱼脱贫致富，同时带动广西、广东、海南的160个贫困村共2.6万多农户，利用自有鱼塘或闲置水面大量养殖罗非鱼，带领他们走上脱贫致富的光明大道

林洪　广西罗非鱼加工首席创始人

　　林洪，对贫困老百姓有深厚的感情，多年来坚持企业发展与扶贫事业相结合的理念，在广西产业扶贫中作出了突出的贡献。

　　林洪是广西罗非鱼加工首席创始人。他领导的中国北海洪恩集团包括北海洪恩水产有限公司、北海洪恩罗非鱼繁殖良种场、北海洪恩水产饲料厂、北海洪恩水产养殖公司、北海洪恩水产冷冻加工厂、北海洪恩进出口有限公司6家扶贫型农业产业公司。

　　洪恩集团是一家集水产养殖开发、研制、加工和销售于一体的加工出口企业，也是广西唯一一家集水产养殖、加工、出口为一体的国家级扶贫龙头企业，技术成熟，力量雄厚，全球的销售网络庞大，销售渠道畅通，能确保养殖户增产增收。目前，洪恩集团拥有员工1 360人，其中技术人员100人，资产总额已达1.6亿元，年销售收入3.2亿元。洪恩集团所生产的罗非鱼片绝大部分销往美国、南美洲、欧盟、东欧、东南亚等国家和地区，"中国洪恩"品牌在全世界享有很高的地位。洪恩集团2004年成为第一批广西扶贫龙头企业，2005年成为第一批国家扶贫龙头企业，成了广西产业扶贫的排头兵，是真正为贫困农户做实事的龙头企业。

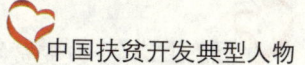

2002年初,洪恩集团建立了广西南宁市上林县沿江扶贫网箱养殖基地,基地横跨覃排乡爱长村、登山村、覃排村和大浪村4个贫困村,共有贫困户2 231户承包了5 000套网箱养殖罗非鱼。上林县扶贫养殖基地的贫困养殖户年均纯收入为13 265元。

2004年初,洪恩集团建立广西百色市隆林县罗非鱼养殖基地,基地周边有8个贫困村:祥播村、风仁村、九龙村、岩场村、委果村、马窝村、岩卡村和科沙村,共有2 671户贫困户在自有承包水面养殖罗非鱼。洪恩集团考虑到该基地的水面大,贫困养殖户多,罗非鱼销售的运输路途较远,立即投资360万元在委果村建设一个200吨罗非鱼的速冻库。洪恩集团派驻的6名工作人员,将贫困户养殖的罗非鱼按9.6元/千克收购后当即速冻,由保温车从百色天生桥运回北海工厂解冻加工出口。这样做既方便了贫困户卖鱼,也解决了贫困户运输难的问题,得到广大贫困养殖农户的赞扬。该基地贫困养殖户的户年均纯收入为9 760元。

2005年初,洪恩集团租赁广西合浦县小江水库15年,建成横跨合浦、浦北、博白3个县的全国最大的罗非鱼网箱标准化养殖基地——小江水库网箱养殖基地。基地总投资8 000万元,其中,固定资金2 500万元,流动资金5 500万元,共有5 500套标准网箱投入使用,养殖水面为1.3万亩。从2005年6月已陆续投放罗非鱼鱼苗网箱进行养殖,每套网箱年产值为8 208元。洪恩集团将网箱

■林洪在洪恩公路上留影

■林洪在罗非鱼养殖基地指导工作

承包给基地周边的3个贫困村的1 763户贫困农户养殖罗非鱼，形成"基地＋贫困农户＋洪恩集团回收加工＋出口链条"的标准化养殖模式。洪恩集团技术人员跟踪服务，免费发放鱼苗，赊销饲料及现场监控，已具备较完善的经营管理体系。多年来基地周边100千米内都是荒山野岭，没有田地，因此周边的贫困户无法依靠种田或其他副业生活，更谈不上收入。贫困户只能靠水面养殖为生，但没有资金购置网箱以及饲料。60米深的大水库不使用网箱养殖是无法捕鱼的，所以只有进行网箱养殖。因此，洪恩集团于2005年初投资8 000万元购置网箱、购买饲料和鱼苗，免费配送给贫困农户养殖，广大贫困户没有压力，更能全身心地投入养殖，高效高产地走上养鱼致富道路。

洪恩集团带动广西、广东、海南的160个贫困村共2.6万多户贫困养殖户，特别是广东湛江、茂名、化州、吴州等地区的贫困养殖户，利用自有鱼塘或闲置水面大量养殖罗非鱼。养殖的罗非鱼大部分由公司收购，公司对部分特困户在收购鱼款方面给予额外的补贴，使特困户的利润空间加大，以此来鼓励和扶持贫困户大量养殖罗非鱼脱贫致富。

洪恩集团为了使广大贫困养殖户掌握养殖技术，每年举办6～8期养殖技术培训班，免费对贫困养殖户进行培训、现场指导，免费给贫困养殖户发放技术资料，并组织免费班车接送贫困养殖户到示范性养殖基地参观学习。通过培训，使贫困养殖户的养殖技能大大提高，达到高效、高产、高收入的效果，每年洪恩集团的培训支出超过150万元。与此同时，吸收贫困户劳动力进厂是洪恩集团实施扶贫的另一有效方式。罗非鱼片加工厂共有1260名生产工人，其中贫困户工人共有730名。林洪计划招收更多的贫困户工人，为贫困户的就业搭建更大的平台。

洪恩集团出资建设的洪恩公路于2005年6月8日建成通车。洪恩公路7米宽、全程29千米长，属国家四级公路，投资387万元。公路从安石镇政府通往淡水冲村，路经3个镇37个村庄（其中有6个贫困村），解决了12万农民的出行问题，更重要的是，为广大贫困农户贩运农产品外出销售提供了便利。从2005年底至2008年，贫困户每年通过洪恩公路运输11万吨农产品外出销售，每户每年增收3260元。自2005年至今，洪恩集团每年必须投资40万元对洪恩公路进行维护，确保广大贫困农户、广大农民和养殖基地的道路畅通，为扶贫工程铺建了一条脱贫致富的光明大道。

2008年汶川大地震造成了巨大损失，造成汶川百姓的惨重伤亡。在汶川百姓有难之时，林洪董事长捐出100万元给灾区父老乡亲，为灾区人民做贡献。

10年来，林洪带领1360名员工坚持不懈地为扶贫事业默默奉献，以公司反哺贫困农户的经营模式，实现贫困养殖户与公司双赢。林洪计划扩大投资，帮助更多的贫困农户参与养殖，实现脱贫致富。林洪办企业的理念、企业模式、企业文化不会改变，将为扶贫事业作出更多的贡献！

■林洪在广西浦北县安石镇三亚村罗非鱼养殖示范基地

中国扶贫开发协会 改变贫困的力量

人物档案

姓名/徐桂芬
性别/女　出生年月/1951年10月
籍贯/江西省南昌市
职务/煌上煌集团有限公司董事局主席
主要事迹/主动履行社会责任，积极扶贫，在抗震救灾、兴办希望小学、资助失学儿童等活动中，共计捐款捐物3 000多万元，得到社会各界的广泛赞誉
荣誉/全国人大代表、全国劳动模范、全国五一劳动奖章、全国三八红旗手、中国光彩事业奖章等

徐桂芬　回报社会的"孺子牛"

徐桂芬，煌上煌集团有限公司董事局主席，始终坚守"回报社会、共同富裕"的宗旨，积极捐款捐物奉献爱心，得到社会各界的广泛赞誉。2007年4月21日下午，国务院总理温家宝视察了煌上煌集团有限公司。话别时，总理语重心长地对徐桂芬、褚建庚夫妇说："你们做得不错，希望你们再接再厉，为农业产业化和再就业多做贡献，多创造一些就业岗位，多带动一些农民搞养殖业，增加农民收入。"

徐桂芬为实现"先富带后富，最终实现共同富裕"的伟大理想，不断增强带动农民增收能力，积极投身扶贫开发事业，为加快社会主义新农村建设步伐创造了显著的业绩。

多年来，徐桂芬以不断完善产销连接为纽带、服务连接为桥梁、利益连接为核心、机制连接为保障的农业产业化发展模式，积极做好产前、产中、产后服务，为贫困村农户脱贫致富撑起一把遮风挡雨的"连心伞"。煌上煌集团已经培育了32个农民养鸭专业合作社，连接合作社农户达到5 000余户。养殖基地发展到了全省30多个县，共带动全国5万户农民养殖，累计帮助农户增收超过4.5亿元，受到人民的赞誉，得到政府的表彰。煌上煌集团被评为"全国农业产业化重点优秀龙头企业。"

2009年1月16日,煌上煌食品工业园大礼堂灯火辉煌,"南昌鸭业协会二届二次理事会暨2008年度基地建设总结表彰大会"正在隆重举行。南昌市新建县大塘乡大庄村书记、大庄养鸭合作社理事长胡庆根在大会上激动地向出席会议的代表们汇报:"我村松垅小组李小荣,全家6口人,靠种几亩责任田为生,日子过得比较困难。2009年,他家养了2 000只肉鸭,3个月后,将肉鸭出售给煌上煌集团,全家人仅养肉鸭收入就达1万元,人均增收1 600多元。2010年,他又养肉鸭4 000只,获利2万元,全家人均增收2 500元。10月,他家新盖了楼房,全家人高高兴兴搬进了新房。"2008年,大庄村带动的相关产业收入达到70万元,合作社成员户均增收1.5万余元。新建县大塘乡大庄村只是煌上煌集团扶贫开发的一个缩影。近年来,徐桂芬带领企业积极投身"千企带千村"和"百企带百村"活动,以实际行动投身到农村扶贫开发和社会主义新农村建设事业中。煌上煌集团以每千克高出一般养殖小区1元的保护价,先后对江西省南昌县塘南镇新光村、新图村以及吉安县永和镇尚书村等20个贫困村,让利100多万元,不断提升扶贫开发水平。

"养皇禽鸭,走致富路"成为江西贫困村农民的共识。永修县立新乡郎湖村李金生一家4口人,就有3个是残疾人。5年前住的是两间破房。2004年开始养殖煌上煌的肉鸭,2年之后还清了所有的债务,2007年将破房改建成砖瓦房。2008

■2008年8月29日,中共中央政治局常委、全国人大常委会委员长吴邦国在十一届全国人大常委会第四次会议上与徐桂芬亲切握手

年又加了一层，添置各种电器。李金生"五年养鸭，两盖新房"，在当地传为佳话。

徐桂芬出身三代商人之家，有人说徐桂芬曾经是棵苦菜花。此话一点也不假。14岁豆蔻之年，因家庭生活困难，加上"停课闹革命"，她被迫停学，把求知的渴望深深地埋在心底，挑起了求生存的重担。17岁花季之年，她下放到农村插队落户当农民，种过田，插过秧，几乎干遍了所有的农活，在偏僻落后的小山村一待就是5年。在那艰苦的环境中，目睹落后的农村教育状况，徐桂芬暗暗许下一个心愿：一旦有机会，一定要帮助农村教育事业的发展。也许就是这个心愿，徐桂芬成为亿万富翁后，她念念不忘的就是农村的孩子。

徐桂芬曾说过："教育是民族振兴的基石。作为农业产业化国家重点龙头企业，关心下一代、扶助农村教育，是我们义不容辞的责任。"为了夯实振兴民族的基石，徐桂芬不懈地努力着，以自己的实际行动履行一位女企业家为办好人民满意的教育作出积极贡献的责任。2002年6月以来，她先后捐款数百万元在江西兴建了万安县枫林镇煌上煌希望学校、南昌县南新乡新洲希望小学、九江县港口街镇希望中心学校、新建县厚田乡下坊村希望春蕾小学等6所希望学校。同时，还向江西省波阳县莲湖乡吉安井冈山"煌上煌春蕾班"捐赠人民币10万元，资助100名失学女童。

她那慈祥的母爱，她那金子般的真诚无私洒在穷乡僻壤的校园里。孩子们用

■2008年5月16日，徐桂芬出席了在圣火传递结束后举行的庆典仪式上的捐款活动，代表煌上煌集团捐100万元人民币

纯真的语言表达对徐桂芬阿姨的敬意和谢意。请看来自江西省万安县枫林镇煌上煌希望学校四年级2班黄云同学的信吧：

"敬爱的徐桂芬阿姨：您好！告诉您个好消息吧，我们学校最近建了一个饭棚。您知道吗，这可是我们全校学生的愿望啊！以前下雨天我们总是冒着大雨去端菜，回来的时候，碗里的汤已经增加了一半。现在好了，我们再也不为下雨天吃饭而烦恼了。

"阿姨，您的爱心，您的捐助，使我们能在凉爽的饭棚中吃饭，帮我们解除了下雨天吃饭的烦恼，让我们能在崭新的教学楼中学习。感谢您对我们的爱！感谢您对我们的关心！我一定会用优异的成绩来报答您！"

看到这样的来信，徐桂芬和孩子们一样，心底里荡漾着幸福。她比孩子更多一层感触，深深感到心灵的鼓舞，深深感到奉献中的收获。

徐桂芬积极倡导"赠人玫瑰，手留余香；行善积德，福有攸归"，并且身体力行。2008年春，江西遭遇严重的低温雨雪冰冻灾害。在这场突如其来的灾害面前，徐桂芬积极投入到抗灾救灾的行列之中，向南昌市捐资50万元，向江西省光彩事业基金会捐款70万元。5月12日汶川地震后，正在上海参加会议的徐桂芬火急火燎地赶回南昌，出席南昌市政府组织的传递奥运圣火捐款仪式，为灾区捐出了100万元。5月27日，在南昌市支援"5·12"地震灾区共建家园大型募捐活动上，她再次捐款50万元。作为省工商联女企业家商会会长，她还积极动员商会成员，通过各种途径为灾区捐款捐物2 000多万元。

"回报社会，共同富裕"是徐桂芬始终坚持不渝的宗旨。"垄上泥融忙新燕，韶光灼灼策春牛。"徐桂芬知恩图报终不悔，决心弘扬井冈山精神，积极投身光彩事业中，积极投身扶贫事业中，积极投身慈善事业中，不断强化社会责任，主动履行社会职责，努力为社会多做好事、多做实事、多做善事，扶贫济困，回报社会。

■徐桂芬和褚建庚与希望小学学生在一起

人物档案

姓名／唐克碧

性别／女　出生年月／1942年6月

籍贯／四川省仪陇县

职务／净诚安乐养老院院长

主要事迹／2002年退休后，卖掉北京的住房，拿出积攒一生的几十万元，募集社会资金100多万元，争取国家扶贫资金300万元，建起了能容纳100位老人的净诚安乐养老院，修建了8.6千米长的公路

荣誉／中华孝亲敬老楷模

唐克碧　中华孝亲敬老楷模

唐克碧，2002年退休后，带着朱德生前的嘱托回到了四川省仪陇县，开始了她扶贫帮困的征程。她卖掉北京的住房，拿出积攒一生的几十万元积蓄，并通过社会募集资金100多万元和国家扶贫资金300万元，建起了能容纳100位老人的净诚安乐养老院，修建了8.6千米长的公路。因其杰出贡献和无私的奉献精神，唐克碧成了村里最受尊敬的人。

唐克碧与朱德同是国家级贫困县——四川省仪陇县人。1974年，她出席第四届全国人民代表大会期间看望了朱德，朱德叮嘱说："作为党的领导干部，你一定要深入实际，要关心老百姓的疾苦，帮助老百姓解决实际困难，多为老百姓办实事。"1976年，她去探望朱德，朱德又一次叮嘱她说："你在省里工作，一定要关心家乡的父老，让他们早一点过上好日子。"两次探望，让她终生难忘。朱德的嘱托常在她耳畔响起，她心里暗想：我一定要把朱德的嘱托带回家乡，变为现实。

2002年唐克碧退休后，带着朱德的嘱托，带着扶贫帮困的夙愿，她回到魂牵梦绕的仪陇县，先后走访了10多个乡镇。泥泞的羊肠小道，那留守老人蹒跚的脚步和忧郁的目光，尤其是一位病重的农民因交通和医疗条件所限死在去医院抢救的山路上的一幕,深深地刺痛了她。她毅然下定了回乡兴办扶贫公益事业的决心,要在家乡最贫困的村——赛金镇民主村修公路、建养老院。

当做出这一决定后,深爱她的丈夫首先反对:"你常年东奔西走,好不容易盼到退休,本可以好好过几天安稳日子,到全国走走看看,你却没事找事干,没苦找苦吃。"儿女们也坚决反对:"你腰椎、颈椎、肠胃患有多种疾病,怎么办?在北京安度晚年多好,何必到小山村受苦受累!"唐克碧给他们讲朱德的嘱托,讲仪陇之行的所见所闻,并苦口婆心地说:"我们住在城里当然舒服,可是家乡的农民还很苦,不回去帮助他们我心不安。"她的一席话深深地打动了家人,老伴决定陪她离京赴川,儿女们也帮她打点了行装,共助她做好扶贫济困事业。

当她兴致勃勃地回到仪陇县准备施展拳脚的时候,建养老院和修公路需要的660万元的资金缺口使她一筹莫展。为筹措资金,她卖掉北京的住房,拿出积攒一生的几十万元,并把每月的退休金都贴了进去,扶贫工程于2004年顺利启动。但这项工程仅靠她的那点资金远远不够,她又到处游说自己的老朋友、老同事,组建志愿者团队,从社会上筹措资金。在其义举的感召下,社会各界积极响应。

■2009年9月1日唐克碧荣获中国扶贫开发典型人物奖

64岁的四川省机要局原副局长王安琴、成都市规划局原处长林源方,还有好心人曾莉梅、王玉琼等纷纷加入她的志愿者团队,累计捐款100多万元,一直与唐克碧摸爬滚打在民主村的扶贫工地上;她还争取到民政部、四川省财政厅等政府部门的资金300万元。

为节约开支,她在外办事从不住宾馆,常到亲戚家挤住,出门不打车,以粗茶淡饭为食,乡亲们称她是北京来的"老农民"。为了工程进度和质量,她顾不上照顾手术中的丈夫,和民工们一起铺路、挑沙、背砖、平地基,晴天一身汗,雨天一身泥。

2006年10月,朱德诞辰120周年之际,占地10多亩,能容纳100位老人的净诚安乐养老院正式落成。养老院内四季花开、绿树成荫,院外山峦叠翠、云笼雾绕,真乃人间仙境。开院后已有来自北京、广州、西安、深圳、太原、汕头、成都、南充、乐山等地的老人在这里养好了大医院都治不了的疑难杂症。与此同时,8.6千米的公路也随之铺成。一路一院的建成,带动了民主村方方面面的变化。如今的民主村变得更加和谐、更加富裕了。唐克碧对此并不满足,为了让家乡彻底脱贫致富,又制订了新的发展规划:积极招商引资,兴办农业产业化项目,增加农民收入;积极倡导成立慈善基金会,吸引中国和世界慈善界人士为朱德家乡建设献爱心。

唐克碧心里时刻装着百姓,唯独没有自己。为改善民工生活,她到8千米以

■唐克碧和乡亲们一起劳动

■唐克碧和乡亲们在一起

外的山路背菜，并亲自下厨做饭。为使老人感受到亲情，节假日她常常自己掏钱买来食品分发给他们。她还立下遗嘱：自己所做的这一切，不图分文回报，投入的所有财产，子孙和亲属没有继承权。

人们常说"吃水不忘挖井人，"唐克碧成了村里最受人尊敬的人。大晴天，村民们为她戴上草帽；下雨天，村民们为她送来雨伞；蔬菜、水果熟了，村民们先摘一筐送她……

唐克碧的先进事迹引起了强烈的社会反响，全国人大常委会原副委员长田纪云闻讯后，亲笔题写了"净诚安乐养老院"的牌匾；2006年4月14日《人民日报》（海外版）刊载《女部长退休仪陇造福乡梓》；2006年4月18日《人民日报》（海外版）刊载了李连春先生的词《沁园春·有感于人民日报（海外版）＜女部长退休仪陇造福乡梓＞敬赋》：

> 德施桑梓，仪陇人杰，百世流芳。曾献身油田，传奇寰宇；功高当代，青史铭彰。领袖重托，潸然泪下，殷殷叮嘱话偏长。全大义，志毁家纾难，告慰忠良！奔波荒村崎路，念乡民困苦痛肝肠，怜年高体弱，节衣缩食；集资遗嘱，掷地铿锵。心和甘舍，丰碑镌刻，情怀浩荡满穹苍。巾帼英，赞精神昭烈，正气弘扬！

《成都商报》、《晚霞报》等媒体及新浪、搜狐、百度等20多家网站转载了唐克碧同志的先进事迹。

2006年4月25日，北京市海淀区外语电子职业高中学生安子医通过《人民日报》（海外版）编辑部，将自己积攒了10多年的1666枚硬币转赠给了唐奶奶。2006年4月26日《人民日报》（海外版）刊载安子医的信：

> 敬爱的唐奶奶，您劳累了大半辈子，退休了还不在家颐养天年，回到四川仪陇老家，把汗水洒在乡间小路上。特别让我感动的是，您献出一生几十万元的工资积蓄，还把北京的住房卖掉，用来建养老院、修公路，还动真格地立下特别"遗嘱"：投入的所有财产，子孙和亲属没有继承权。我从未听到这样特别的遗嘱啊！你让我感悟到了你关爱乡亲的真心，大恩大德的善心和无私的诚心。我想，净诚安乐养老院的院名，就是你高风亮节的最好注释。

一条公路、一座养老院，像一条纽带，把唐克碧和村民的心连在了一起；像一座丰碑，把党和政府的美好形象刻在了农民们心中；像一首妙曲，把扶贫济困、和谐社会的颂歌唱响。

人物档案

姓名/黎珊玉

性别/男　出生年月/1942年1月

籍贯/湖北省通城县

职务/湖北玉立砂带集团董事长

主要事迹/在通城县黄袍乡6个贫困村，投资3 700多万元建设社会主义新农村

荣誉/全国五一劳动奖章、全国轻工业劳动模范、优秀中国特色社会主义建设者、优秀乡镇企业厂长、全国乡镇企业家、通城县科学技术突出贡献奖

黎珊玉　黄袍乡脱贫致富领路人

　　黎珊玉，湖北玉立砂带集团董事长。30年前，他带领17名妇女凭3 000元救济款办的一个作坊式小厂，如今已发展成为全员持股、亚洲规模最大、年产值10亿元的民营涂附磨具企业——湖北玉立砂带集团公司。

　　黎珊玉致富不忘乡梓。他领导公司党委和董事会一班人，选定罗荣桓元帅革命起步的地方——通城县黄袍乡6个贫困村，作为企业与老区联姻、共建社会主义新农村的"回报工程"。他一改过去星星点点帮困扶贫的做法，由"功德型输血扶贫"转变为"公共型造血扶贫"，把企业帮扶的着力点放在教育兴村、富农兴村、项目兴村和安排就业四大举措上。

　　1993年以来，公司投资30多万元，在黄袍乡荻田村小学创办了一期"希望工程班"，扶助45名特困学生完成九年义务教育。在此基础上，黎珊玉又把"希望工程班"升华为发展先进文化的举措，续办了第二期"希望工程班"，为45名特困学子买单，承诺上大学包学费、优先安排就业。在黎珊玉的倡议下，公司中层以上干部60余人对黄袍乡60名贫困学生实行"一帮一"助学活动，共资助学费6万余元。公司每年除给"希望工程班"的学生们送去学费和衣物外，还先后为"希望工程"班添置了手风琴、电子琴、电视机、复印机、电脑等办公和娱乐设备。公司每年都要慰问特困学生家庭，10年共捐赠钱物31万元。2006年，公司投资100多万元，为石南镇牌合村新建玉立希望小学，投资50万元为黄袍希望中学建学生宿舍楼，同时，创办玉立职业技术学校。玉立职业技术学校常年对外招生培训，采用全脱产、全封闭、"抗大"式、准军事化的模式，招收农民工进行技能培训，安置就业。2007年，玉立职业技术学校被湖北省人民政府评为全省高新技能人才培训示范基地。

通城县是一个山区县，该县石南镇牌合村是黎珊玉的祖籍，也是一个老区贫困村。黎珊玉对家乡一直心怀感恩回报之情。2005年底，中央做出建设社会主义新农村的决策，牌合村被县委、县政府确定为全县新农村建设试点村，更加增添了黎珊玉和他领导的玉立砂带集团参与新农村建设的激情。

近几年来，玉立砂带集团先后投资1400万元，帮助牌合村改造了村级公路、水利、沼气等基础设施，建起了办公楼。牌合村素有养猪养鱼的历史，公司就帮助村里建成2万头养猪场、万吨饲料厂、千吨有机肥料厂、千头优质母猪繁殖厂，并组建了绿色农产品生产合作社。公司按照"公司+基地+农户"模式，向养猪专业大户免费提供技术，鼓励扶持一大批"养殖大户"。在合作社的带动和辐射下，近年来，牌合村新发展养猪大户300余户，全村年出栏生猪5万余头，一跃成为全县最大的生猪养殖专业村，成为湖北咸宁市社会主义新农村建设的重点示范基地。

■黎珊玉荣获中国扶贫开发典型人物称号

■ 2004年8月31日，时任湖北省省长罗清泉（中）到公司视察

■ 2009年2月21日，中纪委副书记张惠新（前排左）视察玉立砂带集团时和黎珊玉合影

从2007年起，玉立砂带集团又开始实施新农村建设的二期工程：投资400万元为牌合村6组35户村民新建晚清建筑风格的标准化农民新村（目前已竣工入住）；投资1000万元，建设年宰杀10万头生猪的三星级现代化屠宰厂；投资400万元，配套建设年生产能力2 000吨的系列肉制品加工厂（已于2008年9月底试产）；投资100万元，开挖60亩高标准养鱼池（已蓄水养鱼）。不久的将来，一个以生猪现代化养殖、加工、销售为主体，集生态、休闲为一体的老区新村将展现在人们的眼前。

在黎珊玉的指导下，玉立砂带集团公司实施人户结合、一户一策，扶持黄袍乡6个村无专业特长的农户发展常规性农产品，资助有专业特长的农户发展特色经济。2006年新年刚过，黎珊玉就带领公司近百名中高层干部，到黄袍乡访贫问苦，调查研究，决定扶持6个村兴建村级企业。他计划经过5~8年努力，使黄袍乡1.5万村民的生活进入小康水平。此后，公司无偿投资2 000多万元，因地制宜，帮助当地农村建立了碎石厂、机织布厂、石灰厂、养羊基地、绿色无公害蔬菜基地、猪饲料原料基地6个脱贫致富项目。

上述优势互补、联姻共建、合作互利的发展模式，极大地推进了当地新农村建设，解决了老区农民就业和增收的难题。为此，黎珊玉受到省、市、县领导的高度赞赏和当地群众的一致好评，也为玉立砂带集团发展开拓了更广阔的空间。这既发挥了企业优势，又发挥了资源优势；既增强了联姻共建，又巩固了工农联盟的产业化扶贫新经验。

在大力支援老区新农村建设的同时,黎珊玉要求公司高层不遗余力地帮助农民工就业和再就业。2002年,公司针对农村妇女及下岗职工再就业难的问题,积极筹建页轮车间。该车间生产以手工操作为主,劳动密集性强,可安排大量人员就业,仅此一个车间,就解决了近300人的就业问题。自1995年以来,为了转移黄袍乡剩余劳动力,提高农民家庭收入,公司先后安排300多名青年就业。在黄袍乡兴建的几个扶持项目全部竣工投产后,又可新增400人就业。截至2009年,在玉立砂带集团主导产业和辅导产业链上直接或间接就业的人员上万人。老区农民工不用出远门打工,基本上全部可直接在家门口就业,较好地解决了老区长期难以解决的农民就业的难题。公司多次荣获"全省实施招工扶贫和安置就业先进单位""湖北省和谐劳动关系优秀企业"等称号。

黎珊玉常讲:"我是幕阜山山沟里土生土长的苦孩子。我用毕生自强不息的奋斗,回报生我养我、恩重如山的通城父老乡亲。这是我的心愿和志向,也是我应该而且能够做到的。我为什么没有走,没有漂洋过海,没有将新项目移向交通便捷、生产成本更低的发达地区?不少国内外的同行感到不可理解,但我心里有数。浓浓的乡情需要我留下,通城的父老乡亲需要我留下,反哺的恩义需要我留下,不可泯灭的良知需要我留下!"正是他怀有赤诚之心真心实意扶助通城山区社会主义新农村建设的举措,极大地推动了通城县新农村建设,全县人民无不为之感动。

■黎珊玉为希望小学竣工剪彩

人物档案

姓名/王金凤

性别/女 出生年月/1955年3月

籍贯/浙江省文成县

职务/浙江双凤食品有限公司董事长

主要事迹/从山区实际出发，积极从事兔肉加工及研发，带热了一个产业，带富了一方农民，为文成县新农村建设、农业产业的发展和农民脱贫致富作出了重大贡献

荣誉/改革开放30年温州十大三农人物、温州市"双学双比"先进女能手、温州市"巾帼建功"标兵、温州市首轮优秀农村实用人才、文成县第二轮农村乡土人才

王金凤 文成县兔业先锋

　　王金凤，浙江双凤食品有限公司董事长。自2001年创办双凤食品有限公司以来，依托山区资源优势，开拓创新、奋力拼搏，积极从事兔肉生产、加工及研发，带热了一个产业，带富了一方农民，为文成县的新农村建设作出了重要贡献。

　　王金凤出身贫寒，聪颖早慧。改革开放的春风吹进山城后，她第一个出山沟，入商海，苦淘金。凭着勤劳能干和过人胆识，她终于小有成就，实现了资金的原始积累。但是，富裕了的她并没有忘记家乡还很贫穷，更没有忘记尚为温饱而挣扎的父老乡亲。在带领乡亲共同富裕的愿望驱使下，她毅然卖掉杭州四季青服装市场的4间店面和河南鞋厂50多万元的股份，重回大山创业。

　　回到家乡后，王金凤开始在文成县黄坦镇兴办猪肉加工厂，收购农户生猪，进行火腿肠加工。2002年，文成县金炉乡兔业崛起，但养殖户遭遇销路难题，养兔业面临着生死存亡的问题。乡干部四处寻求肉兔销售渠道，在一次偶然的机会遇到王金凤，问她："你们企业既然能加工猪肉，是否可加工兔肉？"

　　这一问给王金凤提了个醒。猪肉制品加工的企业越来越多，市场竞争愈加激烈，王金凤的企业亟须创新转型。如何创新？往哪里转型？是王金凤那段时间思考最多的问题。在她的印象里很少看见市场上有兔肉制品。古人云:"百兽莫如兔,百鸟莫如鸽。"这说明兔肉作为保健肉类,价值非常高,符合今后人们消费的方向。于是,她着手调查兔产品市场。

经过大半年时间的东奔西走,全国各地在兔肉饲养、产品加工上稍有名气的地方,都留下了她的足迹。她得出结论:目前市场上兔肉加工制品种类稀少,企业规模都不大,专业性不高;兔肉具有高蛋白、高烟酸、高维生素A、高赖氨酸、高消化率、低脂肪、低热量、低胆固醇"五高三低"的营养保健功能,一定会被越来越多的消费者喜爱,市场潜力巨大;文成县山区人民有养兔的历史,养殖技术不成问题,加上有政府多方面扶持,兔子资源可以得到保障,她的工作是如何把兔肉做成好的商品销出市场。

因此,她下定决心,着手研发兔肉产品。因为自己加工厂的科研水平并不强,所以需要借专家的头脑,为自己创新。她几经奔波,将浙江大学、浙江科技学院、浙江农科院、浙江省轻工食品研究所等科技院所的教授、专家聘为技术顾问。科技之花,终结硕果:兔的后腿加工成兔肉松,兔骨兔脯肌加工成高钙兔肉骨髓肠,兔肉松的碎末加工成高钙兔肉饼干,兔皮加工裘皮服装,兔骨、兔血、兔内脏等加工成副产品,利用率达95%以上,增值10多倍。其中兔肉儿童营养粉经浙江省省级专家鉴定,被确认为"填补省内空白,国内领先水平";有机兔肉松、高

■中国扶贫开发协会会长胡富国(左)与王金凤合影

■王金凤陪同浙江省科技厅厅长蒋泰维（左一）视察公司

钙兔肉骨髓肠、高钙兔肉饼干，属全国独创；常规兔肉松属全省独家，市场占有份额位居浙江省和全国之首。

　　常年和农民打交道，王金凤深知百姓的心思。"老百姓搞养殖有三怕：一怕技术不到位，二怕毛病治不好，三怕市场打不开。农民不敢搞特色农业，增收就有问题，新农村建设就没底气。"王金凤知道，没有公司的发展，养殖户的利益就实现不了，积极性就不高，反过来，没有养殖户的支撑，公司发展速度和规模会受到限制，二者是双赢关系。惠农才能惠自己，成为她创业发展的理念。她不断把对养殖户的培育作为公司谋求长远发展的重点，连续出台了一系列收购政策。

　　为了确保原料供应的稳定性和连续性，她果断做出决策，建立标准化养殖基地，并在基地建立技术指导站。公司借助农业部门的职能作用和先进的生产管理方法，对生产基地、农户进行农业标准化生产培训和指导，强化质量安全理念，坚持农业标准化生产，搞好了有害生物综合治理，从而提升兔产品质量安全水平，促进"三品"（无公害农产品、绿色食品、有机农产品）农业发展，推动了兔业的可持续发展。

　　同时，她还积极开展农企合作。2004年5月，她创办了文成县双凤兔业合作社，充分发挥合作社与社员之间的桥梁和纽带作用，以肉兔养殖户为对象，促进合作社的健康发展。合作社采取"企业＋合作社＋基地＋农户＋市场"的运作模式，社员现已发展到1 132人。合作社强化服务功能，做到"五统一"：统一购种、统一生产、统一编号、统一防疫、统一布局，进行产前、产中、产后全方位服务。公司、专业合作社、基地、农户互为条件的紧密产业链条建立起来了，兔业进入快速发展阶段。

公司推行收购兔产品保护价，这些年的收购价格基本上随行就市。高出保护价的，以市场价为基准；低于保护价的，以保护价为底线。为了确保养殖户的利益，公司不时更新兔子的品种。为解除养殖户的后顾之忧，采取了种兔"以斤换斤"的办法。虽然公司为此倒贴了不少市场差价，但王金凤认为，农民积极性上去后，公司的利益就会得到保障。如今，公司还采取了上门收购的办法，减轻养殖户的运输费用。多管齐下，养殖户终于在兔子的养殖中尝到了甜头。

由于标准化基地的示范、推广和辐射以及合作社成功运营，全县33个乡镇133个欠发达村庄的3.1万农户，都养上了兔子。兔业总产值已经占文成县畜牧业总产值的49.18%，占农业总产值的11.7%。全县农民增加经济收入在5 800万元以上，其中养兔户户均增收1 841.27元。通过多年的发展，双凤公司也拥有了雄厚的实力。2007年，实现工业总产值5 286万元，销售收入5 204万元；2008年，实现工业总产值6 028万元，销售收入5 757万元，分别比2007年增长14%和11%。

王金凤在参加浙江省"两会"时说："新农村经济发展，政府的推动功不可没，但企业也需要承担相应的社会责任。承担相应的社会责任并非只是义务和付出，企业自身将因此受益。"

王金凤不满足于现在取得的辉煌成就，决心以"树一个品牌，联十家分厂，建百个兔场，带千家万户，帮万人致富，创亿元产值"为今后的战略目标，迈出新步伐，为建设社会主义新农村作出新的更大的贡献。

■王金凤为农户排忧解难

■王金凤下乡参观农户养殖场，指导农民科学养兔

人物档案

姓名/朱敦奎
性别/男　**出生年份**/1954年
籍贯/江苏省沛县
职务/江苏徐州森磊农产品发展有限公司总经理、江苏省鸭业协会副会长
主要事迹/他执掌的森磊农产品发展有限公司实行"公司+基地+农户"的经营发展模式，带动周边地区农户每年养殖肉鸭2 000万只以上。其中500多户实现了当年养鸭当年脱贫的目标
荣誉/江苏省第三届创业之星

朱敦奎 用肉鸭产业带富一方百姓

朱敦奎曾获得"江苏省第三届创业之星"等多项殊荣，他的人生充满了传奇色彩。20世纪70年代还一贫如洗的他，如今一手创办了国家重点推广扶持型绿色环保农业产业化龙头企业徐州森磊农产品发展有限公司。他致富思源、富而思进，义利兼顾、德行并重，扶持、带动5 000多农民走上了脱贫致富之路。

朱敦奎的家乡江苏沛县龙固镇既是经济欠发达地区，又是革命老区，也是国家扶贫攻坚地区。1974年，朱敦奎高中毕业后外出打工，先后在南京、徐州、连云港等地从事建筑防腐保温工程建设，靠着聪明能干和诚实守信，他在业界立住了脚跟。他先后任过工程队队长、镇工副业办公室副主任、建筑公司副经理、防腐保温工程公司经理等职。20世纪80年代成立了自己的防腐油漆工程施工队，每年带领家乡400多名贫困户劳动力外出务工，年创利润数百万元。

在外摸爬滚打数十年、从打工仔成长为老板的朱敦奎没有忘记父老乡亲。2003年前后，他决定带领农民工们返回家乡创业，真正让养育自己的土地上的人民富裕起来。经过反复斟酌，朱敦放弃了那些回报快收益高的建筑工程、房地产开发等项目，选择了劳动密集型项目——肉鸭繁育与加工。在此之前，沛

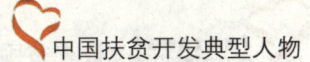

县一部分农民已经有了养殖肉鸭的尝试,但生产链"两头在外":鸭苗要从外地购进,价格高,成活率较低,饲养成本大;成鸭销往外地,随行就市,受制于人。他用两个月时间到北京、河南、山东、上海、浙江等地实地考察,进行调查论证,认定养殖肉鸭发展空间大、市场行情好,前景广阔,能带动广大的农民走上致富道路。

朱敦奎是个雷厉风行的人,想好的事说干就干。他 2004 年 8 月开始种鸭养殖项目,租用采矿拉坡地 100 亩,建种鸭舍 40 栋共 400 间,建造鸭苗孵化车间 5 000 平方米,配套全自动孵化设备 100 台。一期基础设施建设,他共投入资金 1 000 多万元。4 年多来,朱敦奎先后投入 8 500 多万元,进行了四期工程建设。如今的徐州森磊农产品发展有限公司已经发展成为集种鸭养殖、鸭苗孵化、饲料加工、成鸭宰杀、销售和废料再生产于一体的江苏省现代农业生态肉鸭养殖示范区、国家重点产业化龙头企业、全国最大的鸭苗生产基地,年创利税 3 600 多万元。

朱敦奎也是一个有智慧和胆识的人,这是久经考验的结果。面对市场的机遇和挑战时,他总能有惊人的表现。2006 年 3 月,一场始料不及的几乎袭卷整个亚

■朱敦奎察看鸭苗

洲的禽流感让家禽养殖业遭遇了一场寒流，鸭苗价格滑到了谷底。当时一枚鸭蛋4角钱，而一只鸭苗2角钱还卖不出去，比成本价还要低许多。这时许多同行开始大量宰杀种鸭。在这场寒流中，朱敦奎的企业也不能幸免，5万只种鸭每天张着嘴要吃食，加上水电、工资等费用，企业每天要亏掉2～3万元。仅仅半年时间，朱敦奎的公司就亏损了400多万元。眼看着每天几万元钱砸进去，妻子儿女纷纷抱怨，亲朋好友也极力劝说："别再蚂蚁驮坯——硬撑啦，赶紧把种鸭杀了吧，这样下去非得连家底都赔进去不可。"就连朱敦奎聘请来的企业顾问、高级畜牧兽医师也力主他淘汰种鸭缩小规模："杀吧，至少得杀掉2/3，否则，企业的命运难测。"那段日子，朱敦奎吃不下饭，睡不着觉。几天后，他又去山东签订了购进5万只种鸭苗的合同。朱敦奎这个不合常理的举动令他身边的人很不解，他们想，朱敦奎疯了吧。朱敦奎我自岿然不动，他抱定了一个信念，肉鸭价格低谷之后一定会反弹，只要留住种鸭就有翻身的希望。在省、市、县三级领导的支持鼓励下，朱敦奎守得云开见月明。2006年8月，每只鸭苗卖到了5元多，最高甚至高达7元多钱一只。这一年，朱敦奎大赚了一笔，除弥补亏损外，还落了300多万元。朱敦奎以自己的胆识和勇气缔造了一个咸鱼翻身的传奇。

自企业成立运营之日起，朱敦奎就抱定了发展企业、回馈社会的信念，始终坚持以扶持、带富乡亲为目标，实行"公司＋基地＋农户"的经营发展模式，以放养合同鸭的方式，密切与贫困农户的产业扶贫开发关系。公司对养鸭户实行统一供应鸭苗、统一供应药料、统一饲养技术规程、统一防疫服务、统一收回成鸭、统一加工销售的"六统一"管理模式，使农民一家一户的散养变为有计划、规范化的养殖，实现高度市场化和组织化。公司与养鸭户建立"利益共享、风险共担"的利益联结机制，保护价回收成鸭，以公司的实力承担和化解市场风险。公司每年与1 000余个低收入农户签订肉鸭养殖回收合同，并以贫困户优先的原则，让养殖户投入零资金，养鸭零风险，带动周边地区农户每年养殖肉鸭2 000万只以上，其中500多户实现了当年养鸭当年脱贫的目标。

朱敦奎以扶贫为己任，对于贫困户给予政策上的倾斜，旨在带动大家共同富裕。龙固镇三河尖村民孙海龙家人口多，且有两个孩子在上大学，一心想养鸭致富，但是苦于手头没有资金。了解到这一情况后，朱敦奎主动上门找到孙海龙，当场拍板，鸭苗、药物和饲料不收现金，从次日开始，分期将鸭苗、饲料、药物送到他的鸭棚，待成鸭收回后再结账付款。朱敦奎的这一举动给孙海龙吃了颗定心丸，他先后养了5批合同鸭，净获利4万多元。他非常感激地说："养合同鸭，我只负责把鸭子养大就能赚钱，心里踏实！"龙固镇东居委会养鸭户朱敦仁，借钱建起了鸭棚，既没有养鸭经验，经济又困难，求助公司后，朱敦奎同样给予特殊优惠，免费供应鸭苗、饲料和药物，并派技术人员亲临鸭棚作技术指导。2006年3月出栏3 000只合同鸭，扣除鸭苗饲养费用，净获利近7 000元，平均每只肉鸭净赚了2.3元多。当时保护价回收每千克5.4元，而市场价却跌到了每千克不到4元，如果按市场价，朱敦仁养的3 000只鸭子要赔进去2万多元。事后，朱敦仁逢人就夸，还是合同鸭省心，保赚不赔。

此外，公司种鸭场、孵化场解决附近村庄260多名贫困户劳动力就业，按月发工资，食宿不要钱，连同劳保用品每人年均收入1万多元。到公司就业的农民每年共增收260多万元。同时，公司每年还增加季节性临时工280名，使农民增收150多万元。随着企业的发展壮大，公司还带动本地粮食生产、农副产品、饲料加工、运输、包装等相关产业的发展，促进了产业上档次、上规模，形成农民致富的特色产业。

■朱敦奎在养殖场

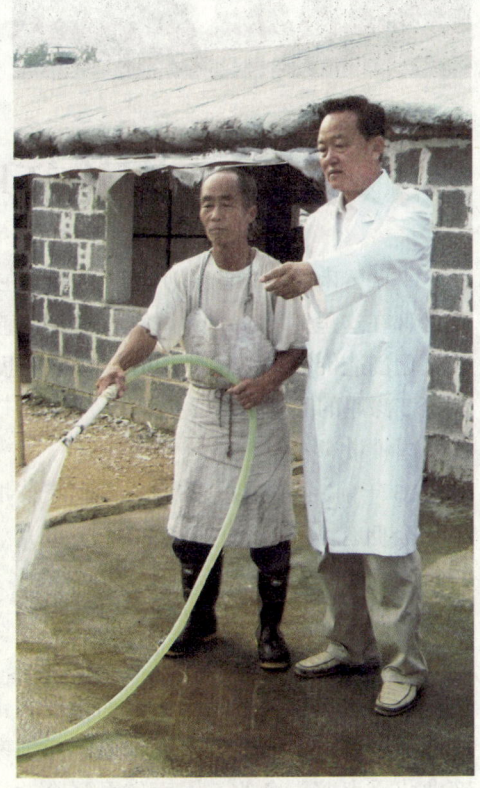
■朱敦奎在养殖场指导工作

中国扶贫开发协会 | 改变贫困的力量

人物档案

姓名/刘光汉
性别/男　**出生年份**/1947年
籍贯/云南省云县人
职务/云南澜沧江啤酒企业集团董事长
主要事迹/领导云南澜沧江啤酒企业集团发展壮大，累计出资3 200多万元参与云南新农村建设、救助弱势群体、扶贫帮困等社会扶贫事业
荣誉/中国酒业500强人、中国啤酒工业杰出企业家、全国商业优秀创业企业家、中国优秀民营科技企业家、云南省十大滇商领袖、云南省优秀社会主义建设者、云南省光彩事业先进个人

刘光汉　澜沧江啤酒集团领航人

　　一条云南的、中国的、世界的大江在这里流淌，一个热情、深邃、进取的现代化品牌在这里铸就，一片诚实、执著、感恩的光芒在这里闪烁。用科技提高品质、让文化创造价值、以品牌开拓市场的大思想、大智慧、大策略的践行进一步锻造了澜沧江深厚的品牌价值，这就是"澜沧江"的缔造者刘光汉和他的澜沧江啤酒集团的中国雅量。

　　25年前，刘光汉以3 000元起家，把一个日生产几百件汽水的小作坊，建成了如今拥有14个子公司和30个分公司、员工6 456人、固定资产16.3亿元、年销售收入8.6亿元、年实现税收6 000多万元的企业。澜沧江啤酒集团是云南最大的啤酒、白酒、茶业生产销售企业，它以澜沧江啤酒为主打产品，以澜沧江白酒系列、澜沧江原生茶系列产品等8大类70多个品种为先锋，借地缘优势、资源优势和品牌优势，产品畅销云南市场，走向北京、上海、广州等全国大城市，远销缅甸、老挝、泰国等南亚、东南亚国家及欧美。澜沧江啤酒集团是云南省农业产业化重点龙头企业，云南省百强企业，还被国家农业部授予"全国新农村建设百强示范企业"。

刘光汉出身于农民，心里装着农民。20多年来，在刘光汉的领导下，澜沧江啤酒集团始终立足"农"字，遵循"业系农业，厂系农村，心系农民"来发展企业的原则，认真实施"强化大集团，建设大市场，树立大品牌"三大发展战略，走出一条公司、基地、农户相结合的产业路子。

澜沧江啤酒集团确立了啤酒、白酒、茶业三大主导产业，其原料均来自农业。澜沧江集团是临沧市耗粮大户，仅集团总部每年就需用粮食8万吨，占临沧市云县粮食总产量60%左右。农民通过卖粮食，每年可得收入3 500多万元。茶叶基地采取公司加基地连农户的方式，有效地拉动云县农民增收。2006至2008年，澜沧江集团每年投资120万元，补助农户种植高优生态示范茶园2 100亩，在勐麻河流域带动3个乡镇种植高优生态茶园3万亩。新茶园与原有的老茶园5万亩连成一片，形成40多千米长的高优茶园茶文化观光旅游区。2006年，澜沧江啤酒集团原生茶加工车间投产以来，茶叶收购价格从原来的平均每千克20元增长至现在每千克70元。澜沧江啤酒集团在曲靖市沾益县农业部门的指导下，建成了10万亩啤酒大麦基地，与云县农业部门和粮食部门合作，实行订单农业的方式，解决了云县农民卖粮难的问题。为了提升云南传统茶叶产业品质和价值，2004年，刘光汉一次投资2 600万元，购进全套印度CTC红茶设备、全套日本绿茶设备、以及美国的过滤设备、德国的灌装设备、意大利的制瓶设备，建成一条年产1 800吨红茶生产线、1 000吨

■刘光汉到乡村指导工作

绿茶生产线、5 500吨普洱茶生产线和10万吨原生茶饮料生产线。

2009年，他投资4 300万元在云县晓街乡建成滇西最大的良种猪培育、扩繁中心，并建立生猪养殖示范及科技服务体系，以"公司+基地+农户"的方式，投资560余万元扶持农户建立养殖小区、养殖场，带动1 000余户养殖户受益、致富。为巩固集团白酒产业，优化产业配置，公司先后投资1亿多元在云县涌宝镇、晓街乡、漫湾镇、头道水乡等乡镇建设了8个白酒生产基地，并同步建成了8条现代化白酒包装生产线。酒厂本着"在农村建厂、就近招收农民工人、就近购买农产品原材料、副产物发展养殖"的原则，共招收农民工1 250多人。白酒生产过程中产生的酒糟用于当地农民发展养殖业，从而形成循环经济发展模式，整个循环经济过程在一个乡镇内即全部完成，为企业打造生态品牌、提升生态经济水平、打造绿色产业链、走可持续发展之路提供了重要保障。

澜沧江啤酒集团为缓解社会就业压力，为构建和谐社会发挥了积极的促进作用。现在澜沧江啤酒集团共有员工6 000多人，其中90%来自农村。现有8个白酒厂都建在云县各乡镇，就地解决了农村富余劳动力。云县茶房乡政府的统计数据显示，2005年刘家坡村村民的年人均收入为900元，2008年全村的年人均收入达到了1 800元。

澜沧江啤酒集团还带动运输等其他行业的发展。澜沧江啤酒集团三大主导产业原材料、包装物及产品运输量每年达到100多万吨，年仅运费支出就达3 000多万元。与此同时，企业的发展壮大还带动了包装业等13个行业共同发展。仅澜

■刘光汉在茶园中工作

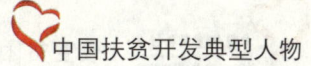

沧江啤酒集团下属的澜沧江茶业公司就带动着148个茶叶初制所及30多万户茶农的发展。

在企业不断发展壮大的同时,刘光汉始终不忘回报社会。他先后累计出资3 200多万元参与云南新农村建设、救助弱势群体、扶贫帮困等社会光彩事业。

为积极响应党和国家的号召,根据当地党委和政府的安排,澜沧江啤酒集团先后与3个贫困村建立了一对一的扶贫挂钩关系,为3个村修路、扶贫产业、校舍修缮累计出资400多万元,为新农村乡村公路、安居房、硬磅路建设支出800多万元。

澜沧江啤酒集团情系灾情,发扬一方有难,八方支援的精神,为非典、汶川大地震、楚雄火灾、大姚地震、普洱地震等灾害,先后捐出金钱和物资合计120多万元。

澜沧江啤酒集团资助"希望工程"事业280多万元,其中修建云县茶房希望中学捐资50万元、救助困难学生完成学业支出180余万元;为慰问、救助弱势群体支出40多万元;为改善了云县12个村公所办公条件捐资60多万元。

刘光汉最开心的时候,不是身上挂满"中国酒行业卓越贡献奖""中国酒行业500强人奖""中国最具影响力企业家""滇商领袖"等诸多勋章之时,也不是当澜沧江啤酒集团变身省内最大啤酒、白酒、茶饮料企业之时,而是把挣来的钱送给最需要钱的人时。他说:"每当看见老乡们用长满了茧子、指甲缝里还带着泥土的手乐呵呵地数钞票,我就特别特别高兴!"刘光汉不仅尊重财富,更看重财富的源流和归宿,刘光汉用行动诠释了"财富即责任"的意义。

■刘光汉工作中

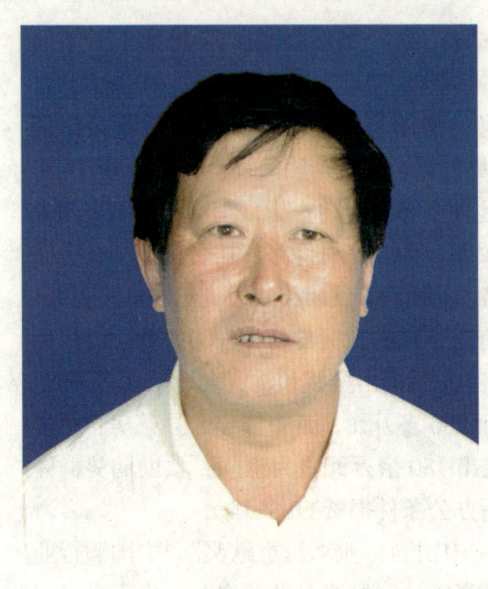

人物档案

姓名/刘经达
性别/男　**出生年月**/1953年6月
籍贯/贵州省盘县
职务/贵州盘县水塘镇荒坝村党支部书记、养牛协会会长
主要事迹/24年来,积极推动大牲畜品种改良,极大地带动了当地及周边乡镇畜牧业的发展,为山区群众创造收入1亿元以上
荣誉/贵州省劳动模范、全国劳动模范、贵州省农业厅农业丰收计划一等奖、2003年度神内基金农技推广奖、六盘水市优秀科技人才

刘经达　青山深处的开拓者

　　曾经名不见经传的贵州盘县荒坝村,如今出产的杂交牲畜销往外省,甚至国外,成为洋货,国内很多地方的养殖户也前往荒坝村观摩学习。荒坝村党支部书记、养牛协会会长刘经达就是其中的灵魂人物。1985年至今,他从事大牲畜品种改良(简称品改)工作,为山区群众创造经济收入1亿元以上,带动了当地及周边乡镇畜牧业的发展,促进了农业产业结构调整,为盘县的社会主义新农村建设作出了积极的贡献。

　　作为一个纯农业村,荒坝村全村共辖6个村民组469户1 529人,有共产党员31名,土地面积6 203亩,其中耕地面积2 506亩,人均耕地1.67亩。面对着红土,背依着青山,如果只是仅仅靠种地来维持生活,一年到头,只能维持温饱。当改革的春风吹遍全国各地时,其他村有的人打工有了钱,有的搞运输盖起了大房子,不少地方的人民迈步向前,生活前进了一大步。荒坝村人想,如何能让自己的钱包鼓起来呢?精明能干的刘经达走南闯北,对大牲畜的交易可以说是经验丰富,技术一流,正是他给荒坝村带来了希望。

　　一个偶然的机会,刘经达接触了大牲畜品改,加入了品改员队伍。虽然只有

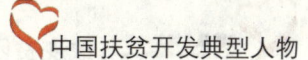

初中文化,但凭着对牛、马品种改良工作的执著和热爱,刘经达在实际工作中认真钻研和学习,先后在驴马杂交的本配和人工采精输配技术,马的自然交配和徒手发情检查的适时输配,黄牛的冻精输配、徒手发情检查、种公牛的采精、鲜精稀释和保存、种牛、种驴的饲养管理,杂交牛的科学育肥等方面取得了许多成绩。随着品改技术得到乡亲们的认可,刘经达身上的钱包也鼓了起来。但是,作为一名党员,他深深认识到自己富了不算富,大家富了才算富。在集中精力搞好牛、马品改的同时,他还联合3家农户建起了拥有50多头杂交牛的育肥场,实现了集良种+杂交改良+育肥场+农户分散饲养一条龙式的畜牧小区养殖链。

20多年来,刘经达在荒坝大牲畜品改点累计输配母马2.5万匹,平均受胎率为95%,产仔率达90%,产骡2.25万匹,创产值9 000万元,比饲养马匹产马仔增收4 500万元。牛改近12年间,输配母牛4 800多头,受胎率为94.3%;产下杂交牛4 320头,创产值864万元,为农户创收172.8万元;品改配种收入每年都在8万余元。因此,荒坝大牲畜品改点已成为荒坝村及周边地区农民致富的纽带。贵州省畜牧局对刘经达大牲畜品改统计显示:牛的输配成本每头次仅10.7元,是贵州全省的12.5%~28.8%(贵州全省每次冻配的输配成本一般为37.1~85.5元);产犊的牛改成本每头16.7元,仅为全省的8.9%~14.3%(贵州全省产犊的牛改

■刘经达的荒坝村品改点

成本一般为每头117元~187.6元，最高的达到904元）。可以说刘经达的品改技术水平位列全省第一。

通过改厕、改圈等配套工程的实施，养殖业现已成为该村主要的经济来源。到2008年底，共存栏大牲畜936头（其中黄牛存栏831头，户均两头以上），生猪存栏1 860余头，羊存栏380余只；建有肉牛育肥场一个，占地面积560平方米，能一次性育肥出栏60头以上。年出栏大牲畜400余头，猪年出栏1 800余头，户均创收1万多元。每年8—12月外来购买骡子和杂交牛的云南、广西客商云集盘县，盘县的骡子和杂交牛伴随着客商们沿着南方丝绸古道，向南销售到广西的百色地区，向西销售到云南的昆明、大理。有的经过云南大理转销到了西藏，有的经过瑞丽、畹町转销到了缅甸、越南境外，成了洋货。

刘经达对大牲畜品改工作锲而不舍，掌握了一套熟练并让广大饲养户公认的牛马杂交改良技术，给周围农民创造了一条稳定的增收渠道，对周边广大地区大牲畜改良产生巨大影响，取得了社会广泛认可的经济、社会效益。广西、云南、吉林以及省内毕节县、遵义市、黔南州、黔东南州、铜仁市、黔西南州等地的学习参观人员络绎不绝。仅2002年，到过荒坝品改点参观学习马、牛配种技术的就有42批。在学习中，刘经达手把手教，毫不保留，力求使学员学得会、用得上。

同时在刘经达的带领下，荒坝村还积极发展和扶持农村专业技术协会，走科技致富之路。荒坝村共成立养牛协会、魔芋种植协会、云贵康福中药材种植协会

■ 工作时的刘经达

3个协会。在协会的带动下,全村的农业产业结构调整速度逐步加快。荒坝村还充分发挥协会的职能作用,积极到昆明、曲靖等地与农业加工企业、制药厂联系,组织村民试种魔芋、烤烟等经济作物,其中,魔芋达150亩,烤烟达387亩;同时还积极组织村民种植板蓝根160亩,试种木香、当归、白芷等中药材6亩。上述经济作物和中药材的种植,使农民增收85万元。

在广大村民通过产业结构调整、发展畜牧业实现增收以后,刘经达看到村民的生活环境与经济发展极不协调的现状,深感责任重大。为此,他积极争取上级补助资金,发动群众自愿集资,采取投工投劳的办法,加快全村基础设施建设。首先,进行通组公路水泥硬化和庭院硬化,以及串户路硬化。现完成庭院硬化面积27 582平方米,通组公路及串户路硬化面积29 671平方米,硬化率达70%。其次,实施房屋改造,现完成房屋调脊81间,房屋面墙粉刷7 908.1平方米,改厕20个,改圈35个。第三,建设农村沼气池、小水窖工程。现全村建成沼气池276口,并都配套了改厕、改圈、改厨等工程。建成"母亲水窖"666口。第四,充分利用农闲时节组织开展形式多样、内容丰富多彩的文体活动,同时配合上级部门开展"三下乡"活动和"巾帼洁雅"行动,从而杜绝了村民柴草的乱堆乱放、家禽乱跑的现象发生。现全村人居环境、村风民风明显改善,村民文明程度不断得到提高。

在祖国发展的新时期,刘经达深深地感到,作为一个普通的农民,在党的领导下,做出了一点微不足道的成绩,就得到了国家和广大人民群众的肯定,就获得了很多荣誉,这是十分荣幸的。他表示将更加努力地工作,做一名更加勤劳的开拓者,带领乡亲们,用勤劳的双手共建荒坝村更加美好的明天,为盘县的社会主义新农村建设作出自己应有的贡献,为我们国家和民族的强大作出自己应有的贡献。

■刘经达利用显微镜在观察

改变贫困的力量

人物档案

姓名/汤克林
性别/男　出生年月/1950年2月
籍贯/贵州省惠水县
职务/贵州永红食品有限公司董事长
主要事迹/他创办的贵州永红食品有限公司安置失业、下岗职工1000多人，为公益事业捐款、捐物300多万元
荣誉/贵州省乡镇企业新闻人物、贵州省优秀乡镇企业家、贵州省食品工业优秀企业家、拥军优属先进个人、全国第七届创业之星、贵州（黔南）经济建设风云人物、贵州新农村建设十佳人物、全国第七届创业之星

汤克林　牛肉加工上做出大文章

汤克林，贵州永红食品有限公司董事长、总经理。1984年，汤克林开始创业，如今他的公司已由作坊式的小厂发展成为拥有员工1200余人，占地面积3.3万多平方米，资产1.2亿元，年产值2亿元，集肉牛养殖、加工、销售、科研于一体的贵州省规模最大的牛肉干制品专业生产企业。贵州永红食品有限公司2004年被评为农业产业化国家重点龙头企业，2005年被认定为国家扶贫龙头企业。

汤克林在注重企业经济效益的同时，更加重视企业的社会效益。汤克林常说："企业和人民群众的关系就像鱼和水一样，企业的发展离不开人民群众的参与，只有把人民群众的利益放在首位，企业的发展才会有保证。"

惠水县开展种草养牛项目后，汤克林立即拿出200多万元作为"以畜放贷，以畜还贷，技术服务"的帮扶资金，购进500多头牛发放给农户饲养，帮助农户发展养殖业，并积极鼓励当地群众发展种植业，义务为他们提供技术服务，并保证现款收购农民的产品。他的这些举措受到了当地各族群众的好评。

为推动公司发展，2003年，汤克林决定投入100万元兴建占地50余亩的养殖示范基地一个，为农户提供养殖技术服务，提高农户的养牛积极性，达到了农户增收、企业增效的目的。为更好地帮助农民脱贫致富，公司采用"公司＋基地＋农户"的经营模式，先后在惠水县和平镇、断杉镇的10多个乡发展养殖基地。公司将改良品种的商品牛，称重编号后发给当地农民养殖，养殖过程中由县畜牧局提供防疫技术服务。养殖育肥后，增重部分公司按保护价计价回收，市场价高于保护价时按市场价回收。通过不断探索，形成了适合公司与农户共同发展的农业产业化模式。2008年，公司养殖基地已接待参观学习和培训2 500多人次，充分发挥了养殖基地示范带头作用，间接带动了近万户农民养牛。2008年，公司收购牛肉4 000多吨，折算约3万头牛，每户能增收3 000多元。

汤克林自己富了，时刻不忘回报社会。他说："有钱了，并不等于我富了，村子里的人都过上好日子，惠水县的人民都过上好日子，我才感到自己很富、很充实。"他积极拓宽生产领域，增加就业渠道，安置下岗职工1 000余人，有效地解决了农村富余劳动力就业和下岗职工再就业压力。多年来，他和公司先后为抢险救灾、助学等社会公益事业捐款捐物300余万元，还为附近村寨修筑水泥公路、安装电视闭路线、架设照明电线和自来水管。当汶川发生大地震的消息传来后，他立即组织公司开展支援抗震救灾工作。公司专门生产了1 000箱价值50余万元的卤汁牛肉产品，并于2008年5月17日组织车辆，行程近1 000千米，送到了四川德阳灾区，为灾区奉献了一份爱心，帮助灾民渡过难关。

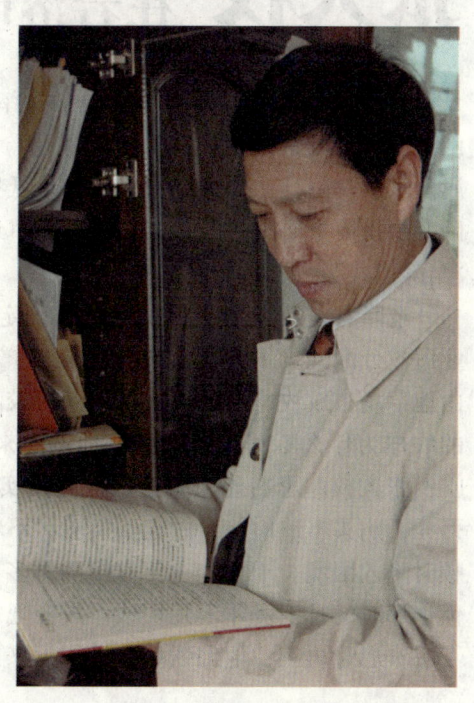

■汤克林学习中

人物档案

姓名/张大权
性别/男 **出生年月**/1962年10月
籍贯/贵州省关岭县
职务/晴隆县草地生态畜牧业中心主任
主要事迹/在他的带领下,晴隆县草地面积从无发展到20多万亩,治理石漠8.3万亩,扶贫10 860户,户均增收1万元以上
荣誉/贵州省优秀科技成果三等奖、贵州亚农科技扶贫贡献奖、黔西南州优秀科技人才、贵州省农业科技先进工作者、黔西南州优秀企业经营管理者、全国民族团结进步模范等

张大权 在岩溶山区开创生态畜牧业

贵州省晴隆县,紧靠贵州版图的西南,境内有布依族、苗族等少数民族聚居,山高谷深坡陡,地表破碎,土地贫瘠,自然灾害频繁。昔日,老百姓生活贫困,属国家级贫困县;今天,这里风吹草低见牛羊,人民安居乐业。在晴隆县的沧桑巨变中扮演重要角色的人物是晴隆县草地生态畜牧业中心主任张大权,他创造了"晴隆模式"。

晴隆县是我国最贫困的县,被确定为全国特贫县之一。1983年,张大权毕业后被分配到贵州省晴隆县畜牧局工作。那时云南的牧民经常赶着羊群到晴隆的山地草场来放牧,异地放牧可以获得较高的经济回报。张大权动起了脑筋:本地的农户为什么不利用自己的草地资源来发展自己的畜牧业,脱贫致富打翻身仗呢?张大权左思右想,决定自己先做实验。1988年,他托人从家乡关岭贷来16万元,购买本地山羊,做起了实验,不料一年下来,亏损了两万多块钱。张大权顿时陷入困境。干吧,一年亏损两万多,万一再亏,自己一辈子的工作也不够还债,那时的月工资才十几块钱。放弃吧,自己的理想和付出的努力不就付之东流了吗?思量再三,他倔强地坚持了下来。结果第二年持平,第三年经济收益翻了一翻。张大权当时已有4 000多只羊,年收入几十万,企业几乎是一年上一个台阶。

养羊大户张大权引起了当时县委书记钟德普的关注。钟德普认为他有胆有识,在牧业科技中能干事业,就引导他从私人企业中走出,带领广大农户养羊。突然要关闭充满朝气,能给自己带来巨额利润的私人企业,而去带领普通农户发展畜牧业,自己只能拿有限的固定工资,前途难料。面临人生的十字路口,张大权义无反顾地放弃私人养殖场,开始组建集体的养殖场。

初期让农户种草养羊,老百姓不理解、不支持,难度较大。他们认为:祖祖辈辈都是在地里面除草,没听说种草,养羊只是挣点零花钱,根本成不了气候,要靠这个产业来脱贫致富,犹如雾里看花。后来张大权反复做思想工作,并向农户保证,通过种草养羊,如果收成在5 000元以下的,中心负责补足5 000元,这才打消了农户的顾虑。

羊的成长态势出人意料的好,销售的难题却逐渐凸显出来,当时本地的羊价每斤才1.1元,市场需求量又有限。张大权听说海南羊好销售又卖得起价,当时在外销上毫无经验的他开车拉起两车黑山羊,在没办任何手续的情况贸然出省,历经千辛万苦终于在海南以每斤2.2元的价钱卖掉了羊。拿到了第一笔外销的4.8万元。这次勇敢的尝试意想不到地打开了通往海南的销路,客商纷至沓来,找

■全国人大常委会委员长吴邦国视察晴隆草地畜牧业发展情况时,与张大权亲切交谈

■全国人大常委会委员长吴邦国视察晴隆草地畜牧业发展情况并指导工作

上门订货。第一次和海南客商谈判,20分钟就达成协议,签了合同。继而公司又打开了湖南、北京、上海的销路,企业的运转快步走上正轨。

考虑到企业的发展,张大权申请与畜牧局脱钩,成立了晴隆县畜牧中心。张大权担任中心的主任,自负盈亏,县政府也将浙江省宁海县对口帮扶的10万元拨给了中心。他就用这10万元引进澳大利亚波尔山羊,改变本地黑山羊单一的品种。不过,用10万元引进的4只波尔山羊在这个相对闭塞的地方顿时掀起轩然大波。人们认为10万元买4只波尔山羊实在不值,牛都只卖2 000元一头,什么羊能值这么多钱,要2.5万元一只?简直是天价。部分人甚至说这里面肯定有问题,进而对整个草地畜牧业加以否认。张大权不在乎这些,他需要用事实说话。

此时,张大权深感肩上的担子沉重,马上组织力量做试验,用波尔山羊与本地黑山羊杂交。试验一举成功,杂交羊个大体重,8月龄羊重80千克,售价800元,美称"三八羊"。能短平快致富,加之肉质鲜嫩,极受市场追捧。张大权组织员工加速中心的发展步伐,发动农户联营养羊。第一年每户平均年收入1万元以上,有的高达10万元。农民人均纯收入7年来连续稳定增长,由2000年的1 156元增加到2008年2 460元。两万多人越过温饱线,这些贫困人口,相当一部分是实施技术扶贫项目的受益人。

江满村的变化最具典型性。张大权曾以县干部的身份去该村收农业税。家徒四壁和不多的干瘪瘪的粮食就是当时江满村农户的全部家当。有几户农户无奈地说:"你看家里哪样值钱能抵农业税,你就拿哪样走,那一点粮食你要忍心拿只管拿去"。张大权默不作声,领着干部离开了江满村。回到县里,张大权心情沉重地说:"江满村海拔较高,种粮食没有出路,只有搞畜牧业。"那时的江满村正列为县里环境移民的搬迁对象。全村年收入最高的1 800元,最低的才540元,赤贫之极。2002年,张大权带领中心对江满村帮扶养羊,经过一年的艰苦奋斗,

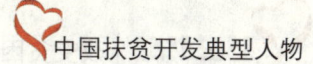

那年家家户户的收入都翻了好多倍,最高的达到2.4万元,最低的也有8 200元,一跃成了全县经济收入最高的村。过去萧条冷清的江满村焕发出生机,短短的两三年江满村换了人间。那些搬走的人家又重新搬迁了回来。

在张大权的带领下,晴隆县实施了草地生态畜牧业,退耕还草,多种牧草混播,实现了经济效益与生态效益的良性循环。草地面积从无到有,现已经发展到20多万亩,治理石漠8.3万亩,改良草地10.5万亩。25°以上的坡耕地每亩泥沙流失量每年减少1.26吨,土壤有机值每年提高2个百分点,原来的荒山变成保水、保土、保肥、四季常青的绿色牧场,每年减少水土流失20平方千米。2006年6月,在晴隆召开全国科技扶贫现场会,在南方9个省区、贵州省33个县推广了晴隆模式。

2006年6月19日—22日,科技扶贫现场经验交流暨培训会议在晴隆召开,对晴隆扶贫模式进行认真总结。国务院扶贫办原主任刘坚认为,晴隆扶贫模式的好处表现在三个方面:一是思路好,二是模式好,三是机制好。全国人大常委会委员长吴邦国考察晴隆草地畜牧业时说:"这是一个当代人挣钱,子孙后代享福的项目,对国家来说保护了生态,对农户来说脱了贫,有一定的科技含量。"

■全国政协主席贾庆林(左)与中国扶贫开发典型人物张大权握手

中国扶贫开发协会 | 改变贫困的力量

人物档案

姓名/张正芬，又名张莹
性别/女　**出生年月**/1963年8月
籍贯/贵州省
职务/广东省清远市天农食品有限公司总经理
主要事迹/彻底改变了广东及华南地区肉鸭养殖传统的水养模式，建立起健全的养殖户帮扶制度、优惠政策和护保价回收政策，对养殖户经济补贴累计超过5 000万元
荣誉/广东省巾帼科技创新带头人、省"三八"红旗手、国家科技部星火科技二传手、中国首届民营科技企业家

张正芬　清远天农"养鸭博士"

　　张正芬，广东省清远市天农食品有限公司总经理，著名的"养鸭博士"，一直重视公司的技术研发和推广工作。其中"华南地区旱地健康养鸭关键技术研究与应用"成果更是使广东及华南地区肉鸭养殖彻底改变了传统的水养模式，使肉鸭养殖走向了一个全新的发展领域。她是国家技术监督局"中国国家饲料工业技术标准化委员会委员"，曾获"广东省巾帼科技创新带头人"、"三八"红旗手、国家科技部"星火科技二传手"、"中国首届民营科技企业家"等称号。张正芬对所获得的个人荣誉一直保持低调，她认为自己的工作做得远远不够好，她心里面充满了对企业发展的期待，充满了对中国农民早日整体致富的期待，她希望能帮助更多的农民摘掉贫穷的帽子，走向富强的道路。

　　改革开以来，地处东南沿海的广东省迅速崛起，现如今是全国首屈一指的经济强省。可是，广东也有一些欠发达地区，比如清远，仍然是全国重点的贫困地区。就在这个时代、这片热土上，张正芬带领一批具有专业技术和崇高理想的热血儿女创建起广东天农食品有限公司。她给这里的人民带来了致富的希望。

　　清远市清新县飞来峡镇，美丽的北江之畔有一座废弃的江口糖厂，房宇破旧、杂草丛生，水电不通，道路泥泞。2003年初，张正芬带领她的团队一行13人来到这里，他们都是来自全国著名的家禽养殖企业中的高级管理人员和技术骨干。在张正芬的带领下，大家眠居窝棚、渴汲山泉，花了整整一个多月的时间，完成了江口村2万多平方米的厂房、办公楼的整修与建设，建成了年产18万吨的饲料厂。此后，天农公司在英德市沙口镇建成了占地1000多亩的大型种鸭场，建成了广东最大的鸭苗孵化厂。在短短半年时间里，天农公司迅速发展，取得了良好的经济效益。

在清远市扎下根基后，天农公司把战略发展目标投向了清远麻鸡这个千年品牌。清远麻鸡俗称"清远鸡"，早在宋代就已经是粤地的第一名种，因其肉美而比其他品种卖价高出一成。在市场经济的冲击下，近10多年来在市场上充斥着大量的由清远麻鸡与其他品种杂交而成的速成品种，这些"清远麻鸡"体形变异、肉质粗糙，清远鸡的品牌声誉受到严重损害。张正芬组织和聘请大量高级科研专家对清远麻鸡进行提纯复壮研究，建立清远鸡的良种繁育体系。采用"公司＋基地＋农户＋品牌连锁"的养殖模式，对清远鸡进行品牌经营运作，实现清远鸡的产业化迅速发展。2006年，第一批为数不多的正宗清远麻鸡隆重上市，马上在清远、广州乃至珠三角地区引起轰动效应。

清远市阳山镇、连州镇等地是广东省重点的扶贫山区，张正芬也为贫困地区的农民日夜焦虑。经过科学试验，清远麻鸡与乌鬃鹅都难以在上述地区取得良好

■2007年12月20日，时任广东省常务副省长黄龙云（左五）到天农公司视察

■2008年11月29日，广东省省委书记汪洋（右二）到天农公司视察

的养殖效果。怎么办？经过深入的调研后发现，天农公司本身赖以成名的优质肉鸭，在这些地区本来可以取得良好的养殖效果，但由于这些地区山多水少，难以实施传统水养模式下肉鸭的产业化发展。张正芬当机立断：天农公司要打破传统、进行技术革新，自行研发华南地区的肉鸭旱养技术，为贫困山区带去优质的品种。在张正芬的带领下，天农公司成立研究队伍，夜以继日地研究华南地区的肉鸭旱地养殖技术。一套完善的针对华南地区的肉鸭旱地养殖的技术体系，在实验中一举成功。这种养殖技术比起传统的肉鸭水养模式有很多优势，水养肉鸭的养殖密度为100只~150只/亩，而天农公司的肉鸭旱养技术可以达到2 000只/亩以上，而且在禽病防制、养殖管理、料肉比等方面的控制均得到大幅度的提升。张正芬努力地进行技术完善，并在山区进行推广。同时，她也为农民建立了产品销售的渠道，解除他们的后顾之忧。张正芬选择了广清高速公路出口旁的优势位置，斥巨资建造起江南最大最先进的符合欧盟卫生标准的肉禽加工食品厂。天农公司的肉禽加工食品厂占地130亩，集屠宰、分割、加工和贮存为一体，日处理肉禽6万只、速冻70吨、冷库容量2 000吨，在2007年8月投产，为在贫困山区全面推广肉鸭旱地产业化养殖提供了强有力的保障，同时也为日后全面打开港澳地区肉禽市场做好了准备。

作为优质安全的品牌产品，超市是一个重要的销售渠道。2008年11月14日，对于天农公司来说是一个里程碑般的纪念日子。天农公司的冰鲜禽肉产品在沃尔玛深圳SAM会员店上架，品种涉及鲜品凤中皇清远鸡、天农土鸡、天农三黄鸡、天农鸭分割产品等。产品上架后反应热烈、销量稳步上升。此后，公司的冷鲜禽肉在广州、深圳、佛山、福州、北京等地30多家超市上架，包括沃尔玛SAM店、家乐福、易初莲花、世纪联华、宏城、新一佳、华润OLE店等众多著名超市。

天农公司自成立以来，在食品安全问题上就从来没有半点含糊。张正芬自公司创立起，就花大力气建立"从源头到餐桌"的食品安全可追溯质量监控管理体系，并一直坚持贯彻，逐渐形成了在行业内独步领先的优势。多年来，在饲料原料检验、禽病防治控制、药物残留控制等方面从不松懈。所以，在历次的禽流感事件中，天农的产品都能顺利检验通过，三聚氰胺的检测更能轻松通过。

六年来，张正芬兢兢业业，在发展公司的同时，对扶贫工作丝毫不敢掉以轻心，将扶贫工作视为公司的根本。她建立起健全的养殖户帮扶制度、优惠政策和保护价回收政策，并在多次自然灾害中向受灾养殖户伸出有力的援助之手。2004年和2005年禽流感疫情、2006年洪涝灾害、2007年风暴袭击、2008年冰雪灾害及全年5次的禽流感疫情……在这些灾害面前，天农公司向受灾养殖户进行的经济补贴累计超过5 000万元。天农公司对扶贫工作的付出，是有目共睹的，得到了省、市各级政府和广大农民的充分肯定和赞扬。2008年11月，全国政协委员、广东省省委书记汪洋到天农公司指导工作时，对张正芬给予了高度评价："你们企业为扶贫做的成绩是明明白白的，做的贡献也是清清楚楚的。"

张正芬要求天农公司的全体员工时刻不忘"天农"经营天下农产品、助天下农民获利的内涵，牢记立足农业、造福乡梓的信念，努力为中国农民早日整体致富继续奋斗，努力帮助更多的农民摘掉贫穷的帽子，走上富裕的道路。

■张正芬向养殖户传授养殖经验

■张正芬到养殖户家中亲自指导

■张正芬在进行家禽育种研究

人物档案

姓名/张光花
性别/女 出生年月/1960年6月
籍贯/山东省沂源县
职务/山东沂源光花工艺品有限公司总经理
主要事迹/多年来，张光花先后救助5 000多人，无偿捐助资金4.8万多元
荣誉/全国"双学双比"活动女能手、淄博市巾帼创业带头人、淄博市优秀女民营企业家、优秀政协委员、"三八"红旗手、经济女强人

张光花 "编"出来的致富领路人

在美丽富饶的革命老区沂蒙山区，山东省沂源县悦庄镇，有一座三层的淡黄色小楼很是引人注目。在楼前宽广的空场内，晒满了手工编织的各色花篮，房间里工人们有的在验货，有的在分发原料，有的在学习编织，一派繁忙的景象。这就是张光花创建的山东沂源光花工艺品有限公司。

1976年，张光花在村生产队副业组从事草编业，由于心灵手巧，编出的产品精致、雅观，图案活灵活现，栩栩如生，被县美术制品厂聘为技术员。1993年，凭着对市场商机的准确把握，以及对手工艺制品的热爱，张光花开始了自己的创业之路。她承包了几近倒闭的镇办工艺制品厂。2000年，将其改制为民营企业。2001年，创立了沂源县鲁益工艺品厂。2007年3月，注册为山东沂源光花工艺品有限公司，并申请获得了外贸出口权。

在张光花的精心经营下，公司逐步做大做强，一跃成为沂源县乃至淄博市草编工艺制品的龙头企业。现有编工3.3万余名，加工点遍布全县13个乡镇及淄博市各个区县，并且辐射到泰安、莱芜、临沂、潍坊、日照等地市。产品有草编、柳编、皮编、工艺刺绣等300多个花色品种，与临沂、青岛、烟台等外贸公司建

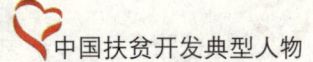

立了稳固的供销合作关系，产品漂洋过海远销到美国、德国、日本等60多个国家和地区。2008年，实现销售收入9 900万元，利税达600多万元，带动农户年增加收入6 600万元。企业多次荣获"先进民营企业""重合同守信用企业"等荣誉称号，被市妇联评定为"巾帼创业龙头企业"，2005年被评为山东省扶贫开发龙头企业。她的先进事迹曾被中央电视台、《联合日报》《山东工人报》《淄博日报》等多家媒体宣传报道。

张光花艰苦创业，引领公司不断发展壮大。创业总是艰难的，每次回想起自己走过的路，张光花总是感慨："做女人难，要干一番事业更难。"创业之初，张光花既当老板又当技术员，手把手地向姐妹们传授草编技术，免费培训了第一批编工。学员结业后，张光花又给她们提供玉米皮、模具等生产工具，在自己家中办起了"工厂"，使她们从围着锅台转的农村妇女，一下子变成了"家庭工人"。

为联系客户，她四处奔波。为了省钱，她带上煎饼咸菜，住最便宜的旅馆，夏天忍受蚊虫叮咬，冬天忍受刺骨寒风。有时真觉得撑不下去，心想停下不干算了，但是她一想到那些贫苦姐妹那期盼的眼光，又坚定信心，咬紧牙关挺了过来。她下定决心，不仅要让姐妹们吃上饭，还要让她们挣到更多的钱，过上

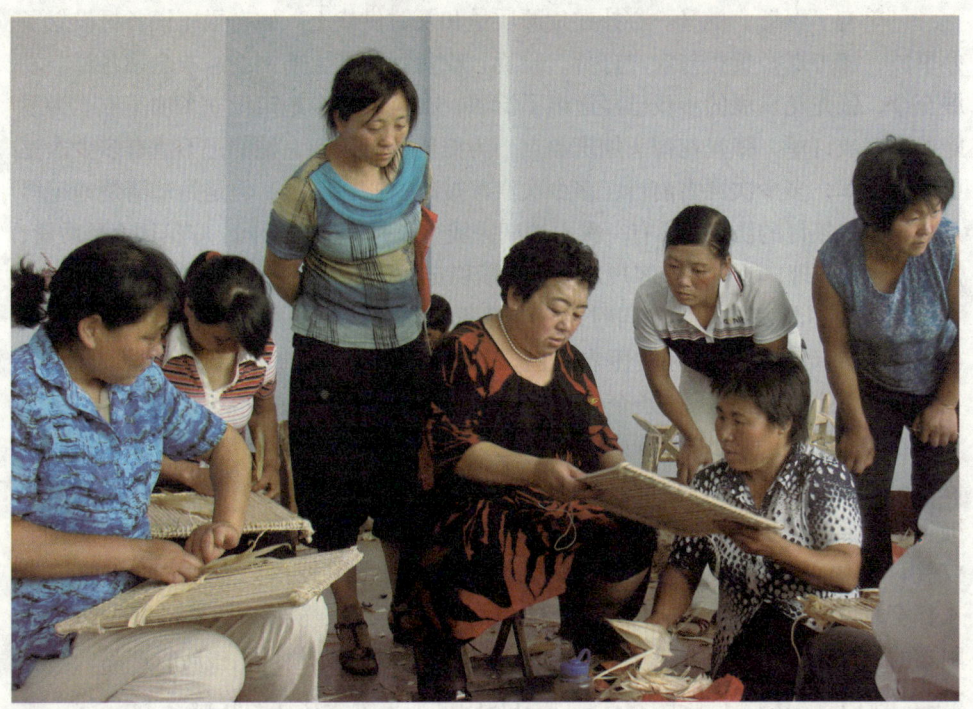

■张光花在指导妇女们学习编织技术

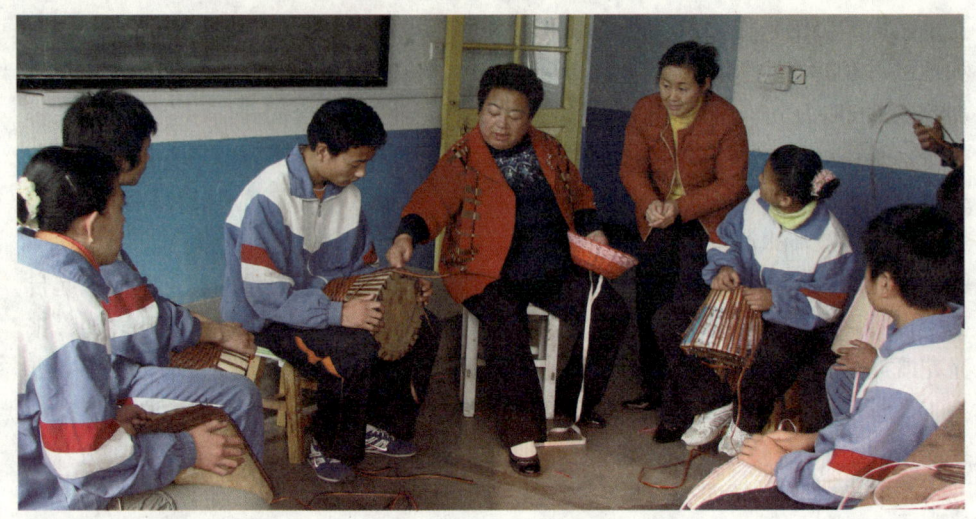

■张光花在讲解编织技术

更好的日子。她克服了种种困难，以其恒心、诚心，先后与临沂、莱州、青岛、烟台等外贸公司取得联系，争取到了大量外贸订单。

订单有了保证，她又一心扑在货源质量和及时供货上。她在悦庄镇各村设立了办事员、加工点，负责与农户订货、验货、收货，使其生产网络遍布全镇各村。发展至今，张光花发展的步伐已经迈出了沂源，在全省多个地市设立了加工点。为了能按期完成订单，张光花带头加班加点，为把货及时送到，她都记不清有多少次三更半夜出车，多少次冒雪前行，多少次汽车被冰雪搁在路上，但是她却清楚地记得凡是与客户签订的协议，没有一次不按期完成。正是由于重合同、守信用、严质量、懂经营、会管理，她与许多客户建立了长期稳定的供求关系，许多客户还慕名而来。

在企业不断发展壮大的同时，张光花积极从事扶贫开发和社会公益事业，坚持把优先带动贫困家庭和贫困农民脱贫致富作为自己的基本行为准则，与农户签订合作协议，走出了一条企业加协会连基地带农户促进群众脱贫致富的新路子。在她扶持的工人中，有妇女，有老人，有残疾人，有下岗工人，她都像对待自己的亲人一样，热心传授技术，免费进行培训，竭力为他们提供服务，解决生活困难，帮助脱贫致富。公司还成立了残疾人培训基地，与县特殊教育学校签订了协议，定期到学校为残疾学生免费传授草编技术，为他们走出校门进入社会增添一门生存的技术。在合同少的月份里，张光花总是尽量优先让生活困难的妇女干。对一时交不上孩子学费的妇女，她也是先预付工钱后收产品，她说："怎么也不能耽误孩子上学"。草编业给农民带来了实实在在的收益。

悦庄镇西悦庄村贫困农民任相菊，一家三口人，孩子幼小，她的腿还有残疾，行动不便，生活悲观。张光花主动找到任相菊，向她传授草编技术，并鼓励她干起了草编。从此，任相菊不但有了收入来源，而且人也精神了许多，对生活也充满了信心，每年收入都在5 000元左右。葛庄村75岁的徐大娘生活非常困难，从事草编20天就挣了180多元。76岁的李大娘头一个月就挣了260元，老人说："真没想到，这把年纪还能挣钱。"沂源缫丝厂下岗职工多，大都家庭困难，张光花就主动为她们免费培训，有100多名下岗女工从鲁益工艺制品厂领料加工，她们的生活有了保障。

在淄博市妇联实施"贫困母亲救助行动"后，张光花总是尽最大努力帮助这些贫困母亲，帮她们渡过难关，走出困境，改善生活状况。她还承诺：免费提供技术服务，对行动不便的，选派精干的技术员上门指导服务，让她们学到技术，提高致富本领；尽量给她们安排难度小、工期长、价格好、收益大的任务；只要产品验收合格，优先支付工钱，竭尽所能地去解决她们生活中的难题。

自中央电视台7频道"农家女"栏目对张光花的事迹进行专题报道以来，先后有28个省的农民和下岗工人前去学习取经，她都一一接纳。山西两位下岗女工慕名前往学习，张光花免费传授她们草编技术，并提供草编纺绳车，买好车票亲自把她们送上返乡的客车，让她们感动不已。临别，二人眼含热泪说："谢谢您，大姐，我俩回去后，一定用所学的技术为众多的下岗姐妹提供再就业机会。"张光花却说："跟我客气什么，我们都是好姐妹，今后在技术、销售上有什么难题，尽管打电话联系我就是了。"多年来，公司先后免费培训近5万人次，安置编工3万多人，其中贫困群众2万人，残疾人和老年人830人，为贫困群众增加收入6 600万元。

张光花致富不忘乡亲，每逢过年，她都会为镇敬老院的老人献上一份爱心，为他们送去棉衣、大米、面粉等生活必需品，在当地传为佳话。多年来，张光花先后救助5 000多人，无偿捐助资金4.8万余元。

"我要珍惜各级党委、政府给我的荣誉，发挥政协委员的作用，坚决贯彻执行党的路线方针政策，继续团结广大妇女姐妹依法经营，扶贫济困，不断抓好技术进步，开发新产品，提供更多的就业机会，为跨跃发展、富民兴源作出应有的贡献！"这既是她的真情告白，也是她终身为之奋斗的目标。

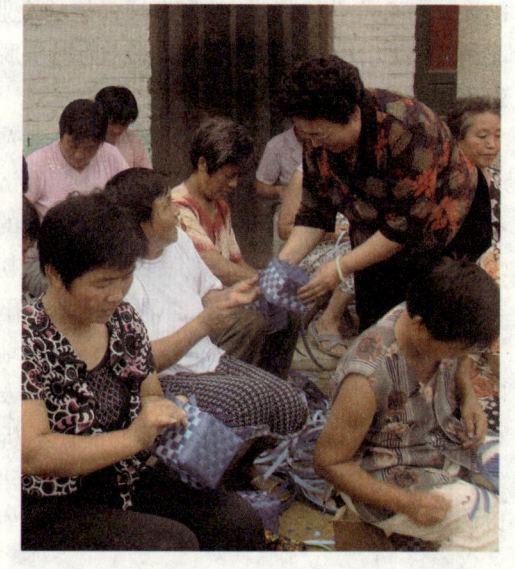

■张光花认真指导群众编织

中国扶贫开发协会 改变贫困的力量

人物档案

姓名/张明君
性别/男　**出生年月**/1958年11月
籍贯/辽宁省北票市
职务/北票市宏发食品有限公司董事长兼总经理
主要事迹/成立宏发食品有限公司，带动发展肉鸡养殖户3 500多户，其中贫困户2 700多户，极大地增加了他们的收入和就业机会，并带动相关产业的发展
荣誉/辽宁省五一劳动奖章、辽宁省劳动模范、北票市十佳公仆、朝阳市劳动模范、朝阳市优秀经营者

张明君　北票市养鸡产业带头人

　　张明君，北票市宏发食品有限公司董事长兼总经理。他带领自己的团队呕心沥血、苦心经营，经过10年发展，他的企业各项事业取得了长足的进步，为振兴北票经济作出了卓有成效的贡献，为渴望脱贫奔小康的父老乡亲们筑就了一条养殖肉鸡发家的致富之路。

　　张明君出生在农民家庭，后来成为工人，1977年被提升为北票市食品公司劳动服务公司经理、冷冻厂厂长。在计划经济向市场经济过渡时期，食品企业经营不景气，他及时调整发展思路。经过充分的市场调研，公司决定新上一个当时在北票市尚属空白的肉鸡养殖项目。创业之初，他面临着被人误解，缺少人才，没有资金等多重困难。但他没有屈服，毅然开始了艰辛的创业之路。

　　创业之初，为大力发展养殖户，更好地带动农民依靠饲养肉鸡脱贫致富，张明君采取先动员公司班子成员及亲属、朋友进行养殖，然后再以一户带一村、一村带一乡，由点到面、由面成片的模式不断发展壮大。

　　2007年9月，投资1.5亿元历时两年建设的宏发工业园正式投入使用，一个以肉鸡及相关配套产业为依托，锐意发展农业产业化事业的龙头企业赫然崛起于辽西大地。

在充分巩固原有产业的基础上，2008年宏发公司又依托原肉鸡产业基础，以4 200万元收购朝阳市分享禽业有限公司，更名为朝阳凌凤禽业有限公司，并投资1 200万元对原加工生产线、污水处理厂及附属设施进行改造，现已投产运行。通过这一经营举措，宏发公司实现了跨地域发展，成为地区农业产业化事业的领军企业。

同时，宏发公司依托肉鸡产业链积极发展相关产业。2008年，公司投资3 000万元对原有生产链条进行改造，成立兴源分公司，屠宰肉鸭，发展肉鸭生产，开展多种经营，从而更加优化产业结构，提高资源利用效率，并实现企业的综合协调发展。

通过几年的实践与探索，公司确立和完善了适应市场经济规律的发展思路，建构了合理的产业框架，走出了"一种形式、两头连接、三环相扣、四化格局、多元互动"的产业发展道路。"一种形式"即公司加农户、养加销一条龙、贸工农一体化；"两头连接"即一头连接市场、一头连接养殖户；"三环相扣"即市场牵龙头、龙头带基地、基地推动农户；"四化格局"即区域化格局、专业化生产格局、一体化经营格局、社会化服务格局；"多元互动"即市场牵动、政策驱动、服务推动、效益拉动、上下联动。

为大力发展养殖户，带动农民依靠饲养肉鸡脱贫致富，宏发公司建立完善的服务体系。公司专门成立了肉鸡生产服务部，为养殖户提供"送鸡雏到门、送饲料到门、防疫灭病到门、技术指导到门、回收毛鸡到门"的"五到门"服务。在

■宏发食品领导班子在开会

强化服务质量的同时，还在养殖较集中的乡镇设立了16个服务站，配备专业人员昼夜服务，建立了方便、快捷的服务网络，做到出诊及时、指导及时，使鸡病得到了及时、有效的诊治，确保了养殖户的利益。为提高员工及第一车间的技术，公司经常聘请国内知名专家、教授给公司员工和广大养殖户进行饲养知识培训。同时，公司还派员工到外地学习培训。几年来，通过集中培训与分散学习相结合的方式，共举办培训100余次，参加培训人数达1.8万余人次，这使养殖户的肉鸡饲养水平，防疫治病能力得到了大幅度的提高。

张明君认为，广大肉鸡养殖户是整个产业链的重中之重，是关键因素。在日常经营中，他高度重视保护养殖户利益，切实把"为养殖户创造财富"的经营理念落到实处。为调动养殖户的生产积极性，张明君把养殖户视为肉鸡饲养加工的第一车间，公司和养殖户签订合同，结成风险共担、利益共享的整体。为保护养殖户利益，不论市场行情如何变化，坚持按合同价收购。在饲料及原料价格大幅上涨的情况下，公司及时调整收购价格，减少了养殖户损失。在"非典"、禽流感和2008年末国际金融危机等重大疫情发生和经济低谷期间，公司克服了重重困难，坚持按合同订价收购，有效地保障了养殖户的根本利益。为解决养殖户的实际困难，公司积极与信贷部门联系，为养殖户筹措资金，每年为养殖户担保发放养殖专项资金4 000万元左右，并负担全部利息。在高温炎热季节和冬季按养殖数量给予不同程度的补贴，年补贴达到300多万元。

为了实现产销对接，张明君和他的管理团队在审慎研究市场行情动态及外地同行业发展布局的基础上，确立了"立足本地、梯次开发、联合挂靠"的市场战

■张明君开会中发言

略。良好的市场环境和准确的市场定位、营销战略促进了整个产业链的良性循环，从根本上增强了企业的龙头带动能力。

公司现已发展成为集肉禽加工、饲料生产、鸡雏孵化、种鸡饲养、技术服务于一体的农业产业化国家重点龙头企业。公司现有肉鸡加工厂两处，年加工肉鸡8 000万只；肉鸭加工厂一处，年加工1 500万只；饲料厂一处，年生产能力15万吨；孵化厂一处，年孵化能力6 000万只；种鸡场三处，种鸡存栏30万只。公司带动朝阳、阜新、锦州、葫芦岛等地区发展肉鸡养殖户3 500多户，其中贫困户2 700多户。养殖户平均每只鸡获利在2.5元以上。依靠饲养宏发肉鸡，养户年收入达到了6 000万元左右，有1万多农民靠饲养肉鸡脱贫致富。企业直接或间接安置城市下岗职工近3 000人，安置农村剩余劳动力1万人。有400多台大小机动车辆从事肉鸡产业运输，27万吨玉米得到就地转化和增值，同时还拉动包装、运输、机械制造等相关行业增加产值1.5亿元，为地方经济发展和带动农民脱贫致富作出了突出贡献。

企业在发展的同时不忘回报社会，是张明君总经理恪守的为人准则，也是宏发企业的基本宗旨。多年来，张明君本人和公司积极投身社会公益事业，多次为下岗贫困职工、贫困失学儿童捐款捐物，并在北票市一中设立助学基金，为贫困学生提供资助；积极支持地方建设，为大黑山旅游景区建设捐款50万元；心系同胞，为国分忧，为南方冰雪灾害地区捐款30万元，为汶川地震灾区捐款20万元。

今后，在张明君总经理的带领下，宏发公司将继续深化经营、强化管理，更好地带动广大养殖户致富，更加扎实地推动地区农业产业化事业的发展，争取为新农村建设、为和谐社会建设作出更大的贡献。

■张明君在公司荣誉墙前留影

人物档案

姓名/张敏
性别/男　**出生年月**/1957年6月
籍贯/浙江省仙居县
职务/浙江味老大工贸有限公司董事长、仙居县慈善总会副会长
主要事迹/投资浙江景宁畲族自治县毛竹基地、仙居县毛竹基地，改善农民生活条件，促进当地经济发展，为公益事业积极捐款捐物

张敏　产业扶贫除"穷根"

2009年9月9日，新中国六十华诞前夕，国务院扶贫办、中国扶贫开发协会在全国政协礼堂举行了"中国扶贫开发典型人物"表彰大会。全国政协主席贾庆林，全国政协副主席黄孟复、钱正英，国务院扶贫办主任范小建，中国扶贫开发协会会长胡富国等十多位领导与"中国扶贫开发典型人物"们欢聚一堂，共商中国扶贫事业发展大计。张敏有幸名列全国73位"中国扶贫开发典型人物"之中。这是党和人民给予张敏的莫大荣誉，是对张敏过去所做的"产业扶贫"工作的肯定，更是对张敏做好"产业扶贫"工作的一种鼓舞和鞭策！张敏深感"产业扶贫，授人以渔"，让社会上更多的低收入群体彻底脱贫并走上致富之路，是一项任重而道远的工作。

张敏是一个土生土长的农村人。1985年，借改革开放的春风，张敏办了一家服装加工厂，生意兴隆。这可以说是身为农民的张敏脱离土地后挖到的"第一桶金"。1990年，在有"工艺品王国"之称的浙江仙居，工艺品制造业兴起，红红火火。于是，张敏转行，创办了浙江省仙居华立工艺厂，生产木制工艺品。在1995年春季广交会上，张敏偶然发现了竹制工艺品的独特魅力。张敏寻思，毛竹三年就能成材，相比树木15年以上成长期，再生速度快得多，而仙居毛竹资源十分丰富，却一直未被开发利用，何不改用竹材呢。从"广交会"回来后，张敏把工厂逐步转型为竹制品加工厂。目前公司有竹筷、竹菜板、竹凉席、竹凉垫、竹制小家具和竹制厨房用品等20多个系列一千多个品种，其中70%的产品外销到三十多个国家和地区。

随着企业的不断发展，张敏逐步参与了仙居县的慈善事业。开始时张敏做慈善是"被动的"，与其说是"积极回报社会，真情献爱心"，不如说是为了挣回自己作为领导的面子。经过多次与社会上贫困家庭及低收入群体的接触，张敏由初始的同情心转为一种责任心，由被动转为主动。好友见张敏越来越热衷于慈善事业，对张敏说："虽然在乡镇一级，你的企业规模和效益是不错的，但在县里，比你的企业大的企业很多，比你有钱的人很多。再说，你的企业自身发展急需用钱，你别再打肿脸充胖子去做什么慈善家了。"张敏开导好友说："人生的价值和意义并不在于拥有多少资产、豪宅与名车，而在于对社会做出多少贡献和帮助多少需要帮助的人。现在虽然大多数人过上了好日子，但还有一部分人生活十分艰难。"好友说："农村有古话叫救穷不如救赌，赌博还有百分之五十的机会翻本，而世上什么根都能挖，就是'穷根'难挖。叶山村的几户贫困户你连着资助了三年，

■2008年，张敏向仙居县慈善总会捐款100万元，成立浙江味老大慈善救助基金

仍然是老样子。今年你来不及送钱,他们竟自己上门来要了。你看,'穷根'没除倒生出'懒根'了。"张敏说:"你说的这现象我一直在思考,我现已找出除掉'穷根'的法子,就是产业扶贫。张敏调查过,长期贫困户主要有两类:一类是没有文化但忠厚老实的群体;另一类是交通不便的边远山区的农户。例如,公司用于生产的毛竹都是专门搞贩运的人去山区收购来再卖给公司的,收购价是720元/吨,而农户卖给贩运的人只有200元至300元/吨,因为农户没有能力自己运出来。因此张敏决定,从下个月开始公司派人到这些边远山区与农户直接签订收购协议,价格仍然是每吨720元,运费及开支由公司负责。张敏计划产业扶贫。县领导十分支持张敏的产业扶贫计划,在仙居县边远的贫困地区选出五个村作为第一批"产业扶贫点"。公司专门聘请林技人员为产业扶贫点的农户进行竹笋两用高产技术及竹林间种药材等立体种植技术和竹林鸡养殖技术培训,在当地采取多种产业模式扶贫。公司与农户签订按市场价长期收购毛竹协议。县政府对扶贫点农户的改良竹林每亩补助300元。这样就彻底挖除这部分贫困户的"穷根"。

之后几年,张敏的企业与扶贫同步发展。2006年,张敏的竹制产品已进入国内各大商场、超市,公司注册的"味老大"产品商标被认定为"浙江省著名商标",并在欧美、日本、韩国等19个国家注册。2006年8月,张敏成立浙江味老大工贸有限公司。同时,公司的扶贫点扩大到13个,结对帮扶农户1000多户,并投资214万元开发"味老大"竹笋两用林示范基地,2007年至2010年三年间规划投入1000万元用于道路、低产林改造,名贵树种、中药材间种以及科技知识培训。

企业每年加工毛竹7万多吨,毛竹价格由原先的200元/吨提高到了720元/吨,直接增加农户收入5000多万元。目前已有1000多户贫困家庭和低收入家庭彻底挖掉了"穷根",走上了富裕的道路。

搞企业不分区域,搞扶贫没有边界。公司根据发展需要,2000年在浙江省景宁畲族自治县设立味老大工艺品加工厂。景宁盛产优质毛竹,是浙江省为数不多的少数民族自治县,也是浙江省少数几个贫困县之一。在景宁设立分厂后,张敏就把成功运行的产业扶贫模式带到景宁。目前已设立10个扶贫点,结对帮扶1000多户畲族贫困户,每户平均增加收入5000多元,使这些长期处于贫困处境的畲族同胞摆脱贫困,开始过上富裕生活。

在产业扶贫和慈善事业中,张敏始终做到"感情扶贫",尊重扶贫对象的人格,帮助他们树立人生目标,提振追求幸福的勇气,激发他们学习知识、勤奋劳动的热情。张敏的"感情扶贫"收到了良好效果,帮扶对象无不感动地说:"张总不但帮助我们摆脱了贫穷,更重要的是使我们扔掉了自卑,树立了自信。"从2000年以来,张敏以公司名义用于助残、助学、助贫、救灾、造桥、修路等公益慈善事业的资金累计400多万元。公司先后被评为"国家扶贫龙头企业"、"浙江省优秀扶贫企业"、"浙江省农产品加工示范企业"、"浙江省科技型企业"、"浙江省林业龙头企业"、"浙江省专利示范企业"、"浙江省诚信企业";张敏被选为仙居县慈善总会副会长、仙居县帮教协会副会长。

也许大家认为扶贫是政府管的事,但张敏认为先富起来的企业家、商人及有能力的人都有一份责任来帮助需要帮助的人。"一花独放不是春,万紫千红春满园",消除贫穷让全社会的人都过上好日子,国家才能繁荣昌盛,社会才会更加和谐。让我们都献出一点爱,让世界变得更加美好!

■2009年春节,张敏到敬老院慰问

■2010年,张敏向仙居县慈善总会捐款600万元,成立浙江味老大慈善救助基金

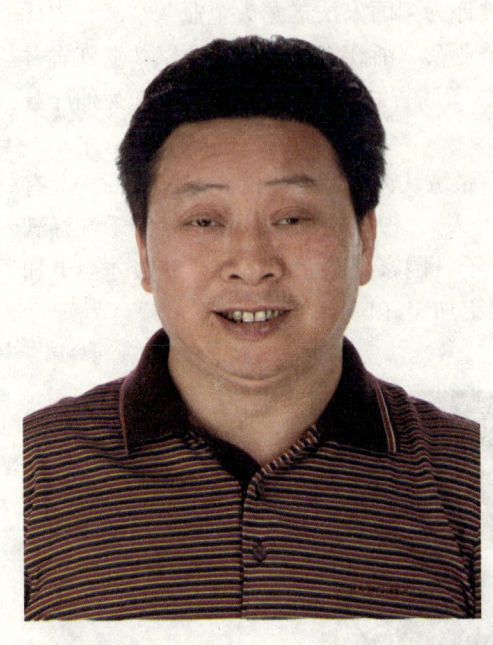

人物档案

姓名/林远泉

性别/男　出生年月/1959年9月

籍贯/江西省上饶市

职务/江西远泉实业集团董事长

主要事迹/用"五动"方式积极扶助引导周边县市贫困农户发展林果业，既调整了产业结构，又增加了农民收入

荣誉/全国劳动模范、全国绿化奖章、全国优秀民营企业家、全国农村青年创业致富带头人

林远泉 用"五动"方式引领林业发展

他，扶助引导了3.91万户农民实现年均增收3 907万元，其中2 300家贫困农户实现了脱贫致富。他的基地，辐射带动了周边县市3.05万余户农民发展林果业，既调整了种植结构，又增加了农户收入。他就是江西远泉实业集团董事长林远泉。

林远泉自1982年在国家扶贫开发工作重点县上饶县创办春光苗圃以来，一直从事花卉苗木行业。在各级扶贫部门的扶持下，经过20多年的发展，于2003年组建江西远泉实业集团，现集团下辖5个子公司、12个生产基地，直接经营面积4.2万余亩，以生产经营各种苗木、茶叶、果业、花卉、水产为主，资产总额达3.6亿元，现为农业产业化国家重点龙头企业。

林远泉自己先富起来后，响应中央和省、市加快贫困地区扶贫开发事业的一系列重大战略部署，通过合作联动、示范带动、产业推动、劳务拉动、捐赠助动等"五动"方式积极扶助引导贫困农户脱贫致富，取得了较好的社会效益和经济效益。

合作联动：通过"公司+基地+农户"的模式，解决农民的资金、技术和销售难题。上饶县董团乡苏家村贫困农民苏承伍，原先只耕种着家里的一亩三分田，一年下来也积攒不了多少钱。2005年，他在远泉公司的帮助下，加入到远泉公司

"公司+基地+农户"模式经营中,现已种植苗木50余亩,雇用农民工4人,年收入达10万元以上,不仅自己脱贫致富,还帮助其他农民增收脱贫。这是远泉公司采取"公司+基地+农户"模式的成功案例。在产前,公司统一提供种苗和部分生产物资,解决农户的资金难题,保证种苗的品质。在产中,公司技术人员每周定期到现场一次提供技术服务,如农户碰上难题则随叫随到。在产后,公司以保护价收购全部产品,解决农户的销售难题,稳定售价确保农户获取合理的生产利益。

示范带动:以苗木为载体,以梨柚工程和退耕还林等林业重点工程为依托,辐射带动周边县市农民发展林果业。近年来,林远泉已向板桥村村民提供苗木17万株,每位村民在自家庭院种上果树,发展庭院经济,在荒山上开始造林行动。如今,昔日光秃秃的荒山已变成了鸟语花香的花果山,呈现出瓜果满山坡的喜人景象,仅此一项村民户均增收就达1 200元,使板桥村的人均收入由2005年的2 278元增加到如今的3 478元。

产业推动:利用大面积租赁经营土地和水塘,大力发展"一村一品"产业,推动贫困村的经济发展。林远泉目前经营的4.2万亩土地年需支付土地租金280万元,这些土地在林远泉经营前大部分是荒山荒地,租赁后实施产业化经营,既提高了土地产出率,又增加了农户经济收入。林远泉大面积租赁当地农民闲置的土地和水塘,采用现代农业的理念和方式大力发展苗木、果业、茶叶、花卉和水产等产业。

劳务拉动:通过吸纳大批农民特别是贫困户劳动力,拉动村民的经济收入。2008年,林远泉招用农民工5 000人,发放工资1 000余万元,增加了当地村民的收入。另外,公司每年向当地农民支付苗木运输费达230万元。

捐赠助动:通过扶贫公益事业的投入,帮助贫困户发展生产。近年来,林远泉还资助家乡上饶县贫困村修桥3座,修路15千米,架设输电线路4.5千米;帮助苏家村陈开新、苏承中等失学儿童重返校园;为帮助贫困户发展果园,以优惠价供应全县贫困户苗木等,让利共计300余万元;2008年林远泉在受年初雨雪冰冻灾害影响损失4 300余万元情况下,还向四川地震灾区捐款22.5万元,并响应省工商联的号召,赴四川省小金县现场捐赠5万元。

"发展壮大自己和帮助带动农民,是我们农业企业的责任,更是一种双赢"。远泉实业集团董事长林远泉如是说。

■林远泉在林地里

中国扶贫开发协会 改变贫困的力量

人物档案

姓名/胡成来
性别/男　**出生年月**/1958年10月
籍贯/广东省惠东县
职务/惠东县九华农贸有限公司总经理
主要事迹/2002年以来，每年承担国家科研和示范项目3项，累计应用面积12万亩，新增经济效益1亿多元，直接带动1万多户农户发展马铃薯产业，户年均收入1万元
荣誉/星火科技致富能人、优秀中国特色社会主义事业建设者、惠州市劳动模范、马铃薯产业带头人

胡成来　马铃薯产业的带头人

　　胡成来，广东省惠东县九华农贸有限公司总经理，广东省第十一届人大代表。他多年来坚持"服务农村、服务农民"的思想，努力为农村建设、农民增收致富作出贡献，被中国科技部评为"星火科技致富能人"。

　　胡成来自当选政协委员和人大代表以来，积极反映社情民意，为群众办好事、办实事。2006年，在惠州市九届政协会议上，提出《关于扶持农业龙头企业和产业化经营，加快社会主义新农村建设的意见》的提案。2007年，他撰写了《关于加快农业产业结构调整，发展特色农业，大力推进农业产业化的建议》；2008年，他撰写了《关于加快广东冬种马铃薯产业发展的建议》。这两项建议均得到政府相关部门的高度重视，被采纳为政策措施。

　　2002年以来，胡成来的惠东县九华农贸有限公司每年承担国家、省、市、县科研和示范项目3项，累计应用面积超过12万亩，新增经济效益1亿多元，直接带动1万多农户发展马铃薯等农产品基地超过4.5万亩，农户户年均收入1万元，产品远销东南亚国家。公司承担了国家级和省级马铃薯农业标准化示范区各1万亩，国家绿色食品马铃薯生产基地和无公害马铃薯生产基地合计3万亩。公司重质量、抓品牌,"九华"牌马铃薯相继被评为"国家无公害农产品""广东省名牌产品""广东省著名商标""国家绿色食品认证"。为了当地种薯供应,在内蒙古成立达茂旗九华现代农业有限公司,年生产组培苗2 000万株,一级原种1 500万千克,二级原种3亿千克。

在多年来带动农户发展马铃薯生产的实践中,胡成来深深认识到资金、技术和产品销售是制约马铃薯产业发展的瓶颈。公司在实践中积极探索带动农户特别是贫困户发展马铃薯生产的新路子。2004年4月,公司组建了以"公司+经营网+农户"为组织形式的九华农贸农民合作经营网。目前,公司共建立合作经营网点44个,带动50多个村庄1万多户农户,形成资源共享、利益联结紧密以及产、供、销合作一体化的联合体。公司对经营网点坚持"五个输出",即输出九华种薯、九华农资、九华农机、九华技术和九华品牌;实行"五个统一",即统一规划、统一品种、统一管理、统一品牌、统一收购。同时,经营网点负责人履行"三个义务",即义务示范带动、义务宣传推广、义务帮助农户发展生产。九华农贸农民合作经营网在带动贫困户发展马铃薯生产、增加收入、脱贫致富上发挥了很好的作用,深受农民群众的欢迎。

农村贫困户在发展马铃薯生产中,遇到的最大困难是缺乏生产资金。到银行贷款,因缺乏担保和抵押而无法进行。在各级政府和有关部门的大力支持协助下,

■2010年8月9日,原中央政治局常委、中纪委书记吴官正(右四)在自治区政府主席巴特尔(右二)及各级领导的陪同下到达茂旗九华公司调研指导

中国扶贫开发协会 | 改变贫困的力量

■国家财政部部长助理胡静林（左二）在内蒙古自治区及包头市各级领导陪同下到达茂旗九华公司调研

公司经过反复协商，争取了县农村合作信用社的大力支持，同意与公司联合建立贷款互保信用网，通过农户小额贷款担保的形式解决贫困户资金困难问题。贷款互保信用网既解决了贫困户种植马铃薯资金短缺的问题，又缓解了公司扩大再生产资金不足的困难，农村信用社的资金也"贷得出，用得上，收得回"，一举三得，得到了社会各界人士的一致好评和广大农民群众的热烈欢迎。2003年以来，通过贷款互保信用网，当地农村信用社为公司所联系带动的农户提供贷款累计超过 5 000 万元。在农村信用社贷款资金的大力支持下，当地马铃薯种植面积不断扩大，种植户收入也稳步提高。目前公司所在地惠东县铁涌镇冬种马铃薯连片规模超过 2 万亩，广东省惠东县已达到 12 万亩。如铁涌镇黄坑村网点，该村有农户 300 多户，人口 1 600 多人，2008 年冬由九华公司担保发放到该村小额贷款 200 多万元，发放种薯 130 多吨，2009 年春收马铃薯 1 000 亩左右，亩产达 2 500 多千克，实现总产值 450 多万元，农户户均收入 1 万多元。

公司在帮助农民实现脱贫致富过程中，制定了优惠措施帮助贫困户，确保贫困户实现增收。优惠措施主要是在产前、产中和产后实行"三优一定"。"三优"，即优惠供应优质种子、化肥、农药，优先无偿提供技术服务和免费培训，优先收购产品；"一定"，即确定最低保护价，在收购产品时按不低于最低保护价回收产品，确保贫困户稳赚不赔。这一优惠措施的实施，实实在在地增加了贫困户的收入，极大地调动了贫困户种植马铃薯的积极性。

作为扶贫龙头企业，公司不断拓宽扶贫工作思路和视野，在继续做好带动本地区贫困户种植马铃薯脱贫致富的同时，把目光投向了广东省外和本省其他贫困地区和周边地区，努力扩大扶贫带动覆盖面。目前，公司在省内外发展出口创汇型马铃薯基地5 000多亩，带动产值2 000多万元，带动1 500多户农户种植马铃薯，户均增收3 000多元；在广西和广东等地建立起马铃薯生产基地20多个，成为带动我国南方马铃薯冬种产业发展的龙头；公司通过在内蒙古阴山北麓建立种薯繁育基地8 000多亩，带动了当地1 000多家农户走上脱贫致富之路。

为提高农户特别是贫困户种植马铃薯的科技水平，推进马铃薯标准化生产，增加马铃薯种植效益，2004年，公司成立了九华农民培训中心和省级农业科技创新中心，聘请国内知名马铃薯专家进行授课和田间地头的现场指导，引导农民科学施肥、规范用药，做到从播种到收获的各个环节都实行标准化生产，有效提高了农民科学种植马铃薯的技术水平和马铃薯的质量，增强了马铃薯的市场竞争力，促进了农民增收。多年来，公司累计印发宣传栽培资料2万多份，年开展专题讲座及科技培训班多达10期（次），年培训技术人员50多人，年培训种植大户及农民2 000人次。

胡成来积极开展帮村富民活动，为新农村建设、农民脱贫致富作出了贡献。"村企共建"进驻溪美村后，胡成来的公司帮助解决村民饮水难的问题，建设灯光水泥篮球场，完善老人活动中心，整治村容村貌，铺设水泥公路，安装巷灯路灯，对景观古熔树设置了保护台，建设垃圾收集池，资助村民建设水泥楼房，捐资办学，为当地兴修水利、建设网站和赈灾等。多年来，胡成来努力投身建设社会主义新农村，累计无偿资助资金50多万元，受到了社会和群众的好评。

■广东省农业厅副厅长蔡汉雄（右）到内蒙古达茂旗九华现代有限公司考察

■广东省农业厅厅长谢悦新（左）在九华公司调研冬种马铃薯产业情况

■惠州市市委书记黄业斌视察冬种生产情况

人物档案

姓名/熊维政
性别/男　**出生年月**/1956年8月
籍贯/河南省新县　**职务**/河南羚锐制药股份有限公司董事长
主要事迹/作为国家扶贫龙头企业的羚锐制药公司累计捐赠款物2 000多万元，熊维政个人捐款达50多万元
荣誉/全国劳动模范、享受国务院政府特殊津贴专家、全国质量管理工作先进工作者、中国医药十大杰出企业家、河南省医药科技先进工作者、河南省十大科技扶贫功臣、河南最具影响力的100位企业家

熊维政　中国医药杰出企业家

熊维政，现任河南羚锐制药股份有限公司董事长、党委书记。在他的领导下，羚锐制药有限公司由大别山深山区作坊式的小厂发展壮大成为拥有资产10亿元的国家火炬计划重点高新技术企业。熊维政先后荣获"全国劳动模范""享受国务院特殊津贴专家""中国医药十大杰出企业家""河南省医药科技先进工作者""河南省十大科技扶贫功臣"等荣誉称号。

1991年2月，熊维政到河南省信阳市羚羊山制药厂担任厂长。走马上任后，面临着企业产品品种少，设备陈旧，资金有限，人员素质参差不齐等诸多问题，就连厂房也是租借来的民兵训练基地，熊维政带领大家实施了一系列大刀阔斧的改革。1992年6月，在他的主持下，河南信阳市羚羊山制药厂与香港锐星企业成功合资，携手组建了一个崭新的现代化企业，这就是后来的河南羚锐制药有限公司。一个大展宏图的时机似乎已经到来，而令人始料未及的是，1993年6月2日，国务院为保护野生动物资源，全面禁止生产使用虎骨类药品。而虎骨麝香止痛膏当时正是羚锐的主导产品，占公司销售总额的85%，效益的97%。公司刚刚起步，这个禁令可以算是晴天霹雳，刚刚签订的供销合同被废止，购进的原料被封存，一些药店客户也借机拒付货款……巨大的压力并没有让熊维政倒下,羚锐也经受住了巨大的考验。一次偶然的机会,他获知郑州有位吕大夫,有一个治疗骨质增生的祖传膏药秘方。对秘方经过一系列的调研和专家论证后,他集公司全力,毅然投入巨资,开发出新药"骨质增生一贴灵",产品一经投放市场便受到广大消费者的一致好评,并取得了骄人的成绩。从此以后,羚锐膏药迅速名扬大江南北,成为人们的常备良药。"羚锐"商标被国家工商行政管理总局认定为中国驰名商标,成为国内橡胶膏剂药业中首个驰名商标。

艰苦奋斗十数载,熊维政带领羚锐团队从大别山革命老区一路走来,将一个靠扶贫贷款起家的深山区作坊式小厂发展壮大成为资产10亿元、年创利税逾亿元的国家火炬计划重点高新技术企业,走出了一条山区、贫困地区特别是老区兴办企业的新路子,成为我国改革开放30年和扶贫攻坚工程伟大成果的一个缩影。

近年来,在熊维政的领导下,羚锐制药及其相关企业通过自身发展,累计上缴税金5亿多元,转化为财政收入的部分占当地财政总量的1/3以上,有力地促进了老区的经济社会发展,对地方经济建设起到了强有力的支撑作用。羚锐公司的快速发展改变了老区新县的社会面貌,也给老区人民脱贫致富和社会主义新农

■2004年3月,十届人大二次会议上全国人大常委会委员长吴邦国(右二)接见熊维政

■2009年4月,中共中央政治局常委、全国政协主席贾庆林(左一)莅临羚锐公司调研,聆听熊维政作情况汇报

村建设带来了难得的机遇。在企业的经营战略中,公司立足于大别山的自然资源进行产品开发和产业结构调整,通过农、工、贸产业链条,带动当地银杏、山楂、丹参、颠茄草等中药材的 GAP(良好农业规范 Good Agricultural Practices 的简称)示范种植,大力发展 GAP 种植基地,催生了药材产业经济、生态经济,增加了老区农民的收入。据不完全统计,公司每年仅药材一项可为药农增加上千万元收入。同时,羚锐的迅速崛起也带动了当地城建、房地产、邮政、电信、旅游、餐饮等相关行业的发展。公司直接安置下岗职工、农民工等富余劳动力两千余人,很多家庭实现了"一人进厂,全家脱贫",帮带上万人的社会富余劳动力实现就业转移,激活了当地经济发展一盘棋。

饮水思源,羚锐公司发展壮大后以回报社会、回报老区人民为己任,积极参加社会各种公益活动。在熊维政的带领下,公司通过抗险救灾、修桥铺路、援建希望工程、捐资助学、扶贫助残等活动,累计捐资赠物 2 000 多万元,熊维政个人通过参与扶贫帮困、希望工程、春蕾计划、筹建河南省羚锐老区扶贫帮困基金会等方式捐资 50 多万元,体现了企业和公民的良好责任风范。1999 年和 2005 年,公司两度荣获"全国精神文明建设工作先进单位"称号;2006 年,公司入选"中国企业社会责任调查 50 家优秀企业";2008 年 8 月 11 日,羚锐制药被国务院扶贫办授予"国家扶贫龙头企业"的荣誉称号。

羚锐公司自始至终将社会责任融入企业发展过程中。1998 年特大洪水灾害爆发时,公司捐赠价值达 110 余万元的治疗感冒、胃病、风湿及防暑解毒类药品救援湖北省重灾区黄冈地区。2003 年 5 月,时值"非典"爆发之时,公司先后向新县及信阳市捐资赠药近 40 万元。

羚锐公司一直热心扶助教育事业的发展。2001年9月9日，羚锐公司及员工捐助110余万元在新县周河乡建成羚锐希望小学，让许多孩子圆了上学的梦。2007年6月，羚锐公司又捐资30万元支持四川甘洛地区建设甘洛羚锐希望小学。

2009年4月19日，中共中央政治局常委、全国政协主席贾庆林亲临大别山革命老区信阳市新县视察，深入羚锐公司调研了解金融危机冲击下的老区制药企业的发展情况，对羚锐公司在革命老区由小到大，从一个扶贫企业起家，发展壮大之后不忘回馈社会的做法给予了充分肯定；对羚锐公司在金融危机的冲击下，依然坚持使用密集劳动型生产线作业，并向社会承诺不裁一名员工的做法给予了高度赞扬。

2003年，以高票当选为第十届全国人大代表之后，熊维政连年在全国人民代表大会上为山区、老区的发展呼吁，让中央优惠政策向山区、老区倾斜。为了掌握更多老区的情况，多年来，熊维政抽出时间，专程到革命老区，实地考察当地经济社会发展的情况，掌握了详实的第一手材料，写成了一份份调研报告。他先后向全国人民代表大会提交了"加大扶持力度，增强革命老区的造血功能""适用西部大开发等优惠政策扶持革命老区加快发展""实施政策倾斜，扶持革命老区和国家级贫困县更好地发展农村经济"等一系列利于老区发展的建议。

巍巍大别山铸造了他大山般宽厚的胸怀，红色的土地孕育了他无私奉献的性格。"做人，最重要的是要有责任感"，这是熊维政在不同场合反复强调的话语。正是这种责任感，使得他把社会责任融入企业的成长过程中，同样也使得他无论是作为一个企业家还是作为全国人民的代表，都能在社会民生的和谐发展中发挥着自己的光和热！

■ 中共中央政治局常委、国务院副总理李克强（右一）亲切接见熊维政

中国扶贫开发协会 | 改变贫困的力量

人物档案

姓名/燕金凤
性别/女 出生年月/1967年4月
籍贯/河南省鲁山县
职务/河南省金凤仿真植物花卉有限公司董事长
主要事迹/催生绢花加工销售基地，带动全县20多个乡镇2万多农户5万多人从事绢花加工销售，脱贫致富
荣誉/全国"三八"红旗手、全国农村青年致富带头人、全国优秀农民、河南省十大杰出青年农民

燕金凤 催生全国第三大绢花基地

　　燕金凤年轻时即走出大山外出创业，从一个山区贫困农民变成一个省会城市市民。燕金凤致富后，本可以安心享受生活，但她心里惦记着自己的乡亲们。她毅然变卖百万元资产，回乡二次创业。

　　1997年春天，燕金凤召回了在哈尔滨做生意的弟弟，迈开了办厂的第一步，开办了金凤丝花厂，依然做她熟悉的绢花产品。燕金凤深知，一定要按照市场规律经营，才能使自己的企业办好。为此，燕金凤五上北京、四下广州、七走义乌，对绢花市场进行深入的调研和分析，并认真学习同行办厂的管理经验。厂子顺利建起来了，并投入了生产。但一年下来，经过核算，不但没有挣到钱，还赔了数万元。燕金凤总结经验教训，查找失败原因，派人到外地学习生产技术，聘请外地技术人员到企业任职，一个个难题解决了，产品质量过关了，可接着产品的销售又成了大问题。面对生产出来的滞销产品，燕金凤苦苦思索，最终找到了问题症结：自己的企业小，远在偏僻山区，名声太小，不可能指望客商前来购货。为了打开产品销路，同时带动乡亲致富，燕金凤制定出了公司＋农户的生产销售模式，企业生产半成品，农户在家为企业加工成品赚取加工费，并召集众多乡亲，培训大批人员分赴全国各地卖花。为解决贫困乡亲资金困难的问题，扶持更多贫困户通过绢花销售脱贫致富，金凤花卉公司对外出卖花人员采取先赊销卖后再付款的办法，使参与卖花的人越来越多，不但安置了大量的农村剩余劳动力，而且让乡亲们获取了良好的经济效益。燕金凤再次成功了。

几年来，金凤企业的规模越来越大。目前，企业资产已达 1 300 多万元，一举成为鲁山效益最好的龙头企业之一。同时，燕金凤始终没有忘记她办企业的初衷。在她的号召下，昔日外出卖花的姑娘也纷纷回来办厂，她不仅向其传授技术，而且还传授管理经验。在燕金凤的带动下，她的家乡赵村乡，几年间同类企业发展到二十几家，并带动全县 20 个乡镇发展绢花产业。绢花加工聚集区中汤村商家云集，车水马龙，已成为全国最大的绢花加工销售集散地之一，甚至招来了俄罗斯、韩国、波兰等许多国家的客商前来洽谈业务，签订产销合同。

据不完全统计，截至目前，鲁山县以金凤仿真植物花卉公司为代表的 25 家绢花企业，总资产 6 000 万元以上，年产值 6 500 万元以上，创造固定就业岗位 1 000 多个，10 年间带动全县 7.5 万人摆脱贫困并逐步走上致富路。仅燕金凤企业所在的赵村乡绢花销售一项，农民年增收 6 000 多万元，户均收入 9 000 元以上，社会经济效益十分可观。赵村乡朱家坟村全村 312 户 1 180 人，常年从事绢花加工销售农户 230 多户，年销售绢花收入 1 100 多万元，户均纯收入 4.8 万元以上。

燕金凤的感人事迹，受到了社会各界的高度好评，她先后荣获全国"三八"红旗手、全国农村青年致富带头人、全国优秀农民、河南省十大杰出青年农民等殊荣。成绩和荣誉是对过去的肯定，美好的未来等待她去开创。燕金凤决心以建设新农村为目标为家乡的扶贫开发做出更大的贡献。

■燕金凤在办公室

中国扶贫开发协会 | 改变贫困的力量

人物档案

姓名/马福财
性别/男 **出生年份**/1961年
籍贯/甘肃省临夏回族自治州
职务/甘肃赛拓矿业开发有限公司董事长
主要事迹/从创业之初到赛拓公司成立，连续20余年，累计拿出360多万元，用于扶贫开发事业；为下岗职工和农民工创造就业岗位1 000多个
荣誉/东乡族自治县民族团结先进个人、首届甘肃省十大杰出残疾人、临夏州先进社会公益人士、全省返乡创业带头人、甘肃省第三次各族青年团结进步模范个人

马福财 一片深情献东乡

　　马福财，现任甘肃赛拓矿业开发有限公司董事长。他来自贫困山区，身残志坚，经过20余年的艰苦创业，创立了拥有固定资产近亿元的甘肃赛拓矿业开发有限公司。从创业之初到赛拓公司成立，连续10余年，马福财累计拿出310多万元，致力于扶贫开发，回报社会。企业中用于安置下岗职工和农民工的就业岗位累计达1 000多个。

　　儿时的马福财家境十分困难，无论严寒的三九还是炎热的酷暑，他每天早起背上母亲塞在书包里的煮土豆，翻两座山，去3千米外的小学上学。午饭，就是那冻成冰疙瘩的煮土豆，有时连这都吃不上。那时的生产队，一个工仅5分钱，他连书费都交不起。更为不幸的是，11岁那年，他放羊时不慎滚下了坡崖，致使肋骨骨折，无钱医治，造成了终身残疾。1983年，马福财带着家里借来的400元钱，到兰州以烤大饼为生。一年半后，他改行收羊皮，每天早晨4点出门，走村串户地吆喝。回来时，往往是晚上十一二点。大半个陇原，几乎都留下了他收羊皮的足迹。1986年，他和乡亲们去甘新交界处开金矿，开始由于他身体有残疾，不能下矿井，只能给老板守帐篷。后来，马福财与本县其他两人合股组队开矿，餐风宿露，艰苦创业，刚开始每年能有二三十万元的纯收入，到1994年，赢利达150万元。对马福财和他的创业兄弟来说，10年多的野外矿山生涯无疑是十分艰辛的，但付出总有回报，这辛苦赚来的第一桶金无疑为马福财以后兴办企业积累了一笔可观的资本。

然而，第一桶金并没有让马福财感到小富即安的喜悦和满足，相反，这更激发了他将企业做大做强的欲望。因为他知道，只有在自己的企业具有一定的实力和资本之后，才能为社会创造更多的财富，也才能帮助更多需要帮助的人。于是，1988年，马福财在酒泉市肃北县开始搞矿业开发，之后又在兰州创办了全省最大的清真牛羊肉批发市场，1999年又创办了兰州市唯一的清真定点屠宰厂，建立了集牛羊养殖、收购、屠宰和牛羊肉加工、批发、运销、储藏为一体的民营畜牧业龙头企业——甘肃赛拓矿业公司。

目前，赛拓中心牛羊肉批发市场已成为功能齐全的经营场所，它集中甘、陕、宁、青4省（区）牛羊，牛羊肉供应省内外四面八方，营业额2.124亿元。马福财创办的兰州清真牛羊肉批发市场及定点屠宰厂已成为甘肃省畜牧业发展的重点企业，成功地撑起了畜牧产业的龙头，为农民脱贫致富开辟了广阔的道路，为发

■2009年9月9日，中共中央政治局常委、全国政协主席贾庆林和马福财在扶贫开发典型人物表彰大会上合影

■马福财在捐款现场　　■马福财鼓励地震灾区的孩子们好好学习　　■马福财和地震灾区的孩子们在一起

挥甘肃省牛羊肉资源优势，使甘肃牛羊肉稳步有效地向省内外市场扩展起到了重要作用。

由于年少时家境贫困，较早辍学，饱尝文化水平低的苦头，马福财下定决心一定要帮助家乡振兴教育，帮助家乡的孩子们读书学习。他小学时的母校始建于1954年，校舍简陋破损。看到这种情况，马福财决心出资为家乡修建一所条件较好的标准化学校。1999年5月，马福财给东乡县政府打报告提出申请建校，预期投资近100万元。中国日报社得知这一情况，当时捐资20万元，马福财个人拿出80万元，在各级领导的大力支持下，终于建成了一所条件较好的学校。在新学校开学的时候，马福财订做了350套校服，购买了350个书包送给新入学的孩子们。

2008年初，马福财在参加全省政协会议时，听说甘南州舟曲县立节乡北山小学的80多个孩子挤在几间茅草屋里上课，学校条件十分艰苦，马福财当即决定捐资18万元为北山建设一所全新的学校。2008年6月1日，学校顺利建成，命名为拓福小学。

目前，马福财在教育上的投资已累计达到200多万元，但他无怨无悔，并暗暗发誓：会在兴教助学的路上坚持走下去……

马福财从贫困中走来，赈济贫困一直是他乐于躬行的事。他始终不能忘记家乡那些还没有脱贫的乡亲们，不能忘记那些身有残疾、失去劳动能力的困难人群，只要有机会，他都会尽自己所能地全力帮助他们。

近年，东乡大旱，粮食连年减产。马福财连续3年每年购买精面粉分送给家乡的残疾人困难户和贫困户。马福财所在的大沿村饮水困难，他捐资购买水管，为全村家家户户统一购买水表、水龙头并组织安装，使全村父老乡亲用上了清洁的自来水。乡政府到大沿村5个社的道路坎坷不平，为修好这条乡村道路，他又出资购买排洪涵管、挖垫路基、拉沙铺路，解决了乡亲们的行路难问题。家乡其他公益事业，他几乎无不积极带头参与，近几年共计为公益事业捐款14.1万元。

2000年7月，马福财又投资117万元，在家乡兴办年产900万块红砖的砖瓦厂，全乡118户残困户和贫困户剩余劳动力的就业问题得到解决。

东乡县五家乡境内的南阳渠水流量较大，该乡110多名同学过河行路困难，而且存在一定安全隐患。为了彻底解决这个问题，2009年4月马福财牵头捐资10万元用于修桥铺路，并于2010年5月开工，为政府分了忧，为学龄儿童及800多户农民生产生活解决了困难。

除了兴办教育和扶持家乡发展，他还始终把残疾人、下岗职工以及农民工作为重点帮扶对象。赛拓牛羊肉批发市场的建立，为吸纳城市下岗职工和农村剩余劳动力就业作出了积极的贡献。

不仅如此，赛拓公司还投资180万元在平凉、临夏等地建立了牛羊肉养殖加工扶贫基地，重点扶持72家养殖大户，并与养殖大户形成了稳定的紧密型购销关系。

马福财在创办牛羊养殖加工扶贫基地以及开发矿业的过程中，始终把残疾贫困户和贫困家庭作为重点扶持对象。东乡县的特困户马国海经过扶持，2008年养羊收入达到1.5万元，全家仅养羊一项就人均增收3 000元。目前，赛拓公司在平凉、临夏扶持的残疾人养殖户达150多户，靠养牛羊增加了收入，摆脱了贫困。

回顾往昔，马福财深深地懂得，有了改革开放的好政策，有了团结稳定的生活，才有了他今天的成就。党和人民给了他众多的荣誉，他定会倍加珍惜，在今后的前进道路上，他会一如既往地将兴教助学、扶贫济困的事业进行下去！

■马福财在"六一"儿童节资助少数民族女学生

■马福财向小学毕业生赠送纪念品

改变贫困的力量

人物档案

姓名/李海燕
性别/女　**出生年月**/1961年10月
籍贯/河南省太康县
职务/周口科技职业学院院长
主要事迹/已累计培训学员11万余人，为农村剩余劳动力转移作出突出贡献
荣誉/河南省"五一"劳动奖章、全国"五一"劳动奖章、河南省十大女杰、全国"三八"红旗手、全国先进工作者、河南省教育专家、职业教育学术技术带头人、河南省教育新闻人物

李海燕　周口科技职业学院院长

办学20多年来，李海燕带领学校教职员工运用科学发展观，坚持"围绕市场、服务社会、以人为本"的办学理念，采取"长短结合、校企联合、订单教育、因人施教、适时就业"的办学模式，已累计培训学员超过11万人。这些人每年劳务收入可达10亿余元，为河南农村剩余劳动力的有序转移和周口地方经济的发展及新农村建设作出了突出的贡献。

1981年，李海燕与爱人双双辞去服装厂技术员的工作，创办了周口市第一家民营职业技术培训学校——周口海燕技校。当时的办学条件非常艰难，首批才收20多名学员，每人18元学费，还得印资料。为了节省开支，她既当教师又当采购员，白天黑夜连轴转，一分钱掰成两半花。去郑州买书总是当天返回，省下住宿费；下车后，手提肩扛徒步回家，连三轮车也舍不得坐。肩压肿了，脚磨出血了，她总是涂点药膏后继续工作。学校晋升为中专和大专后，为了征地建房，她更是吃尽了苦头，忙得很少有时间按时吃饭，总是随意买些快餐边吃边工作，不分白天黑夜，以至于血压高了又低，低了又高。就这样，20多年过去了，学校已从过去私塾式的专业班，发展成为占地600多亩、建筑面积10余万平方米、教职工300

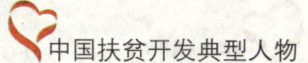

多人、常年在校生 8 000 多人，集高、中等学历教育和短期培训为一体，开设机械加工、信息工程 20 多个系别和专业的国家统招普通高职院校。

李海燕的这种办学模式使短期培训和三年制大中专学历相结合，教育与就业相结合，学历教育与职业教育相结合，应试教育和素质教育相结合，走出了一条"以服务三农为导向，以安置毕业生就业为动力，以职业技术培训为重点，以使广大农村剩余劳动力脱贫为目标"的民办职教新路。

在新形势下李海燕提高认识，加强领导，把扶贫培训工做当作学校的头等大事来抓。学校成立了"扶贫培训工作领导小组"，其本人担任组长，招生、培训与就业安置各办公室主任为成员，全力配合，不但分工明确，而且细化了职责，并围绕扶贫学员就业所需的技能，科学设置培训课程，精心编制培训方案，强化培训管理。同时还充分利用在校学生、新闻媒体以及宣传栏、黑板报等，在广大学生和家长中认真宣传党和国家的优惠政策。她因人施教，开拓创新，深化扶贫培训改革。根据学员学历层次高低不一，年龄大小不同等特点，她实施因人施教。对一些家庭贫困的学员，学校不但为其减免学费，而且还从生活上给予补贴，并根据他们因家境贫穷而思想消沉这一特点，向其传授技术之前，先选派有经验的老师疏通他们的思想，让他们鼓起生活的勇气和学习的信心。

■李海燕陪同河南省省委书记卢展工（右二）在周口科技职业学院视察工作

中国扶贫开发协会 | 改变贫困的力量

■李海燕生活照

　　周口市沈丘县莲池乡邹营村的邹秋莲，从小父丧母嫁，跟随年近八旬的奶奶生活。小学尚未毕业，邹秋莲就因交不起学费辍学下田了，长到14岁，还没穿过一件新衣服！一天，祖孙俩听到国家的扶贫政策和周口科技职业学院是国家的扶贫培训基地，来校学习可以享受国家的扶贫补贴后，老奶奶立即到校讲述了家中的情况。最后，她流着泪带着乞求的口吻问："我不愿孙女受一辈子苦，想趁我还顾得住自己，让她来这儿学个手艺好挣钱，不知行不行？"听了老奶奶的一番话，李校长心都酸了，眼泪不只饱含在眼里，更流在了心里，她不但按照扶贫政策免去邹秋莲的全部学费，每月还发给她一定的生活补贴。无论工作多忙，李校长都抽空到宿舍看望这位苦命的孩子，及时解决其生活和学习中的困难。她要求老师多次多方面开导，还手把手地教她技术。为此，邹秋莲感动得哭了多次，她说："我一定要学好本领，决不辜负校长和老师对我的期望。"毕业进厂时，李校长还给了她300元生活费。现在邹秋莲在东莞联业服装厂工作，月薪2 900元，他们祖孙的生活明显地改善了。邹秋莲的亲人逢人就说："共产党是我的救命恩人，李海燕校长是在世的活菩萨。"

　　短期机电专业班的李怀杰，是郸城县汲冢镇人。他两岁丧父，兄弟4人靠母亲拾破烂维持生计，母亲又身患气管炎、肩周炎，家里根本没有钱供他学习。他听到周口科技职业学院是扶贫培训基地后，立即卖了家里唯一值钱的一头猪，带着540元学费到校报名，李海燕校长得知其家境后当即为他免去学费。后来，李怀杰母亲病情加重，无钱医治，李怀杰连生活也无法维持，一度悲观失望，产生厌烦情绪。当老师把这个情况向学校反映后，李校长立即决定每月为李怀杰补贴生活费150元。同时，还和学校党员带头为李怀杰捐款2 300多元，学生又自发为他捐款1 200余元，帮助他渡过了生活难关，完成了学业。现在该生已被安排

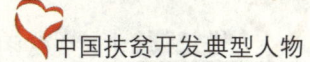

到深圳富士康工作，月工资2 800余元。他在给学校的一封来信中说："感谢党的好政策，感谢李海燕校长对我的关心照顾，感谢学校给了我第二次人生。"像这样的例子举不胜举。

李海燕实行订单培养，跟踪服务，做好扶贫学生的就业安置工作。李海燕经常组织专人到北京、上海、广州、深圳等地考察人才市场，建立市场用工需求信息库，利用各种手段广泛搜集市场用工信息，拓宽就业渠道，现已和全国80多家知名企业建立了合作关系，实施订单培训，从而解除学校毕业生的后顾之忧。

郸城县汲水乡的张宜明同学，毕业后被学校推荐到本地的一家服装公司上班。结果，他很快被提拔为组长、指导工、生产主管，工资也随之实现了"三级跳"。而他仍不满足，在学校的帮助下独立开了个服装店，接着，又创办了"美丽服装设计室"，生意很是红火。现在，他已成家生子，买了住宅楼，将父母也接到城里，不仅自己过上了名副其实的小康生活，还从老家招来20多名雇员，让他们同样走出了一亩三分地，做了进城的打工创业者。

由于办学成绩突出，李海燕曾受到国家主席胡锦涛的亲切接见，并于2001年4月获"全国五一劳动奖章"，她创办的学校也被评为"国家重点示范性学校""全国扶残助残先进集体""全国农村青年转移就业先进单位"。中央电视台、《人民日报》、《光明日报》等媒体多次对李海燕的办学经验和先进事迹进行了专题报道。

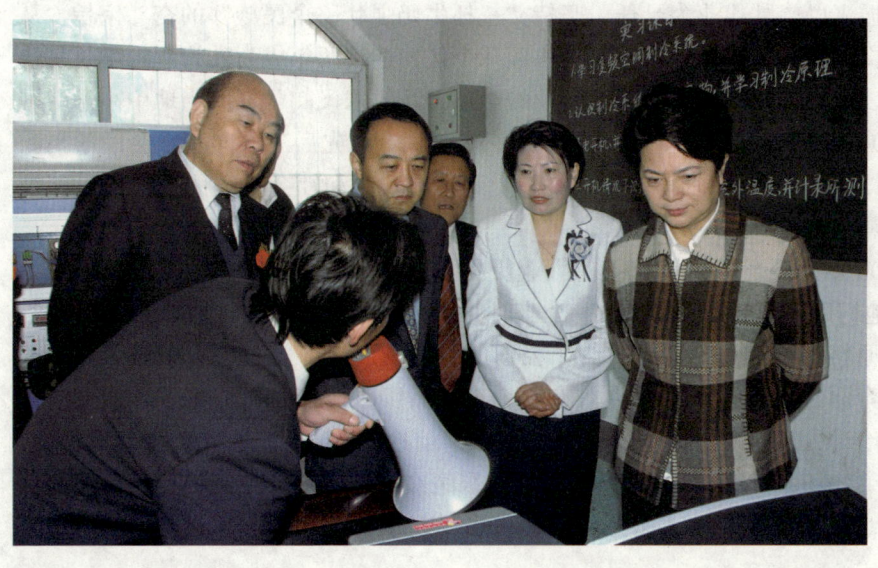

■海燕职专晋升为周口科技职业学院，河南省人大常委会副主任李柏栓（二排左一）在周口市委书记毛超峰（二排左二）陪同下视察该校

改变贫困的力量

人物档案

姓名/冷友斌
性别/男 出生年月/1969年2月
籍贯/黑龙江
职务/黑龙江飞鹤乳业有限公司董事长
主要事迹/飞鹤乳业已资助中小学贫困生1500多名，发放资助金近100万元。冷友斌个人先后三次向基金会助学捐款合计80万元
荣誉/黑龙江省十佳关爱标兵

冷友斌 黑龙江省捐资助教标兵

冷友斌，黑龙江飞鹤乳业有限公司董事长兼总经理。在过去的几年里，飞鹤乳业以振兴民族乳粉业为己任，坚持"一杯牛奶强壮一个民族"的奋斗宗旨。从身无分文到拥有8家子公司，年销售额几个亿，连续两年成为乳粉业内增长最快的企业，飞鹤乳业的发展创造了乳业的奇迹。几年来飞鹤已资助当地中小学贫困生1500多名，发放资助金近100万元。冷友斌个人先后三次向基金会助学捐款合计80万元。冷友斌教育扶贫义举，受到当地政府和社会一致称赞，2008年被评为"黑龙江省十佳关爱标兵。"

2000年，冷友斌为重组飞鹤乳业历尽了艰辛。他和100多位老员工们亲如兄弟，他们砸锅卖铁，却得到了一个当时并不太出名的"飞鹤"品牌，机器设备、厂房、原料基地等一无所有。为了公司的继续发展，冷友斌坐着破破烂烂的长途车东奔西走，发现在小县克东有一个小乳品厂，他打算在那里重整旗鼓。搬家前，他对员工们说："此一行，从头开始，前途未卜，你们想走，我送安家费，咱们兄弟一场，不能亏了大家。"大家都眼睛红红地表示，他到哪儿他们跟他到哪儿。结果没有一个员工愿意离开他，当年起家的100多人都跟着他从城市来

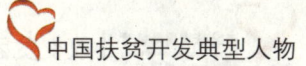

到了这个偏远贫困的地方。这全是冷友斌品德的感召,大家信任他,知道他是一个再难只能难自己,不亏待朋友的人。

所有的付出都得到了应有的回报,经过近3个月的改造,原本破烂不堪、濒临倒闭的工厂,变成了一个花园式的现代化企业,车间机械设备改造全部完毕,加工能力从改造前的日处理鲜奶40吨,提高到改造后的日处理鲜奶100吨,当年飞鹤就在克东县上缴税金220万元。

由于公司的快速发展,资金不足成为制约企业发展的瓶颈。2001年11月,飞鹤乳业拟在美国上市,进一步扩大企业的知名度和影响力。历经两年零一个月,飞鹤的上市工作完成,并于2003年5月6日在美国OTCBB(美国场外柜台交易系统)市场挂牌上市,成为中国乳品粉第一家在境外上市的企业。飞鹤乳业先后引进资金近千万美元,为企业的快速发展提供了巨大的资金支持。冷友斌从身无分文到拥有8家子公司,年销售额几个亿,仅用了3年时间,而且飞鹤乳业连续两年成为乳粉业内增长最快的企业。一个小公司,100多条汉子,创造了乳业发展的奇迹。

冷友斌为人乐善好施,有求必应。飞鹤乳业各生产基地多数分布在欠发达的地区,每年高考后都出现因家庭贫困上不起学的孩子,而他总是千方百计地自己出资或组织公司安排解决。在公司基地,有一名考入上海高校的学生,家贫如洗,在学生和家长为无钱入学、求借无门而忧愁之际,冷友斌自己出资2 000元为其缴纳学费,并安排公司为其家中购买奶牛,解除了这个孩子入学的后顾之忧。据统计,几年来冷友斌和他的企业为学生入学或治病等先后出资超过12万元。为了使贫困孩子能上学,读好书,冷友斌早在多年前就提议并设立了黑龙江省首家企业出资的助学基金会,个人先后三次向基金会助学捐款合计80万元。冷友斌教育扶贫义举卓卓,受到当地政府和社会的一致称赞。

■2009年,克东县一中飞鹤乳业助学会议

人物档案

姓名/张红梅
性别/女 出生年月/1967年12月
籍贯/江苏省盱眙县
职务/江苏省盱眙县楚东职业技术学校校长、江苏省扶贫开发协会理事、江苏省农村劳务输出协会理事
主要事迹/办学7年来，帮助8 000多名农村青年就业致富，创造经济效益9 000多万元
荣誉/全国"三八"红旗手、全国服务农村青年转移就业先进个人、全国农村青年创业致富带头人、全国消除贫困奖、江苏省扶贫明星等48个奖项

张红梅 农村青年创业致富带头人

张红梅，现任盱眙县楚东职业技术学校校长。自2002年办学以来，始终坚持为老区农民服务，帮助8 000多名农村青年就业致富，创造经济效益9 000多万元。其事迹在中央电视台、《人民日报》、《新华日报》、《农民日报》等媒体都作过专题报道。

张红梅1991年大学毕业后，先后在上海、南京等地外企工作。1995年，因业绩突出，成为南京宏源外贸公司副总经理。她从无偿帮助250多名农村青年外出务工的经历中悟出，社会对劳动力素质要求越来越高，实用的职业培训将会成为增强劳务竞争力的关键。于是她放弃在外的高薪职位，于2002年返乡创办了苏北首家扶贫性农民职业技术学校——盱眙县楚东职业技术学校。

办学初期，她就创造性地推出两大举措：一是诚信三包。一包学员学习技术，二包安置就业，三包工资待遇，且跟踪服务一年，目的是保证农村青年出得去、留得住、赚到钱。二是职教扶贫。为使家庭贫困的青年都有机会受到职业教育，对低保户子女、贫困学员制定了相应的扶贫优惠标准，保证贫困学员都能上得起学、学得会技术。对孤儿和特困户子女学费全免，对家庭困难的实施减、缓、免的办法,烈士子女减免80%,残疾人子女减免50%。办学之后,她每年都推出扶贫新招数。

2003年,当地遭遇特大洪灾。她在新建校区进水、建材上涨、自己资金严重短缺的情况下,毅然为灾区贫困生减免各项费用总计10余万元。

2004年,学校被确立为"江苏省扶贫工作队致富技能培训基地""淮安市贫困户子女致富技能培训基地",当年职教扶贫减免灾区贫困生各项费用总计9.8万元,培训人数突破千人,为当地农民增加收入4 000万元以上。

2005年,学校采取厂、校挂钩机制,开设扶贫创业中专班,由学校与家长及本人签订协议,先读书,就业后返还学费。

2006年,开设"春蕾"职业技术中专班,使经济薄弱村女性中考落榜生受助后终身受益。

当她了解到30岁以上的农村富余劳动力既不想离家到校培训,又想学技能,在本乡工业集中区就地就业的现状,于2007、2008年创新教学模式,把教室课堂及实习设备搬到经济薄弱村,让农民不花路费和生活费接受培训。今年她又聘请农业专家,开设高效农业培训专业,在国际金融危机的形势下,让部分农民工返乡创业有门路。

盱眙县观音寺镇桥北村的王丽同学自幼丧母,父亲又遭车祸,2003年进校学习,学校为其共减免生活费、学费近3 000元,后就业于苏州罗技电脑公司,吃住全免,享受五大保险,月薪1500～2000元。用王丽自己的话说,"校长,您的每一句话都给了我创业的动力,我要像您一样,打工致富,回乡创业"。

张红梅倾心教育扶贫事业,实施农村劳动力转移就业,为加快社会主义新农村建设作出了积极贡献。

■张红梅在"雨露计划"成果展览会上(一)

■张红梅在"雨露计划"成果展览会上(二)

■张红梅在学校活动现场

中国扶贫开发协会 | 改变贫困的力量

人物档案

姓名/姜国峰
性别/男　出生年月/1965年8月
籍贯/山东省聊城市
职务/聊城市机电工程技术学校校长
主要事迹/致力于扶贫开发培训，在农村贫困地区富余劳动力技能培训与就业安置任务方面作出杰出贡献
荣誉/山东省优秀共产党员、优秀青年知识分子、农机科技教育工作先进个人

姜国峰　职业教育雨露洒全国

　　姜国峰，聊城市机电工程技术学校校长。1986年7月毕业后，他被分配到该单位至今。他任职10年来，学校相继被确定为全国"雨露计划"示范基地、国家重点技工学校、山东省扶贫开发培训基地、山东省技能扶贫计划招生学校。他本人先后被评为山东省优秀共产党员、优秀青年知识分子、农机科技教育工作先进个人。

　　姜国峰是在职业教育舞台上从一名普通教师一步步成长起来的一名优秀党员。作为学校的负责人，他时刻以一名优秀共产党员的标准严格要求自己，不断加强自身的思想政治素质和党性修养，踏实工作，在学校上下赢得了较高的威信，带领学校取得了骄人的成绩。

　　在办学思路上，姜国峰以其独特的办学思路与理念，高屋建瓴，总揽全局，能紧扣时代的脉搏，有驾驭市场的能力。姜国峰在办学方面有自己独到的见解：以市场需求为导向，把专业全部办成现代制造业急需的热门专业。开设最早的数控机床加工专业，是学校的拳头品牌。2003年底，该专业被省劳动和社会保障厅评为首批"山东省技工学校重点名牌专业"。2008年10月，该专业又被评为"山东省技工院校百强专业"。

姜国峰认为:"学校的发展必须与社会紧密联系在一起,服务社会、奉献社会。上为政府分忧,下为百姓解难。只有社会发展了,学校才能得到更大的发展。"2004年,学校被山东省扶贫办确定为省扶贫开发培训基地,并正式开始承接农村贫困地区富余劳动力技能培训与就业安置任务。5年来,学校共培训贫困农民5 952人,他们均取得了职业资格证书,走向了工作岗位,实现了"培训一人,输出一人,脱贫一户,带动一方"的目标。其中,2008年,学校共培训农民2 123人,其中培训机电工、制冷工、电气焊工392人,培训电子工、纺织工845人,培训农村实用技术人才600人,学校培训手工制作工32人,在校中级技工254人。

2007年被国务院扶贫办确定为全国"雨露计划"示范基地后,学校的培训形式更加多样,培训规模进一步扩大,教学质量和就业安置质量逐步提高,有力地促进了当地产业结构的调整,让更多的农村剩余劳动力从农业转移到二、三产业中去,加快了当地经济从输血型向造血型的转变,较好地实现了农业增效、农民增收的目标。与此同时,他积极响应党中央、国务院关于大力发展职业教育、支援西部大开发的号召,借助全国"雨露计划"示范基地这一平台,积极参与西部贫困地区的人才技能培训,促进了双方的共同发展。

■2009年9月9日,全国政协主席贾庆林(左)在中国扶贫开发典型人物表彰大会上亲切接见姜国峰

2007年3月14日上午,刚刚上班的姜国峰在互联网上看到山东、宁夏两省(区)职业学校联合办学洽谈会在济南召开的消息。消息说,两省(区)教育厅厅长已签订协议,计划联合办学,为西部地区培训1万名学生。姜国峰马上意识到,这是一个千载难逢的发展机遇。他马上通过市教育局有关负责人与省教育厅进行联系,得知宁夏考察团正在青岛访问,当天下午5点就要乘飞机返回宁夏。时间非常紧迫。9点半得到这个消息,经过紧张的准备,10点钟姜国峰就驾车驶上了通往青岛的高速公路。他与司机轮番开车,中午顾不上吃饭,就在服务区买几个烧饼充饥。下午3点,当他们马不停蹄地赶到青岛府新大厦时,宁夏考察团刚好走出宾馆大厅。姜国峰说明来意,对方非常高兴,马上请他到宁夏代表团乘坐的车上讲了学校的基本情况。姜国峰发放了宣传材料,留下了自己的联系电话,并申明了合作办学的意愿。宁夏同行对他这种高度的敏感、高效率的行动感到由衷的钦佩。山东省教育厅职成处的领导同志对这种做法更是非常赞赏,拉着姜国峰的手高兴地说:"如果全省职业学校的校长都能像你这样做,我们的职业技术教育腾飞有日。"下午4点,姜国峰来不及休息,便驶上了归途,因为第二天他要准时参加在济南召开的全省扶贫开发培训工作会,他要在会上发言。

功夫不负有心人。目前,学校已与甘肃、宁夏、山西、云南、辽宁、江苏等省的17家职业学校建立了紧密的联合办学关系,2 200名西部地区学生将在两地进行"1+1""1+2"等方式的学习,毕业后由学校安排到沿海地区就业。

姜国峰热爱教育、关心公益事业,多次资助农村贫困学生及失学、辍学儿童。在国家出现灾害和困难的时刻,姜国峰都能慷慨解囊,伸出双手,为国分忧,为民解难。2008年四川汶川大地震发生后,他率先组织全校师生捐款10 847.4元,

■2009年9月9日,姜国峰在全国政协礼堂参加中国扶贫开发典型人物表彰大会

■2009年6月17日,姜国峰到实习车间指导扶贫新生安全操作

缴纳"特殊党费"10 500元，他本人一次缴纳"特殊党费"2 000元；10月25日他又组织全校师生向地震灾区援赠102床棉被。同时他还多次向四川省劳动厅、四川省教育厅递交申请，愿意免费援助地震灾区学生完成后续学业，并负责安置他们就业。为此，四川省教育厅、四川省阿坝藏族羌族自治州教育局分别发来感谢信。

在工作过程中，姜国峰始终坚持干练果断、雷厉风行的工作作风，奉行廉洁自率、恪尽职守的工作态度，严于律己，宽以待人，时时以一个优秀共产党员的标准要求自己，处处起到率先垂范的作用。在重大建设项目上，实行公开招标、预（决）算审计。在努力搞好行政管理工作的同时，他始终坚守在教学一线，年平均课时在400学时以上。在省级以上报刊发表论文二十余篇，出版教材5部，并多次获得论文一等奖。

姜国峰时刻以一名优秀共产党员的标准严格要求自己，工作作风严谨认真，识大体，顾大局，团结同志，用党性和人格凝聚人心。在他担任校长10年间，班子团结有朝气、有活力，职工队伍有战斗力。在工作中，他率先在全省技校系统提出了"服务承诺、客户第一"的办学理念，对学生实行服务承诺制度，公开服务承诺内容、工作流程，设立校长接待日，并向每位学生公布了自己的24小时电话。他以高度的责任感，全身心投入到学校的经营管理实践中，由于工作繁忙，他总是加班加点，办公室的灯经常亮到深夜。他以自己的实际行动在整个学校倡导和树立了忠诚敬业、爱岗奉献的风气，形成了全体员工上下一心、共谋发展的良好学校氛围，充分体现了一个优秀共产党员的精神风貌。

■2007年1月23日，姜国峰到山东省莘县大王寨乡为留守贫困农民培训果树管理知识

改变贫困的力量

人物档案

姓名/廖承军

性别/男 出生年份/1963年

籍贯/广西壮族自治区平果县

职务/广西百色职业学院党委副书记、院长

主要事迹/扎实有效地开展多种工种培训，完成农村劳动力转移短期培训7 810人，推荐转移就业6 148人。2006年以来，开办三年制学历扶贫班，招收学生1 100人

廖承军 百色职业学院院长

廖承军，现任广西百色职业学院党委副书记、院长。百色职业学院是一所全日制高等职业院校，下辖百色市民族工业中等专业学校、百色市机电工程学校两所中等职业技术学校。

院属百色市机电工程学校于2005年5月被国务院扶贫办确定为广西唯一一个农村劳动力转移培训示范基地，每年负责承担2 000人的贫困村劳动力转移就业培训任务。自2005年以来，在区、市扶贫办的具体指导下，学院把培训工作当做服务地方经济建设的切入点高度重视，成立了以学院院长廖承军为组长的培训工作领导小组，由职业技能培训中心具体负责农村劳动力转移培训工作。学院依托和充分发挥自身教育资源优势，精心组织，科学安排，扎实有效地开展培训工作。

学校多管齐下，点面结合，广泛宣传，抓好学员的招生工作。印制宣传资料，在农村集市日、歌圩日（壮族男女青年聚唱找对象的节日）组织职工设点宣传；还在《右江日报》、百色电视台、百色广播电台等新闻媒体上刊登、播放广告。2008年12月，请广西电视台记者到基地录制培训专题片，并于2009年春节期间在广西电视台公共频道播放。通过多种形式的宣传，广大农村青年不断了解扶贫培训工作，了解培训基地情况，主动报名参加培训，学员逐年增多。

学校创新培训方式，走重点抓好短训班、举办学历班和接受有关部门委托办班相结合的路子。4年来，共短期培训农村劳动力7 810人，每期培训历时1～3个月，培训的工种有电子装配工、维修电工等。2006年7月，经自治区扶贫办批准，学院开办了三年制中专学历扶贫班，面向百色市1 015个国家级贫困村招收初中毕业生。2007、2008年又增开了三年制大专学历扶贫班，分别招收大、中专学生共1 100人。这些学生单独编班管理和实施教学计划，连续两年享受培训经费补助共1 600元，入学时不收学杂费，同时享受国家的大中专助学金，品学兼优者，还可享受国家和学院的奖学金。这些措施，为贫困村初、高中毕业生的继续升学深造，提高思想道德素质和科学文化素质，提供了很好的机会和条件。

学院强化管理，确保培训质量。学院对学员的资格审查十分严格，凡是报名参加培训的短训班学员，必须是来自本市1 015个国家级贫困村或其他农村的贫困户，而且都要有村委会、县扶贫办出具的证明。另外，学院免费为学员发放《农民进城务工指南》，进行引导性培训。在授课方面，形式灵活多样，另外，学院采取课堂讲理论，现场讲操作，边学理论边实践的教学模式。

学院加强学员就业安置工作，切实保证就业率和就业质量。学院建立了就业信息网络，并多次派人到珠三角、长三角的企业进行考察，和信誉度高的中介机构保持联系，多渠道收集、了解就业信息。本着对输送就业学员负责的态度，每批输送就业学员都进行了严格的体检、政审，并安排专人护送，协助当地劳务部门进行人员安置分配工作，并与用工企业签订输送就业学员移交单，对于所有输送就业学员的工作安置与当地相关部门协商，均给予他们三次重新安排工作的机会，对于个别不满意用工单位的人员主动进行工作调换。

■廖承军考察工作

人物档案
姓名/马艳丽
性别/女　出生年月/1970年5月
籍贯/甘肃省会宁县
职务/会宁泰和养殖有限责任公司经理
主要事迹/在她的带动下，二十铺村建起了家庭养殖场15家，并带动周边乡镇、临近县上百户农户走上了靠科学养鸡发家致富之路
荣誉/农业产业化带头人、白银市优秀共青团、白银市农业产业化青年带头人标兵、"双培双带"先进青年、白银市十大致富女能手、甘肃省"三八"红旗手、白银市劳动模范、全国"三八"红旗手

马艳丽　科学养鸡带富一方

　　马艳丽，会宁县蛋鸡养殖协会会长，会宁泰和养殖有限责任公司经理。在她的带动下，二十铺村摘下了贫困村的帽子，在村里建起了15个家庭养殖场，还先后带动周边乡镇上百农户走上了靠科学养鸡发家致富之路。

　　在乡亲们的眼里，马艳丽是一个敢拼、敢想、敢干的优秀农村青年的代表，她的追求似乎永远没有止境。学校毕业后，她打过工，经过商，搞过贩运，走南闯北，经历过成功与失败，品尝过欢笑和泪水，尝试过各种行业，从中也积累了宝贵而丰富的人生经验。也正是在这种成功和失败的交替中才培养了她强烈的进取精神和发展意识。

　　1998年，马艳丽在外地经商时看到银川集贸市场上鸡蛋价格始终居高不下，非常易销时，她联想到本村气候适宜，交通便利，环境幽雅，场址易选，劳动力低廉，玉米、米谷等饲料原料成本低。这种种有利因素让她眼前为之一亮。1998年9月，凭着马艳丽在外多年的经营经验和她一贯敢想敢干敢冒险的拼搏精神，毅然放弃了在银川不错的经商事业，回到阔别已久的家乡办起了家庭养殖场。她要让全村人和她一起走上共同致富的道路。作为一个年轻人，有这样的胸襟和气魄才真正是难能可贵的。

她首先到省内定西、景泰、靖远县和宁夏自治区等地各养殖场进行多次考察论证,通过多种渠道,了解市场行情,学习有关知识,回来后便贷款筹备资金,把自家的4亩承包地全部腾出来,建场房、修鸡舍、打水井、安机器,满怀信心地开始了自己的养殖事业。虽然在农村家家都养鸡,人们对养鸡并不陌生,然而要实现规模养殖、科学饲养却是个专业性技术性都极强的产业。许多村民以及她的亲友都说她傻,"放下挣钱的买卖不干,回家受这种罪,何苦呢?"这些"咒语"似乎应验了。她的第一批鸡,由于饲养不科学,经营管理不到位,造成产蛋率低,销售不畅,不但没有挣钱,反而净赔了1万多元。家人及亲朋好友更加动摇了,干脆就阻止她再进第二批鸡雏。

马艳丽在危机面前没有动摇,而是把养殖蛋鸡这项事业坚持了下来。有了失败的教训后,她一方面买回大量家禽养殖的报刊书籍自学,充实自身的知识;另一方面她经常向畜牧方面的专家请教,同时多方走访县内外养鸡能手,向他们虚心讨教,她还积极参加市、县畜牧局和农广校等单位举办的蛋鸡养殖培训班。通过学习,她明白了"科技是第一生产力"的道理,于是她紧紧地抓住科技这根弦,以科技为先导来创业致富。

到1999年,2 000只蛋鸡在马艳丽的精心护理下,成活率、产蛋率都达到了最高水平。马艳丽淘到了第一桶金,当年她就获纯利1万多元,这个收入状况对于一个贫困山村来讲几乎等于天文数字!有了成功的饲养经验,加上她不甘平庸

■甘肃省农办领导及会宁县领导来养殖场检查工作(左一会宁县县长,左二省农办主任,右二马艳丽)

■ 领导检查指导工作中　　　　　　　　　　■ 马艳丽担当2008北京奥运火炬手

的性格，2002年秋，马艳丽决定扩大生产规模，饲养良种优产蛋鸡达到了1万只。鸡场的生产量上去了，效益也逐渐提高了。

正当马艳丽沉浸在收获的喜悦之中时，一场突如其来的世界性灾难——禽流感疫情，冲击了整个家禽养殖业。虽然会宁县没有出现疫情，但受市场大环境的影响，鸡蛋价格大幅下跌，并一度出现了滞销。她没有被困难吓倒，一方面她对鸡场实行了封闭管理，加强防疫；另一方面对鸡蛋进行大规模低温保鲜储备。疫情过后，鸡蛋价格迅速回升并高涨，泰和养殖场不但没有受到损失，还获得了比平常更高的利润，这使她对科技的认识更加坚定了，以致对市场经济知识的渴求简直达到了如饥似渴的地步。县、乡举办的各种培训，她总是第一个报名参加。经过学习加上多年的实践摸索，马艳丽积累总结了一套成熟的养鸡技术——抓好"五关"，即引种关、饲料关、饲养管理关、疫病防治关、消毒净化关，再配合市场分析和及时组织销售，饲养蛋鸡即可确保获利。2003年，她获得利润5万元。

2004年，为了进一步实现产业化经营，马艳丽注册成立泰和蛋鸡养殖场，在原有的基础上扩建了占地超过8亩的新型现代化养殖场，共饲养良种优产蛋鸡2万只，日产蛋量达1 200千克，年获利12余万元。泰和养殖场生产的鲜鸡蛋全部销往白银、靖远、定西等县（市），并远销陕西、宁夏。

在各级政府的大力支持下，马艳丽2008年实现了养殖场的第三次扩建，建成后的泰和养殖场占地达到12亩，每批最高存栏量可达到8万只以上，养殖场总投资突破240万元，年利润首次突破了64万元，规模在全县乃至全市位居第一。

经过多年的打拼，泰和养殖场拥有各类资产240余万元，解决农村剩余劳动力50多人，年产值达300余万元。马艳丽充分发挥示范带动作用，把自己的成功经验传授给大家，和乡亲们共同创业。在她的带动下，全村已经建起了家庭养殖场15家，通过统一供饲料、供技术、帮助村民销售鸡蛋等帮扶措施，在带动全体村民共同致富的基础上，还先后带动周边乡镇、临近县的上百户农民走上了靠养鸡发家致富之路。

马艳丽深知科学发展的道理。她通过科学的方法将鸡粪烘干或发酵后用于粮食作物和蔬菜生产。在养殖场内建有1个大型沼气池，鸡粪发酵后产生的能源可以用来照明、取暖、做饭、烧水，可谓一举多得。把发酵后的粪便直接出售给种植户，生产洋芋和小杂粮特色产业，创造了新的价值，既保护了环境，又节约了成本。

在2008年1月村党支部换届选举中，马艳丽当选为会宁县柴家门乡二十铺村村党支部委员、养鸡协会党支部书记。面对乡亲们的信任和期望，她开始谋划全村发展大计。她借助省道207线改道机遇，通过多方联系，动员村里几户农民搞起了50亩绿化苗木栽植并取得了初步成功。二十铺村原来是一个远近闻名的穷村、乱村，为此马艳丽进行了文明村创建活动。她切实运行长效创建和管理机制，在自己义务出资维护基础设施的同时，带头倡导文明向上的生活方式。现在的二十铺村成为全市的基层组织示范点，已经呈现出一派蓬勃发展、欣欣向荣的新景象。

在马艳丽的心中似乎没有最好，只有更好。我们共同期待着马艳丽为我们展现出更加美丽的画卷。

▌马艳丽进行消毒作业

人物档案

姓名/加永尼玛
性别/男 **出生年月**/1965年5月
籍贯/西藏自治区昌都县
职务/昌都县城关镇通夏村党支部书记兼村委会主任
主要事迹/加永尼玛出身普通农民，带领全村人住上新房，过上现代文明新生活
荣誉/全国劳动模范、自治区优秀共产党员、全国星火科技致富能人

加永尼玛 致富不忘乡亲的劳动模范

1983年以来，加永尼玛开始带领当地农牧民搞运输、成立施工队，经过20多年的艰苦奋斗，如今总资产已达380多万元，通夏村道路宽了，村容村貌变美了，群众的钱包鼓了，66户村民已全部告别了茅草屋，住上了宽敞明亮的新房，过上了现代文明的新生活。

加永尼玛是一个普普通通的农民，在党的富民政策的指引下，1983年建起糌粑磨房。经过10年苦心经营，有了些积蓄的他又购买手扶拖拉机到工地运送沙石。由于脑子活，思路宽，又赶上了发展经济的好时光，加永尼玛的拖拉机几年后就变成了4辆"东风"牌汽车。几年下来有了一定的积累。自己有钱了，他就把个人的致富和全村村民的脱贫紧紧地联系到一起。凭着多年的经验，加永尼玛在村里组建了一支运输队，现如今每天有20多辆车子穿梭在川藏公路上，年收入最少的也能挣到3万元。大家从中尝到了甜头，看到了脱贫的希望，同时他本人也得到了全村广大农牧民群众的信任，1999年的民主选举中，他以全票当选新一届村委会主任。

加永尼玛上任后，制定并完善了各项规章制度。每年至少坚持召开一次群众大会，对全村的财政收支情况、村干部的政绩及奖惩情况向群众张榜公布，接受群众监督与批评。通过建章立制,增强了政务、村务工作的透明度,提高了广大党员干部的积极性,激活了群众致富奔小康的热情,赢得了全村群众的信赖、支持与好评。

他自己富了,没有忘记群众。为了能使全村群众的日子过得更好,他通过走访和市场调查,把每家每户的青壮年组织起来,又组建了昌都地区第一支施工队。他从外地聘请专业技术人员帮助培训,很快就闯进了昌都建筑市场。在加永尼玛的带动下,先后承包修建了大小工程几十个,参加修建了昌都玉面公路、宇通坝农业综合开发等项目,创收200多万元。如今的通夏村建筑施工队发展到188人,各类机械、车辆87台,总资产383万元。

要使群众走上富裕之路,基础设施建设需打前站。加永尼玛带领群众兴修致富路、大搞农田水利建设,陆续实施坡地改梯田90余亩,开垦荒地100余亩,扩建大型水库1座,维修主干水渠4 000多米,新修主干水渠3 000多米,围建地边2 300多米,实施草场围网栏350余亩(1万多米),新修公路2条(5千米)。经过几年的努力,通夏村基本形成了"渠相通、路相连、旱能灌、涝能排"的生产格局。

2004年,通夏村兴起了改造农房的热潮,加永尼玛通过自己的施工队无偿为困难群众提供砖瓦等建筑材料和装载机等建筑设备,减少了村民的建房开支,他还拿出自己的积蓄为两户特困群众修建了价值10万余元的住房。目前,全村实现了通电、通水、通路、通广播、通电视、通电话等目标,并建成了47口沼气池,让群众用上了清洁、卫生的新型能源,过上了现代文明的新生活。

由于工作成绩突出,加永尼玛先后荣获"全国劳动模范""自治区优秀共产党员"等多项荣誉。面对荣誉,加永尼玛说:"我只是做了一个村党支部书记该做的一点事情,荣誉属于昨天,明天更需努力。"

■加永尼玛(右一)在现场开展工作

■加永尼玛(左二)现场商议扶贫对策

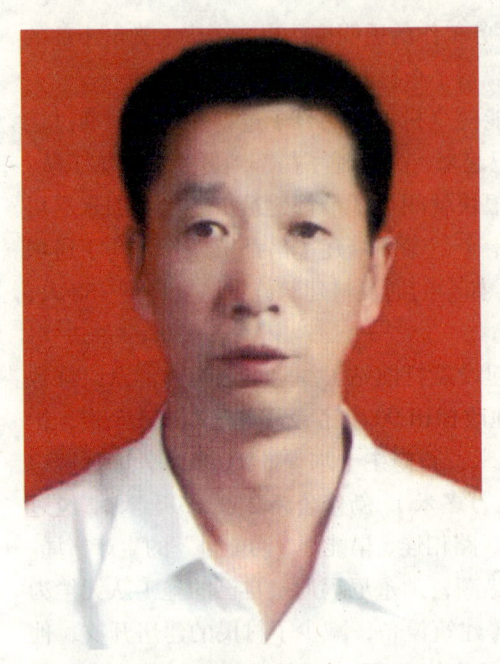

人物档案

姓名/张金保

性别/男　**出生年月**/1958年2月

籍贯/河南省巩义市

职务/河南省巩义市杨树沟村党支部书记

主要事迹/带领全村干部群众凿洞引水拔穷根，开山修路谋发展，调整产业结构促增收，开发旅游共致富，齐心协力建新村，堪称贫困地区扶贫开发典型人物

张金保　开山凿渠铺致富路

杨树沟村四面环山，交通不便，土地贫瘠，吃水困难，经济严重滞后，是省级贫困村，是一个人见人愁的老大难村。张金保任杨树沟村党支部书记后，带领全村干部群众战天斗地，使昔日的穷乡僻壤变成了今天远近闻名的社会主义新农村建设示范村，更成为了全省扶贫开发工作战线的一面光辉旗帜。

过去的杨树沟村，十年九旱，吃水只有到附近的泉边排队等水，或者翻越两座大山到几千米外的响泉河挑水。一到旱季，就得高价买水。缺水是制约杨树沟村发展的最大障碍，是穷困之源。面对困局，经过多少个不眠之夜的深思熟虑和几十次反反复复的勘查论证，张金保毅然决定在浮戏山腹部开凿一条700多米长的隧洞，截流响泉河，引水到农家。

然而，工程预算就高达800多万元，对一个省级贫困村来说，无异于天方夜谭。为了筹措资金，张金保首先带头把自家省吃俭用积存的5万元投入工程，又以个人名义贷款9万元用到工程上，最难的时候，他妻子把卖猪、卖鸡、卖狗积攒的5 000元钱也都拿出来支持工程。同时，张金保上下奔走，向扶贫办和上级部门寻求支持，向在外工作的同乡求援，通过关系赊欠设备和物资。在他的感召下，全村群众踊跃集资5万多元，捐助木料数十方。杨树沟的壮举，张金保的行动，加上各级部门的支持，解决了工程款的困难。

工程开始后，坚硬的山石，简单的工具，恶劣的条件……所有的困难，都压不倒山里人凿洞引水的决心和劲头。经过22个月的艰苦奋战，2004年4月21日，全长712米的引水隧洞终于胜利贯通，整个杨树沟村沸腾了。它不但解决了杨树沟人的吃水难题，而且惠及临近4个村的村民。

杨树沟村的道路年久失修，遇到雨雪天，泥泞难行，学生没法上学，村民没法出山。在张金保带领下，全村家家出工，工期大大缩短，原来60万元的预算造价，仅仅花费3万多元，就修成了一条宽8米、长2.1千米的出山大道。这条路的贯通，使偏远闭塞的杨树沟村一下子缩短了与外面精彩世界的距离，更为杨树沟人脱贫致富奠定了坚实的基础。

为寻求致富之路，张金保多次外出取经，眼界和思路随之一宽，又谋划着新的工程——全面推进农业产业结构调整。张金宝引进美国薄皮核桃和日本斤柿，种植在5 000多亩的宜林宜草山坡上。他不止步于无公害柿子、核桃生产基地，紧接着又投资30多万元建起了配套农副产品加工厂，进一步拉长了产业链条，提高了产品附加值。

杨树沟村的贫穷面貌改变了，群众收入有了增加。张金保又把目光投向了全村丰富的自然景观资源和保存完好的森林植被。经过多方征求意见和科学论证，张金保确立了二次创业——发展生态旅游农业的总体思路。目前，景区建设已初具规模，并正式投入运营。现如今，全村农家宾馆已发展到70户、床位1 100张。初步估算，从2008年6月至今，接待游客就达10余万人次。仅此一项，每户年收入均在3万元以上。

就是在这样的情况下，张金保带领全村党员干群不等不靠，积极努力，使杨树沟村每天都发生着新的变化。

■张金保带领村民进行工程建设

人物档案

姓名／张建玲

性别／女　出生年月／1961年12月

籍贯／河南省滑县

职务／河南省滑县留固镇温庄村党支部书记、村委会主任

主要事迹／带领村民发展大棚种植、规模养殖、劳务输出、商品运输，实现脱贫致富，建设花园社区式新农村

荣誉／（省市）新农村建设先进工作者、"双学双比"巾帼先进个人、优秀共产党员、十大杰出女杰

张建玲　温庄村党支部书记

　　张建玲，现任温庄村党支部书记、村委会主任。在她的带领下，温庄村发生了翻天覆地的变化。村党支部连续3年被安阳市委评为"五好农村党支部"，温庄村被省扶贫办授予"扶贫开发整村推进先进村"，被省市有关部门授予"生态文明先进村"。

　　2002年，滑县被国务院确定为国家扶贫开发工作重点县。留固镇温庄村，是全县188个贫困村之一，上访连年不断，是远近闻名的穷村、乱村。村里没有企业，交通闭塞；全村1 249口人仅靠人均1.9亩耕地的微薄收入，过着温饱型生活；水苦、地薄、村脏、路不平是该村的显著特点。当地流传的一则顺口溜，"闺女宁肯出家当尼姑，不嫁温庄当媳妇"，是这个村子贫穷状况的真实写照。张建玲走马上任后，一些群众提出了异议：从外村嫁来的媳妇，能改变村子的贫穷面貌吗？一个女人能有多大能耐？面对群众怀疑的目光，张建玲在全体党员会上立下了"三年不让咱村变个样，我自动辞职"的铮铮誓言。之后，她多次带上干粮，自费去外地考察；多次组织召开党员干部会议，解放思想，集思广益，围绕温庄实际研究脱贫对策，理出了"种植业铺路，养殖业起步，劳务输出业协助，

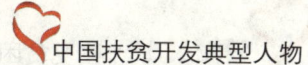

运输业致富"的经济发展思路,点亮了温庄从沉睡到苏醒的发展之光。

"要想群众跟着干,必须做给群众看。"为确保发展思路尽快实施,张建玲对村两委干部提出了严格的要求。1999年,她把准备翻修房子的5万元全部拿出来,又贷款10万元,首先带头在村里建起了养鸡场、养猪场,在地里种上尖椒、大葱。当年,她的4口之家,人均纯收入达到了4 000元,成为村里的富裕户。在她的带动下,村支部委员李计春、村委委员李玉国分别建起了养牛场,支部副书记办起了养猪场,村民孔怀德带头建起了蔬菜大棚……

截至目前,以张建玲为班长的温庄村党支部、村委会借助扶贫开发等支农、惠农政策,全村经济作物种植面积占总耕地面积76%以上,其中温室大棚12座,规模养殖户18户,劳务输出400人,运输车辆240多辆,全村人均纯收入三年翻一番,达到5 380元,高出全县平均收入1 100元,群众从种植、饲养、劳务输出、运输四大主导产业中得到了实惠。

温庄村人的生活从温饱有余走上了殷实富足,张建玲因此赢得了全村党员群众的一致拥护。但她深知,在现有的人力、土地资源条件下,如何让经济实现开放式、跨越式发展,是温庄人亟须破解的重大难题。借助国家的扶贫政策,改善群众生活环境、改进生产条件,积蓄经济发展后劲,促进经济快速增长无疑是最好的解决方案。

她带领村"两委"班子成员积极创造条件,多方筹措配套资金,负债起步,努力使本村的建设、发展项目与国家的扶贫政策实现对接。2007年实施扶贫开发

■农业部副部长危朝安在张建玲带领下视察温庄村

■张建玲工作照

整村推进以来,温庄村先后自筹配套资金560多万元,争取到乡村道路建设扶贫项目资金98万元,硬化6米宽道路1 200米,硬化4米宽道路4 370米。道路硬化后的第一年,温庄村新增养殖场9个,新增尖椒、大葱面积300亩,新增推土机、翻斗车以及大型运输车辆100台,新增温室大棚8座。蔬菜种植大户李俭激动地说:"过去遇到雨雪天气,种的大葱、蔬菜运不出去只有烂掉,现在可好了,水泥路通门口、通地头、通国道,不用出户,大葱、蔬菜就被人家买走了,真方便。"此外,该村还争取农业综合开发项目,新打机井62眼,安装节水管道2.7万米,埋设地埋线1.2万米,使全村农业基础设施条件得到彻底改善;争取人畜饮水扶贫项目资金3万元,群众自筹6.36万元,安装了15吨供水压力罐,打饮水井一眼,家家用上了自来水,让全村人畜告别了苦水危害。在项目实施上,为了让资金发挥更大的作用,她根据村里每个青壮年的特长,组建了"三队一组",即:义务运输队,专门为施工单位运送土方;义务监工队,时刻亲临施工现场,监督施工质量;义务巡逻队,负责施工期间的安全防范工作;一组是项目施工领导小组,具体负责项目施工的各项协调工作。用她自己的话说:"尽管钱是国家给的,但是,我们既要让资金充分发挥作用,又要保证工程质量,才能把好事办好,才能造福子孙后代。"

■张建玲在庄稼地中工作

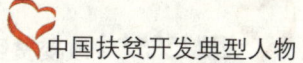

"光等着国家的建设项目支持,周期长、预见性低,要取得发展的主动权,还必须靠自身的努力,多渠道融资,实施'以融资为主,以项目为辅'的发展策略。"发展框架基本搭成后,张建玲在全体党员干部会上语重心长地说。为了争取国家沼气建设扶贫项目支持,她结合本村实际情况,制定了"以个人出资为主,以国家扶贫支持为辅,国家、村委会资金直接奖补到户"的融资发展优惠政策,挨家挨户地做工作,全村新建沼气池238个,全村沼气入户率达到95%,不仅节约了群众生活开支,村内沿街的秸秆柴草也销声匿迹了,村容村貌一改过去"做饭家家户户冒浓烟,柴草猪圈占据街两边"的脏乱局面。为彻底改变村容村貌,村民自筹资金20万元,兴建文化广场、文化大院3 500平方米,种植街道绿化树5 000棵,在文化广场安装了15套健身器材,架设照明用电线路17.5千米,安装路灯72盏。如今,温庄村街道宽广笔直,楼房错落有致,树木翠绿成行。亲自到过温庄检查工作的秦玉海副省长在评价温庄村的发展时说:"温庄简直是城市的花园式社区。"一位县领导在入村检查工作时,被温庄村的巨变所感动,当即挥毫题词——"发展才是硬道理,变化最有说服力"。

在张建玲的带领下,温庄村发生了翻天覆地的变化。正是这种变化受到了各级领导的普遍认可,同时也为温庄村和她本人赢得了诸多荣誉。在荣誉和光环面前,张建玲时刻保持着清醒的头脑。她时常告诫村"两委"干部:"我们当的是群众的干部,就是群众的主心骨,一定要率领群众快上项目,上好项目,加快农村经济发展步伐,争取早日把我村建设成真正的社会主义新农村!"

■河南省扶贫办主任张成智(左)在温庄村检查指导工作

人物档案

姓名/周银柱、马怀兰夫妇
出生年月/同为1954年
籍贯/山西省昔阳县
职务/周银柱、马怀兰分别任银鑫装饰有限公司的董事长和总经理
主要事迹/夫妇两人出资金和技术，引领故里井沟村人致富，使山乡发生巨变，村民过上好日子
荣誉/夫妇俩双双入选"首届感动晋中十大公德人物"，各自获得"晋中市劳动模范"、山西省"五一"劳动奖章和山西省十大杰出支农个人

周银柱、马怀兰夫妇
山西井沟村致富带头人

　　周银柱、马怀兰夫妇20年前创办银鑫装饰有限公司，周银柱任董事长，马怀兰任总经理。2002年，对于这对夫妇来说是极不寻常、多灾多难之年。前半年马怀兰不幸患乳腺癌，做了左乳切除手术，还正在四期化疗阶段，谁知祸不单行，周银柱又出现血尿，经查患了肾盂癌，做了左肾切除术。时隔不久婆婆得知这一情况，一急之下脑出血下肢瘫痪。公公又患上冠心病随后也住了医院。他们一家人可以说是病魔缠身、苦不堪言，公婆出院稳定后，夫妻俩决定从县城回山区老家一段时间，养病休息。

　　县城距家乡只有33千米，他们乘坐的越野车足足走了3个小时，不只是丈夫手术刀口疼痛车速不能太快的缘故，最主要是快进村那段3.5千米的土路，本来路面很窄，加之坑坑洼洼乱石滚滚，坐车还不如步行快。好不容易才进了村，村里的面貌让两口子呆住了。透过车窗望去，他们分不清哪里是房屋，哪里是街道，房屋破烂不堪，街道泥泞脏乱。由于生活质量差，那些和自己幼年同学的乡亲们胡子长长，皱纹深深，又黑又瘦，几乎认不出来了，大部分人家一天还保证不了

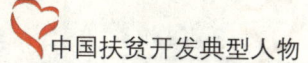

一顿白米饭。村民一年只能在手中花出去几百元,村里很少来货郎。即便偶尔去个卖菜卖面的也收不到现金,只能换些玉米。因为穷,家里有儿子的找不到对象,有女儿的为了要彩礼也吹了好几个男朋友,好多老人生病吃不起药,硬把小病拖成大病。再谈到土地,全村800亩耕地,400亩退耕还林,但林没起来全荒了,耕种的400亩土地也因村民在外打工、随子女外出读书和年迈丧失能力而荒去了一大半。每年雨灾冰雹频繁,有两位老人在雹雨中被打死在地里……怎么老家成了这个样子?返回城吧,太麻烦;在家乡吧,环境又让人受不了。一直处在两难中的夫妇俩把这一切看在眼里,决定等身体好些一定要帮助父老乡亲做些事情。

2004年5月,政府号召"村村通"。村干部和一些村民代表到县城找到他们夫妇,说起修路的事,他们毅然决然地把修路的事全揽了起来。由他们牵头老百姓积极应战,有钱的出钱,有力的出力,"村村通"工程终于开工了。在施工过程中,这一对癌症病人,坚持每天在工地一线。丈夫既是指挥员,又是战斗员,妻子既是炊事员,又是服务员,自家的院就是工程仓库区,自家的屋就是外包工住房。就在路基工程即将竣工的时候,劳累过度的周银柱又出现了第二次全程尿血。经复查,又患上了膀胱癌,需要马上手术。周银柱膀胱癌切除手术做完之后,第8

■2009年,周银柱、马怀兰夫妇荣获"中国扶贫开发典型人物"称号。中国扶贫开发协会会长胡富国亲自给周银柱颁奖

■山西省副省长刘维佳（中）在马怀兰夫妇陪同下在井沟村调研新农村建设工作

天就坚持出了院，从北京坐车直达修路工地。3.5千米的通村公路在夫妻二人这种忘我奉献精神鼓舞下，乡亲们加班苦干没有3个月就全部完工。第二年一开春他俩又率领乡亲们开始了户户通硬化路工程。这涉及村民各自门前的柴堆、煤堆、粪堆、茅坑向哪里搬的问题，远了不方便，近点又难找空隙。在他俩这种敬业奉献精神的感召下，大家积极配合他们的工作。当年8千米户户通硬化路全部完工。

2005年，马怀兰高票当选为村委会主任。上任伊始，她和丈夫周银柱着手在发展生产和改变村容村貌上寻找突破口。

为节省开支，周银柱、马怀兰绞尽脑汁，费尽心机。听说市政建设要拆迁东关村的大片旧房子，城里人瞧不起那些旧砖破瓦，但对井沟村来说可是好东西。于是，在大批拆迁那几天，村长马怀兰带领村里的青壮年和妇女，天不亮就到拆迁工地捡砖捡瓦。时值三伏，烈日炎炎，每到中午，地表温度都在36℃以上。马怀兰趁别人中午休息的空隙，一直忙碌在拆迁工地。村民劝她说，你身体不好，天气又这么热，还是歇一歇吧。而马怀兰却和大伙一样，饿了啃几口干粮，渴了喝几口凉水，她说："咱多捡一块砖瓦，就能为村里节省几毛钱，人家拆迁时间紧，这些砖瓦也不能在这儿等你。"这样连续几天下来，脸晒黑了，皮起泡了，人累瘦了，有时候手术的刀口又痒又疼，但她一声不吱，实在支不住了，夜晚在家请人打个吊针，白天照样上工地。就这样，为村里捡了8万块砖、3万块瓦，为集体节省了3万元，用这些砖瓦修起2 000立方米的大水窖和10间花灯库房。

夫妻俩认定，农村要想变，离开"自力更生，艰苦奋斗"的"大寨精神"不行。于是，他们又组织村民到大寨取经学习，把大寨人请到井沟村传经送宝。全国人大常委、大寨村党总支书记郭凤莲在他俩精神感召下，主动挑起井沟党支部书记的担子，和大寨结为对子，把井沟作为重点扶贫对象，亲笔为井沟题名"大寨二村"，闯出了昔阳县"富村带穷村"的新路子。

根据井沟村的实际状况，周银柱认为"富村带穷村"是好路子，"企官带村官"是好方向，应该再创一个"企业带农村"的好模式，共同携手以"三带模式"把新农村建设推向高潮。第二天夫妇俩出资300万元注册成立了全县第一个股份制企农合作社。公司出资金出技术，村民以土地、牲畜、农机具等入股。企农合作，互利共赢。几年来，他们为井沟新农村建设投入了360万元。

银鑫公司的职业技能培训基地，先后对16～45周岁的村民进行了各种职业技能的培训，使他们分别学到了建筑装饰、电脑操作、刺绣编织、花灯制作、宾馆服务和养殖种植等实用性技术，并对富余劳动力实行自主创业，就地转移。合作社积极开发生态旅游，乡村民俗文化以及消夏避暑农家乐，目前正在打造包装"中国农民花灯第一村"。在合作社的培训、统筹运作下，人人学技术，家家做花灯，规划提灯会，策划文化节。2009年元宵节，井沟民间故事灯展轰动了昔阳县城，公司和农户同样得到了可观的收益。

短短5年时间，井沟村变了。建起了8里民俗花灯街，累计植树26万株，地下集雨水利系统储存量达3万立方米，72户人家生活在"村在林中、房在树下、人在花街、一家一业、一人一技"的生态环境中，5年来风调雨顺，再没有下过冰雹。村里共娶了18个媳妇，都生了小孩。现在的井沟村，程控电话宽带网进户，移动信号贯通，路灯照亮了大街小巷，数字喇叭响彻各个角落，沼气和吊炕正在全面铺开，各类产业户正在兴起。全国公路交通现场会与会人员到井沟村参观，太行新闻论坛近百名记者在井沟村采访，全国油画名家在井沟村采风。井沟村的巨变和当地父老乡亲致富的喜悦，让夫妇俩着实收获了投身扶贫的快乐。

■原山西省委常委、副省长梁滨（右三）在2006年先后两次到井沟村调研

■马怀兰在公益活动现场

■周银柱、马怀兰夫妇陪同交通部副部长徐祖远（右三）调研

中国扶贫开发协会 | 改变贫困的力量

人物档案

姓名/黄礼开
性别/男　**出生年月**/1957年7月
籍贯/福建省闽清县
职务/福建省派驻德化县国宝乡格头村党支部第一书记
主要事迹/2004年以来，一直在德化县从事扶贫工作，他用个人资产抵押贷款投入扶贫项目建设。通过艰苦拼搏，德化县连山村和格头村一改贫穷落后的面貌

黄礼开　情注贫困山村

　　黄礼开，福建省派驻德化县国宝乡格头村党支部书记。从2004年以来，他一直在德化县从事扶贫工作。因为他工作在德化县的大山深处，穿解放鞋，头戴草帽，整天在田间地头忙碌着，所以人称"草帽书记"。他创造性地开展农村工作，先后改变两个贫困农村的落后面貌，使村民的生活发生翻天覆地的变化。人们都如此评价黄礼开："老黄真是咱们村民的贴心人，党的好干部"。

　　1975年，黄礼开高中毕业，回到农村种了3年地，当了3年地地道道的农民。1977年恢复高考，从此他一步步成长为石油战线上的一名中层干部。几十年来，他始终不忘自己的农民生涯，经常关注着农村变化，牵挂着农民的生活，因此，他多次向领导请求到条件艰苦的农村工作。机会终于来了，2004年初，福建省委决定从省直机关和中央驻闽单位选派党员领导干部，到经济欠发达村开展帮扶工作，黄礼开便积极报名参加驻村扶贫工作，终于实现了他多年的愿望。

　　2004年6月8日，当黄礼开得知自已将被下派到连山村任党支部第一书记时，他便迫不及待地驱车悄悄来到了连山村，进行驻村前期考察，了解村情民意。他还先后两次前往尤溪、沙县、闽清、永安、永泰等地参观学习，了解种、养业方面的信息。在就任的第一天,黄礼开带了一个大大的行李包,大家发现,里面装的除了几顶草帽、几双解放鞋、几盒蚊香等日用品外,还有许多种、养业方面的书籍,以及一包优质牧草——串叶松香草的种子。

德化县连山村是革命老区基点村,人口1 885人,基础设施落后,农业生产靠天吃饭,地理位置偏僻,交通不便。连接外界的是一条坑坑洼洼的土石路,一到雨天,道路泥泞,难以通行,成了制约连山村经济发展的瓶颈。"要想富,先修路,"黄礼开说,"我必须先啃下这块硬骨头"。

这条路全长14千米,涉及沿途3个行政村,需要投入资金300多万元。为解决资金缺口难题,黄礼开多次往返于福建炼油化工有限公司和连山村之间。公司老总被他的执著精神打动了,亲自到连山村办公,解决修路资金120多万元。工程开工后,他一连5个多月奔走于施工现场,与施工队同吃同住,严格监督着施工的每一道程序。2004年12月13日,水泥路通车。从连山村到德化县城,行车时间由原来的3个半小时缩短到1个半小时。

基础设施逐步完善后,寻找适合连山村发展的项目成为当务之急。连山村村民素有饲养黑鸡的传统。党员陈万全、陈玉凤试养戴云黑鸡成功后,黄礼开和村委会经多次考察,决定入股德化县戴云黑鸡养殖有限公司,走"公司+基地+农户"的路子,引导更多的村民发展黑鸡养殖。可是,入股需要12万元资金,当时村里没有钱,怎么办?思前想后,他把家里多年积蓄的7万元钱带到连山村。大家

■在福建省德化县国宝乡格头村和南埕镇连山村发动农民改造低产毛竹林12 000亩,增加了农民收入

■ 黄礼开在新村建设施工现场

■ 黄礼开检查黑兔饲养情况

齐心协力，很快建成孵、育、养一体化养殖基地，半年后成功打开泉州市场，随后在厦门、泉州等地建立了近20个分销点，戴云黑鸡获"农业部无公害农产品"称号。

经过黄礼开3年的不懈努力，连山村的基础设施大大改善了，村民人年均纯收入由驻村前的1 900元提高到5 600元，村年财政收入也由1.8万元提高到了8.5万元，极大地改变了贫困落后面貌。

2007年4月，经福建省委组织部同意，黄礼开到德化县格头村实施驻村扶贫。格头村是个典型的贫困大村，面积16平方千米，有8个自然村落，人口3 847人（是连山村的3倍），也是山高坡陡，交通不便，村民居住分散，地质灾害隐患多，且水利等农业基础设施落后，农业生产依然靠天吃饭。

面对更加复杂的村情和更加恶劣的环境，黄礼开毫无怨言，迎难而上。他从解决高、偏、远及地质灾害隐患点群众建房问题入手，决定建设新村。他聘请县设计部门，在省道206线旁规划设计新村，占地面积32亩，规划建设居民房160套，建筑面积22 000平方米。然而，村民对新村建设热情不高，集资难度大。黄礼开苦口婆心地劝说，村民们终于和他达成一致意见。他用最快的时间完成了新村的给排水、路、路灯、绿化、健身活动场所等配套设施建设。黄礼开的执著精神感动了当地群众，唤起了农民的建房积极性。第一批喜迁新居的40多户农民高兴地说："我们也与城里人一样，也有三房两厅了。"

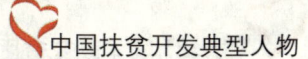

针对农民增收缓慢的问题,黄礼开是看在眼里,急在心里。他了解农民的需要,他时常说:"其他工作搞得再好,农民增收上不去,驻村工作最多打50分。"于是,他提出了建设百万只黑鸡、百头母猪、万只黑兔、万亩丰产毛竹林四大基地的规划。

连山村饲养黑鸡的成功经验帮了黄礼开的大忙。他不仅在格头村发展黑鸡养殖,还大胆引进太湖母猪,帮助52户农民饲养母猪取得成功,年生产商品小猪2 300多头,年创产值180多万元,每户饲养户增加收入7 000多元。他还引导群众发展黑兔饲养,扶持培育存栏300只以上的养殖户8户,目前全村黑兔存栏达5.3万余只。格头村有毛竹林9 000多亩,长期以来由于管理粗放,经济效益低下。他邀请省林科院教授到村进行技术培训,现场指导毛竹管理技术。同时争取林业部门的支持,采取鼓励政策,深翻毛竹林每亩补助50元,并选择一块连片200亩林地进行高产毛竹林生产示范,每亩补助200元。很快黄礼开取得了成功,提高了毛竹经济效益,示范带动了全村生产发展,增加了农民收入。

"村子富不富,关键在支部;村风好不好,关键在领导。"黄礼开在两次扶贫工作中,始终把建设一个强有力的村级"两委"班子作为长远之计,作为解决农村续存问题、促进经济发展的关键措施抓紧抓好,着力培育一支永不走的工作队。黄礼开有意识地将先进的理念、技术传递给村级领导班子,组织实施"党员带创工程",发现和培养素质高、有潜质的年轻人入党,培养充实一批村级后备干部,为农村改革发展提供了强有力的组织保证。

随着农民素质的日渐提高,他们希望村里的重大决策、大额项目的开支、财务收支更加透明,期望能变事后监督为全程监督,让村民直接参与决策和管理,让群众和村干部面对面交流,解除大家的种种疑虑和误解。这些措施得到了村民们的理解和支持,使决策有了广泛的群众基础,各项帮扶工作顺利开展。

黄礼开放弃条件优越的工作岗位,扎根山区,坚持6年的乡村生活,用自己的行动改善人民的生活,这体现了一个共产党员的高尚品德。

■黄礼开在中国扶贫人物表彰大会上

人物档案

姓名／王笑波
性别／男　**出生年月**／1956年5月
籍贯／山西省万荣县
职务／青海大舞台演艺服饰有限公司董事长
主要事迹／通过不同形式投入资金60余万元，向基层演出单位、贫困学员捐助演出服、练功服3000余套，乐器50余件。带动三江源转产牧民实现文化就业，培训舞蹈演员500余人，为农牧民增收致富做出了重大贡献
荣誉／"四个一批"文化经营人才、全国文化产业先进个人

王笑波　搭建文化扶贫大舞台

　　王笑波，原任青海省戏剧艺术剧院副院长，现任青海大舞台演艺服饰有限公司董事长。在王笑波的领导下，公司取得了较好的经济效益和社会效益，先后被青海省文化厅评为"文化产业示范基地"，被青海省工商局评为"诚信单位"。他本人于2007年被青海省委宣传部授予"四个一批"文化经营人才称号，2008年被文化部授予"全国文化产业先进个人"称号。他的光荣事迹多次被《中国文化报》、《光明日报》、《青海日报》及新华社、中国国际广播电台等媒体报道。

　　2006年，退休的王笑波创办了青海大舞台演艺服饰有限公司。公司主动承担社会责任，以务实求真的经营作风，赢得了广泛的社会赞誉，是青海文化演艺界公认的诚实守信的民营文化企业。

　　2007年至今，公司通过招投标方式每年完成省财政厅、省文化厅及各级文化部门的"文化进村入户"、"文化进社区"、"乡镇文化站建设"等工程的几百万服装设计、生产任务，得到各级文化部门的高度认可。2009年4月底配货的前一夜，王笑波董事长像往常一样亲自对配送的产品进行内部验收。他发现900多个藏族头饰和腰带不符合制作标准，当即召开紧急会议，决定重新生产制作。不少工人觉得给农牧区配发的服装不必要像专业剧团那样要求，这些价值3万余元的服饰凑合也能用。但他认为，做生意一定要诚信，对农牧民要更显真诚，要把最好的服装和文化用品送到他们手中，因为代表的是政府形象，来不得半点马虎。看着整整五个大麻袋的作废服饰，工人们觉得很可惜，但面对董事长的认真和坚决态度，无不为之动容。公司全体员工加班加点，经过8天的努力工作，最终把制作精美的900多个藏族头饰和腰带重新装入了配货箱中。省文化厅主管领导了解到事情的详细经过后，对王笑波认真敬业的态度给予了高度的评价。

王笑波坚持把文化产业的发展与扶贫助困结合起来，为贫困群体开辟了一条文化致富的道路。

王笑波得知省民族歌舞剧院办公经费紧张，难以为继，就主动捐赠了复印机、传真机和电脑。看到培训部的孩子们在水泥地上练功，他慷慨解囊，投资数万元，为两个排练厅铺上了木地板。2010年，他又为省民族歌舞剧院投资7万元完成了亮化工程。青海师范大学成教学院承担青海阳光工程的舞蹈培训任务，贫困学员缺少演出服装，他主动与阳光班的负责人联系，捐赠舞蹈服装100套，并为特困学员捐赠了1万余元的生活费用。民间剪纸艺人因经费困难，无法为作品做最基本的包装，被市场冷落，影响了民间剪纸艺术的开发和传承。他主动跑

■2010年7月王笑波在重庆受到薄熙来亲切接见

■2009年9月9日在全国扶贫表彰会上扶贫协会会长胡富国与王笑波合影

省文化厅、省工艺美术协会，并捐资2万多元让浙江义乌专业厂家设计制作了精美的包装册，使民间剪纸艺术作品以精美的包装进入各地市场。2011年，他又为青海省戏剧艺术剧院两台重点剧目无偿赞助了全部演出服装，得到了省文化系统和全体演职人员的高度赞扬。

几年来，王笑波还为青海省民和县李二堡镇眉户剧团、民和县甘沟乡光明村、乐都县中岭乡中岭村、都兰县文化大院、循化县文工团、大通县杨家寨村秦剧团、贵南县文化局、尖扎县文化馆、格尔木市文化馆等文化演出单位捐赠大量演出服装及乐器，为基层群众文化的建设和发展做出了积极的贡献。

他认为，民族舞蹈在青海有着良好的群众基础，只要加以培训，肯定能够输得出，留得住，有收入，是一条很好的脱贫致富渠道。

2006年，王笑波联系有关部门，邀请舞蹈老师，分期分批为尖扎、都兰、贵南、共和等县培训贫困农牧民舞蹈学员270名，并为她们捐赠练功服和演出服装。目前，这270名学员多数已在在省内外艺术团就业，实现了输出一人脱贫一户的目标。

2007年，省三江源办公室、省文化厅委托青海大舞台演艺培训中心实施"三江源转产牧民文化技能培训"计划，共培训了果洛、黄南、海南、玉树藏族自治州共四期240名舞蹈学员。学员中除个别人接触过业余演出外，大多数人没有任何基础。短短1个月后，学员们都掌握了藏族舞蹈、汉族舞蹈、现代舞、拉丁舞、蒙古舞和新疆舞等十多种舞蹈，原来没有任何舞蹈基础的牧民的形象气质发生了根本的变化。汇报演出时，学员们跳起锅庄舞，给王笑波献上了一条条洁白的哈达，以表达感激之情。他们精彩的汇报演出博得了各方面领导和观众的高度赞扬。当学员培训结束即将返回时，王笑波考虑他们没有演出服装，又主动捐赠舞蹈服装300余套。经过培训的部分学员已经在北京、四川、广州、深圳等地及省内外文艺团体和旅游景点从事舞蹈表演工作，很多学员已成为当地的文艺骨干，初步达到了三江源转产牧民实现文化就业、增收致富的目的。

王笑波的文化扶贫，并不局限在为基层无偿提供资金和物质支持，他也对基层大型文化活动提供的智力、技术支持。因为王笑波为人踏实，讲诚信，又有着较深的艺术修养，在社会上建立了良好的口碑，近年来许多单位邀请他担任文艺演出、庆典活动和行业晚会的总策划，并由公司组织实施演出。每当专业院团、企事业单位或民间组织遇到缺少演出服装、没有演出设备等这样那样的困难，王笑波总是有求必应，不谈任何经济条件去帮助他们，在一些细节上给予悉心指导，使各种演艺策划和演出活动得以圆满完成，为青海省的群众文化、企业文化的发展做出了积极贡献。

王笑波同志始终认为，正是党和政府多年的培养，自己才能在文化产业方面有所成就，正是有着良好的发展环境，公司才能在社会上有市场、有地位，公司不能单纯地追求经济效益，而应当积极主动承担社会责任。王笑波是这么想的，也是这么做的，他坚持把文化产业的发展与扶贫助困结合起来，为贫困群体开辟了一条文化致富的道路。

■2009年5月，王笑波为青海特校捐赠服装现场

■2011年4月，青海省副省长张建民和青海省文化厅厅长曹萍视察大舞台公司

中国扶贫开发协会 | 改变贫困的力量

人物档案

姓名/吴希宾
性别/男　出生年月/1984年2月
籍贯/河南省
职务/《中国扶贫》杂志社记者
主要事迹/在汶川地震灾区坚持工作3个月，搭建5个帐篷图书室、近20所板房图书室，其图书室图书借阅达3万多人次
荣誉/北京市优秀毕业生、北京市优秀共产党员

吴希宾 在废墟上筹建图书室

　　吴希宾，《中国扶贫》杂志社记者。5月21日，他在汶川地震重灾区筹建起第一个帐篷图书室——中国扶贫帐篷图书室，它成为地震废墟上一个心灵的家园。此后，吴希宾共建立5个帐篷图书室、近20个板房图书室，图书借阅达3万人次。他在灾区坚持工作近3个月，因表现突出，和其他杂志社同事一起为杂志社获得中央机关团委颁发的"先进青年集体"荣誉称号。

　　2008年5月12日，正在内蒙古兴安盟出差的吴希宾得知四川发生大地震，立即赶回北京。5月13日，作为志愿者团队队长，吴希宾率队和杂志社杨凤平、范成、吴艳云、李振海、张会强一共6人运送救灾物资赶赴抗震救灾一线。在北川、平武等重灾区开展志愿活动。吴希宾肩负扶贫工作者和媒体工作者的双重任务。灾难的巨大破坏让他受到极大震撼，对同胞遭受的不幸有着切肤之痛，只愿自己的付出可以减轻受灾同胞的苦痛。

　　在灾区，他帮助转移被困群众，把救灾物资亲自送到最需要的乡亲手中。在重灾区平武南坝镇，他们和驻滇某部一起徒步数小时深入石坎等乡，了解深山受困群众情况，协助部队转运深山受困群众。一次，他们运送刚出生不久的婴儿和

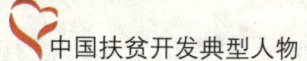

产妇从平武南坝镇前往古城时,遭遇山体滑坡,一块大石从山上滚下,将前挡风玻璃砸出一个大洞,所幸副驾驶座位未调整好,没有坐人,没有造成人员伤亡。由于物资紧缺,加上他将自身携带的一些食品转赠给救援部队及受灾群众,他每天只能吃方便面,甚至没有热水,只能用矿泉水泡面。

5月21日,一线救援工作基本结束,吴希宾回到绵阳市受灾群众安置点,准备开始新的志愿工作。在绵阳九州体育馆走访时,他了解到安置点的孩子们因为撤离匆忙,都未带出学习图书。在了解到孩子们读书求知的渴望后,他决定筹建中国扶贫图书室,让图书走进孩子们的生活,让孩子们走出地震的阴影。在和同事沟通后,征得社长的同意,吴希宾就开始筹建图书室。他与同事分工合作,当天就到绵阳市新华书店联系购买图书等各种物品。在当地扶贫办、新华书店的支持下,在绵阳安县黄土安置点筹建起第一个中国扶贫帐篷图书室。这也是灾区第一个帐篷图书室,它成为地震废墟上一个心灵的家园。图书室建成后,每天前来看书的孩子几乎将帐篷挤爆。孩子们畅游在图书的世界里,尽情享受着图书带来的快乐,图书冲淡了地震对他们造成的心理阴影,他们脸上也露出久违的笑容。

5月28日,国务院扶贫办主任范小建也亲临黄土安置点中国扶贫图书室,考察工作,慰问志愿者,对在灾后迅速筹建图书室的做法大为赞赏,提出要在灾区建立更多的图书室以满足孩子们的精神文化需求,他表示:"建图书室的方式很好,值得在各个安置点推广。"

■吴希宾与《中国扶贫》杂志社社长曹金龙(左五)和帐篷图书室工作人员及志愿者合影

改变贫困的力量

■ 吴希宾陪同中国扶贫开发协会会长胡富国考察工作

■ 国务院扶贫办主任范小建视察中国扶贫帐篷图书室

随后,第一批参加抗震救灾的志愿者返京休整,吴希宾主动提出留在四川做好图书室的日常运转志愿工作。他在杂志社的支持下,开始到各受灾群众安置点了解情况,准备筹建更多帐篷图书室。在中国扶贫开发协会领导的大力支持下,协会专程从北京采购数十万本内容丰富的图书,及时送到绵阳,保证了图书的供应。此后,北川擂鼓帐篷图书室、永安帐篷图书室、桑枣帐篷图书室、永安党校帐篷图书室陆续建成。他开拓思路,招募当地志愿者管理图书室,激发孩子们参与图书室管理的热情,保证了图书室得以正常运转下去。图书管理员听取孩子们的建议,进行分类上架,并结合图书室面积小的实际情况,实行外阅和内阅方式,办理借阅证,对孩子们开放借书。5个帐篷图书室发放近500个借阅证,每个图书室每天平均借阅次数都在100次以上,经粗略统计,借阅约3万多人次。在这里,吴希宾也成为了孩子王,孩子们都亲切称呼他为"吴大叔"。在那里他奔波于各个图书室,和孩子们交流。他注意尊重孩子们的感受,平等对话,引导他们读书,培养他们阅读兴趣和习惯,鼓励孩子们振作起来,长大后为家乡的建设贡献自己的一份力量。

6月中旬,杂志社派出第二批志愿者来到四川灾区,和吴希宾一起筹建图书室。帐篷安置点的群众陆续向过渡板房中安置,他们考虑帐篷图书室该何去何从。他们开始与学校联系协商,帮助板房学校建图书室。7月2日,援建的第一所板房图书室在安县晓坝小学投入使用。随后,陆续建成江油太平镇五星小学、北川

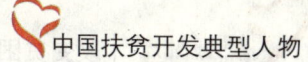

景家村小学、江油大堰乡小学、平武南坝小学、北川都坝小学、北川擂鼓镇中学、江油太平镇二小、安县秀水小学、绵竹汉旺镇社区、北川任家坪小学等近20所板房图书室。

7月28日,《中国扶贫》杂志社社长曹金龙到各帐篷图书室及板房图书室视察,慰问了图书室服务志愿者,对他们表示感谢,看望受灾孩子,还参加了擂鼓镇图书室孩子们的联谊会。在擂鼓帐篷图书室,正在举办联谊会的图书室中传出的欢声笑语,吸引了来灾区采访报道的英国BBC(英国广播公司)记者。他们被图书室的一幕幕情形所感动。在图书室,他们看到的是一群天真烂漫的孩子,他们看到了已经从地震中走出来的孩子们,他们没有绝望,笑脸上洋溢着希望。

在筹建图书室的过程中,充满危险。在吴希宾和同事往深山学校送书的路上,沿途都是已经松垮的山体,稍有余震就会坍塌下来。堰塞湖的危险也时时高悬在头顶,他们一刻不得放松。他也有过苦恼,有时筹建图书室与相关部门难以沟通协调,有时爱心不被理解。但是,他更多的是感动。安置点的老乡、孩子在筹建图书室时给予他许多支持。在北川擂鼓安置点,5岁大的孩子也在其他孩子带动下帮助搬砖铺地;在堰塞湖安全泄洪后,他和孩子们相拥庆贺图书室保住了;他离开四川时,孩子们送了他一幅羌族的壁画,画的背面都是孩子们留言,"吴大叔"的称呼让他每次听到都眼角湿润。这些成为他生命记忆中最闪亮的片段。"予人玫瑰,手留余香。"他这样说过四川的经历:"我们付出汗水,收获泪水。"

四川抗震救灾的经历,也成为了吴希宾最刻骨铭心的记忆。在以后的工作中,他对贫困群众的那份赤子情怀,会支撑他继续走下去。

■吴希宾在绵阳市北川县黄土镇受灾群众安置点向国务院扶贫办主任范小建(右五)汇报工作

中国扶贫开发协会 | 改变贫困的力量

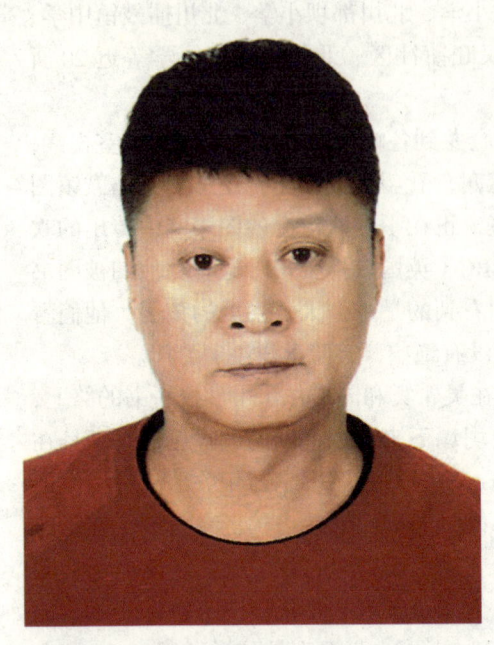

人物档案

姓名／寒北星
性别／男　出生年月／1954年10月
籍贯／河北省辛集市
职务／河北省辛集市文化馆创作室主任
主要事迹／策划建造了"天下第一洲"、奥运纪念碑林、"东方巨龟苑"、中华长城碑林、中华归一园
荣誉／国家一级作家，山川文化策划大师，物象派书法创始人，被世界华人华侨联合总会授予"功勋艺术家"称号

寒北星　山川文化策划大师

　　寒北星，河北省辛集市文化馆创作室主任，国家一级作家，山川文化策划大师，物象派书法创始人，被世界华人华侨联合总会授予"功勋艺术家"称号，创作文学作品42部，其中反映中国农村扶贫开发题材的长篇小说有20余部。1989年完成的纪实文学《黑血脉》一书，受到时任全国政协主席李瑞环好评，并为该书写了序言。

　　1993年以来，寒北星把自己的艺术奉献给国家的扶贫开发事业，创作八大文化扶贫工程，为人类留下不朽的物质财富和精神财富，创造经济效益数十亿元。他奉献却不求回报，他常说："上苍给我智慧，我要把智慧奉献给人间。我是农民的儿子，深知广大农村贫穷落后，我要用自己的一技之长扶贫帮困服务社会。"

　　1989初冬，寒北星深入黄河三角洲采风。在完成纪实文学《黑血脉》后，他便开始思考一个问题，即如何把石油工人的无私奉献精神形象生动地表达出来。1993年初春，一个以歌颂石油工人战天斗地、无私奉献为内容的"洲"字工程开始酝酿。不久，他的第一个山川文化——"天下第一洲"，矗立在黄河三角洲的东营市。这是他的处女作，是石油工人拼搏向上、不屈奋斗的精神象征。他在碑文中这样写道:"天下第一洲,东方的明珠,人类的财富……""天下第一洲"成为这座城市的地标,成为难得的旅游观光产业,为当地带来了丰厚的旅游收入。

1997年,香港回归临近,寒北星来到红色圣地——河北省西柏坡所在地国家级贫困县平山。一个大胆的设想在他脑海中诞生:为迎接香港回归,同时也为革命老区贫困县创造巨大知名度,用文化扶贫,开发旅游产业,使贫困县尽快富起来。他决定在天桂山上刻下一个高97米、宽49米的"归"字,表达祖国同胞盼望香港归来的坚强决心,同时也为贫困县脱贫致富、开展旅游事业寻找到一条出路。他的设想与平山人民一拍即合。青山石刻,一个"归"字,使革命老区平山县人民与香港紧密握手。平山一夜名扬天下,旅游收入剧增。

1999年来了,澳门回归在即,全国劳动模范、税收占平山县财政收入1/3的农民企业家范海庭找到他,让他再为平山策划一个老区人民喜迎澳门回归的项目。他二话没说,一口答应。那时他正患胆囊炎,有时疼起来就是一身汗。他多次往返治河之畔,几经构思,终于完成了世界上最大的万吨巨龟吉祥物,同时打造出"东方巨龟苑"景区。他又为范海庭策划了华夏历史园林,为庆祝纪念碑撰写的碑文被中国革命历史博物馆收藏,其中两个项目获得世界吉尼斯纪录。他为贫困县扶贫开发又添一景,如此巨大贡献受到老区人民的称赞。

2000年秋天,国家级贫困县赞皇县县委书记仵增刚邀请他到赞皇,再策划一个文化扶贫开发项目,尽快让赞皇知名度大起来,老百姓富起来。他六赴赞

■寒北星为中国扶贫开发协会捐献巨幅书法作品

■ 寒北星在赈灾义演现场捐献书法作品

皇山区,凭借他在文化界的知名度,向全国书画家发出倡议,捐献爱心,为贫困县赞皇建造了5千米的"中华长城碑林"。从此,珍贵的文化艺术走进了深山。在他的带领下,许多艺术家把自己的作品捐献给老区。浩瀚雄伟的长城碑林,吸引了无数游客前来观光,也为贫困县带来经济效益。

2002年,他为国家贫困县怀来策划完成了"中华归一园"扶贫开发旅游项目,其中长97米、宽9米的汉白玉浮雕"东方巨龙图",十分珍贵,是歌颂祖国改革开放的伟大历史画卷,受到海内外众多媒体的关注。

北京的密云县溪翁庄镇东智西村、昌平区的菩萨鹿村,都是默默无闻的贫困小山村,老百姓生活艰苦。当东智西村和菩萨鹿村的支部书记邀请他为小山村脱贫致富出谋划策时,他愉快地答应了。不但没有向对方要一分钱,还拿出个人的稿费58万元为菩萨鹿村打造了一个旅游区。为这个旅游区起名叫菩萨山,这个小山村从此走上了富裕之路。同时他又为密云的东智西村策划完成了中国最大的汉字文化"佛"字,该字高99米、宽56米,建在山坡上,成为一大旅游景区,云佛山也从他的笔下得名。北京的版图上,从此有了云佛山和菩萨山两大风景区。两大景区从此写进北京的历史和版图。

早已在2007年他就为2008年奥运会这一国家和民族的历史盛会开始奔波。他向全国的书画家们发出倡议,在河北省的贫困县涞水野三坡风景区,建造世界上最大的奥运纪念碑林,以此来纪念这一盛事。一年半的时间,他和志愿者们从数千件书法作品中,挑选出2 008件佳作。在2008年8月5日,距奥运会开幕只有3天的时候，一座巨大的奥运碑林落成。伴随着奥运会的胜利闭幕，凝结着全国2008位书法家心血的奥运纪念碑林，永远留在世界的奥运盛史上。中国举办了一届成功奥运会的同时，也建造了一座史无前例的奥运纪念碑林。人们渐渐淡忘了奥运会无数比赛的精彩，千年历史却永远记载了山川大地中的这些奥运碑刻。这个没有用国家一分钱完成的奥运纪念碑林从征稿、选址到建碑、出书、展览等一系列工作耗费了寒北星一年半的心血，他的体重由原来的90千克降到67千克。他多次带病往返于北京、石家庄、野三坡等地，为了贫困县搭上这趟千载难逢的奥运历史列车，他付出了他的智慧，他的所有，却没有向任何部门要过一分的报酬。然而，奥运纪念碑林，从此使贫困县涞水走进了世界媒体的宣传报道中，使涞水的旅游事业更加发展壮大。

寒北星执著于祖国的山川文化策划，为国家、民族、人民的利益着想，不求回报，只讲奉献。这些山川文化的落户地，都是贫困山区和国家需要扶贫的县。它们给这些地方带来丰厚的经济回报，每年经济效益超过亿元。一年建成，百年受益，功在当今，利在后世。寒北星用默默无闻的山川文化扶贫，来回报党和人民对他的抚育之恩。他说："苍山沃土是养育我的土壤，山川文化是我回报给祖国母亲的嫁妆，我要用自己的智慧报答爹娘让我来到这个世上，给人们带来幸福安康，扶贫开发事业是我一生的向往。"

寒北星三十年如一日，创作了40余部1 200多万字的长篇文学作品，为人民提供了丰厚的精神食粮。他创作的上万件物象书法作品，传播到祖国的四面八方。无论是儿童、老人让他写字，从不拒绝，有时累得大汗淋漓，仍挥笔不辍。汶川地震时，他还拿出10万元的稿费和数十幅珍藏字画，参加了多场义捐义演。

■寒北星为奥运纪念碑题字

中国扶贫开发协会 改变贫困的力量

人物档案

姓名/王西林
性别/男　**出生年月**/1957年8月
籍贯/河南省长葛市
职务/延安王家坪实业发展集团有限公司总经理
主要事迹/创办王家坪实业有限公司，总资产4亿元，年上缴税费突破3 500万元，累计为社会公益事业和慈善事业捐款5 100余万元。
荣誉/全国劳动模范、中华慈善奖、全国十大公益之星提名奖、陕西省交通运输十大新闻人物、陕西省为公益事业作出突出贡献的民营企业家等

王西林　延安宝塔山下的慈善使者

20多年来，革命圣地延安的宝塔山见证了一位新时代的英杰。他艰苦创业、富而思进，把爱洒遍三秦，洒遍华夏，成为受人赞颂的"爱心大使"，受到广泛赞誉。他，就是延安王家坪实业发展集团总经理王西林。

王西林自1987年创建王家坪实业发展集团有限公司的二十余年来，始终坚持以人为本、求真务实的企业宗旨，发扬艰苦奋斗的延安精神，把一个单一的汽车运输企业发展成为集汽车货运、铁路代办运输、民办教育等一专多营的实业发展集团，拥有总资产4亿元，年上缴税费突破3 500万元，累计为社会公益事业和慈善事业捐款达5 100余万元。王西林的大爱之心赢得了党和政府及社会各界的交口称赞，他已成为延安民营企业的一面旗帜。

20世纪90年代，国家启动希望工程，支援贫困山区的教育事业。从那时起，王西林便把自己的心和这些贫困山区的儿童紧紧贴在一起，"资助贫困山区的教育事业，不让困难家庭的孩子辍学"是他的心愿。早在1988年他创业之初，就一次性购买了50多套桌椅捐给了驻地王家坪小学。1997年3月，他捐资25万元在宝鸡市陈仓区千河镇玉家崖村建起第一所西林希望小学。从1997年3月到2001年9月，

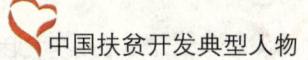

4年多的时间里,他先后捐资400多万元,为陕北、关中农村建起9所希望小学,使5 000多名学生能够在宽敞、明亮的教室里发奋学习,给偏远贫困山村的家庭免除了子女入学难之苦。2001年6月,在捐资80万元建成的大荔县安昌村西林小学落成典礼上,王西林动情地说:"谁赢得了孩子,谁就赢得了未来,支持教育事业是我义不容辞的责任。"

对于那些因家庭贫困不能继续升学、深造的贫困生,王西林更是伸出援助之手,鼎力相助。从1988年至今,他先后多次为贫困大学生、中学生资助学费,许多贫困生都是因为他的资助才得以走完人生最难忘的校园之路。2005年,王西林在延安市教育局设立助学基金100万元,用于资助延安家庭经济困难的学生完成学业。2006年,王西林在陕西省慈善协会设立冠名助学基金500万元,每年用于资助陕西省贫困大学生。2007年,王西林又在延安市慈善协会设立慈善基金800万元,用于发展延安的慈善事业。除此以外,王西林还把扶贫、救灾、济困作为企业发展的一项重要任务,为扶贫帮困、助学、警力建设、道路改造、环境绿化、抗洪救灾、救助医疗等慈善事业捐款捐物2 500多万元。

在爱心托举希望工程、资助贫困学生的同时,王西林还积极投身教育事业。2004年,王西林投资1.6亿元创办了延安育英中学,这是一所高标准、现代化的寄宿制完全中学,并与清华大学附属中学结成数字化教育合作学校。育英中学占地面积110亩,建筑面积6万平方米,有环形教学楼、实验楼、办公楼、学生公

■ 王西林当选2008北京奥运会陕西延安段第208棒火炬手。图为他在延安黄帝陵祭祀大殿前点燃圣火盆

■ 2010年8月，王家坪实业发展集团公司全体职工在王西林的带领下为陕南抗洪救灾捐款　　■ 受助大学生向王西林赠送锦旗

寓及教职工住宅楼12座。学校拥有先进的广播网、通讯网、宽带信息网和有线电视设施，现有教职员工240余人，在校生3 500余人。校园环境优雅，体现了生态教育和人文教育的完美结合。自2004年秋季育英中学创办以来，陆续为500多名成绩优秀但家庭经济困难的初、高中生减免学费、教材费等共计400多万元。5年来，育英中学的先进办学思想和办学理念以及教学水平赢得了社会及家长的认可。

　　建设社会主义新农村是党中央按照科学发展观、构建和谐社会的基本要求做出的重大战略决策。2005年初，延安市宝塔区召开建设社会主义新农村专题会议，王西林主动向区委、区政府提出参与包建小康村的打算和想法，得到政府的肯定，随后将延安市宝塔区麻洞川乡樊村确定为公司的定点包扶村。公司经过实地考察，制定了《延安王家坪实业发展集团建设社会主义新农村五年规划》。自2005年以来，陆续为该村投资了190多万元。这些资金主要用于该村道路建设改造、改善村容村貌、进行环境绿化、修建蔬菜大棚、推广沼气养猪、实施有线电视入户和构建党员活动室。这些项目的实施，加大了农村科技扶贫力度，加强了农村文化建设，丰富了农村文化信息传播。在进行产业扶贫的同时，王西林和公司分管新农村建设的副总多次深入孤寡、病残、贫困村民和老党员的家中进行慰问。公司不仅在资金上扶持农民，更主要的是引导农民转变落后的思想观念，拓宽致富渠道，从根本上脱贫致富。经过4年包扶，樊村在产业建设、基础设施、村容村貌、文化建设等方面取得了明显成效。村民年收入由包扶前的月人均1000元增长到现在的3000余元。

2005年7月到2007年8月，是王西林一生中最难忘的两年，也是他为陕南贫困山区播撒爱心、见证大爱的两年。4年前，当他得知陕南秦巴山区群众生活艰苦，特别是当他在考察中得知，许多偏远山村的乡亲因为过河无桥、徒步涉水，曾造成几十条人命葬身河水，他受到了深深的震撼，决心为远隔千里之遥的陕南秦巴山区修桥筑路。当时有许多人对他的修桥善举并不理解，认为他生长在延安，为什么不将捐赠的资金投入家乡建设，而去资助远隔千里之遥的他乡陕南。然而在他看来，一个人要为社会做贡献，首先要突破家乡观念、地域观念，这是一种充满人间大爱的奉献。

2005年7月，那是一个令秦巴父老永远难忘的日子，由王西林捐款440万元为汉中、安康、商洛三市贫困山区修建118座"慈安桥"项目启动仪式在西安隆重举行。经过两年多努力，118座"慈安桥"全部竣工，经验收全部合格。这些桥使陕南三市的27个县区107个乡镇118个行政村13万村民直接受益，解决了他们生产、生活和学生上学过河难的困难，改善了村民生活环境，推动了当地经济发展。许多村民由衷地赞扬"慈安桥"是平安桥、幸福桥、致富桥、连心桥。

志坚则路长，品高则声远。王西林是一位出色的民营企业家，也是一位对社会公益事业作出突出贡献的捐赠者。他喜欢"雪落黄河静无声"的境界，没有张扬，没有粉饰，有的只是一种博大的胸怀和强烈的社会责任感。

■ 王西林为陕南捐资修建的118座"慈安桥"

改变贫困的力量

人物档案

姓名/宁杨锁
性别/男　出生年月/1942年10月
籍贯/山西省万荣县
职务/甘肃宁氏实业有限责任公司董事长、甘肃晋商会会长
主要事迹/带动晋商为甘肃各项公益事业投入资金3 800多万元，将自己的甘草酸科研成果无私奉献社会，为促进当地的发展作出了积极贡献
荣誉/省政协委员优秀企业家

宁杨锁 扎根西北扶贫的晋商代表

　　宁杨锁是个地地道道的晋商，他从政府秘书长到商界传奇人物，从研究所所长到做国际大买卖的商人，足迹遍天涯，凭的就是山西商人刻苦勤奋的精神。

　　宁杨锁出生在农村并在农村长大，小的时候赶过车，也种过地。上中学时，由于家境贫寒和生活的逼迫，他利用课余时间打工，赶车拉东西，一天的工钱就是4毛钱。1966年，宁杨锁从华北工学院化学系毕业后，先到山西省政府任秘书，后担任秘书处处长，后来成为副秘书长。1972年，宁杨锁来到兰州，到中科院兰州化学物理研究所工作，从事科研工作达23年之久。然而，宁杨锁在汹涌澎湃的改革浪潮中并不甘于做一个站在岸边指点江山的学者、教授。1988年，他成立了甘肃宁氏实业有限责任公司。从此，他迈出了由行政人员、教授到企业家转变的第一步。学者把科技发展视作社会进步的动力，企业家把科技领先作为企业的立身之本。把学者和企业家融为一体的宁杨锁也就自然地把对社会的责任和企业的前途连在了一起。

　　宁杨锁发明了7620高能炸药，此项科研成果曾获得国家级科技成果奖；他还研究开发了75%甘酸草粉、85%~98%纯度的格莱林素。他把甘酸草科技成果推广给酒泉当地的农民，帮助村民打通甘酸草的国际销路，成为国内做甘酸草国际贸易的第一人。

1996年，宁杨锁投资开发文县东风沟重晶石矿，企业在发展的同时带动了当地经济发展。目前，临江镇的村民自发成立矿粉加工厂12家，逐渐形成矿粉加工产业规模化，直接带动当地经济发展和村民收入的提高。

2008年，宁杨锁带领宁氏实业公司在临江镇寨子村大沟里建设年产15万吨的硫化钡工程项目，该项目不占用耕地，环境影响小，为国家和地方增创利税，同时可安排123人就业。

宁杨锁积极帮助贫困劳动力解决就业问题，帮助他们增加收入，脱贫致富。他说："创业之初我就有一个愿望，为下岗职工提供更多的就业机会，带动兰州人民共同致富。令人欣慰的是，我的实体目前已解决了不少就业岗位。"他累计安排当地贫困劳动力50余名到矿山就业，扶持并带动了200多户从事个体运输、商贸、餐饮等第三产业。2008年村民年人均收入达到9 000元，村民过上了小康生活。

宁杨锁从2006年以来累计捐资30余万元用于帮助村民改建校舍、资助贫困学生等，他自己担负了5个大学生的学费和生活费。他还重视文化扶贫，给省慈善总会捐赠20万元，多次向农村捐赠图书，出资支持甘肃电视台的电视剧拍摄。

在他的带领下，2007年甘肃晋商商会参加各项公益事业、慈善事业投入资金达3 875万元，受到省委、省政府和社会的高度好评。5·12地震，晋商们为汶川地震捐款多达500万元。宁杨锁以宁氏公司的名义给甘肃省民政厅捐款10万元，又购买20万元救灾物资，第一时间亲自送到灾区人民手中。

宁杨锁谦虚地说："我算不上什么成功，企业有了现在的基础，仅仅是创业迈出了第一步。我要做的事情还很多，要走的路还很长。"

▪ 宁杨锁在沙儿湾小学捐助现场讲话

人物档案

姓名/杜文修
性别/男 出生年月/1965年6月
籍贯/甘肃省陇南市
职务/甘肃省陇南市武都区柏林乡湾儿下村党支部书记、武都区北茂花椒协会会长
主要事迹/推动了当地花椒、中药材产业的发展,受益群众达1.2万余人同时带头兴办企业,解决农民的就业和增收问题,加快了农民脱贫致富的步伐
荣誉/陇南市劳动模范

杜文修 花椒产业脱贫致富带头人

杜文修是甘肃省陇南市武都区柏林乡湾儿下村人,多年来他心系群众,依托武都花椒产业的独特优势,成立花椒协会,带领群众发展花椒产业。每年经北茂花椒协会向重庆、成都等地销售的花椒达200多吨,向深圳、广州等地销售的成品中药材红芪达50多吨,受益群众达1.2万余人,推动了当地花椒产业的发展,加快了农民脱贫致富的步伐。他是引领群众脱贫致富的带头人。

20世纪90年代初,杜文修就开始从事花椒、中药材的收购贩运。初始阶段,由于受资金、经验等多种条件的限制,只是做小本生意,辛辛苦苦一年下来,基本上没有什么赢利,勉强糊口。经过多年的摸爬滚打,他慢慢积累了经验,把握了市场行情,加大资金投入,扩大规模,花椒、中药材收购贩运生意愈做愈大,从而有了固定的客户和销售渠道。在长期的经商过程中,他一直遵守明礼诚信、公平公道的经商原则。2005年,由于花椒采摘期天气变化,影响了花椒质量,外地客商趁机压价。面对这种情况,为了维护群众利益,维护武都的花椒市场不受外来因素干扰,保证花椒市场正常运转,他仍按以往正常价格收购。在花椒、药材收购和运销过程中,每年用工200多个。他总是将贫困户吸收进来务工,增加贫困户收入。

多年的经商生涯给杜文修以启示：一人富了不算富，只有带领乡亲们共同致富才算真正富，才能托起一方经济发展，只有依靠区域优势，寻找一条既能推动花椒产业稳步持续发展、让群众长期受益，又能抵御市场风险，树立武都品牌，提高武都花椒市场竞争力，提高组织化程度，走规模化、产业化经营的新路子，才是依托花椒产业使大多数群众脱贫致富的路子。2005年7月，在上级组织的大力支持下，杜文修联络北路片10个乡镇从事花椒种植、营销的能人大户，在柏林乡湾儿下村组建了武都区第一个花椒协会——北茂花椒协会，他被推选为第一届会长。协会覆盖北路片10乡镇，入会会员1 000多名。协会成立后，分别在安化、马街、两水等乡镇建立了营销网点，采取统一生产、统一加工、统一销售的方式，使花椒由粗放式经营、原材料销售，转变为精加工后包装成品销售，提升了花椒效益和销售价格。花椒收获的旺季每天可收购1万余千克，价格均按市场最高价收购，一切从维护会员利益、维护武都花椒品牌、做大做强花椒产业出发，从而使广大花椒种植户种得放心、卖得舒心，实现了基地化生产、规模化经营，有力推动了北路片和全区花椒产业的发展，真正使花椒成为群众增收的主导产业，提高了群众的经济收入，加快了群众脱贫致富步伐。近几年来，每年经北茂花椒协会向重庆、成都等地销售的花椒达200吨左右，受益群众达1.2万余人。

■杜文修收购群众花椒

■杜文修跟顾客洽谈花椒收购

2003年12月，在村党支部班子换届选举中，由于为人公道正派，一心为民，杜文修被群众推选为村党支部书记。上任伊始，为了尽快找到一条符合该村实际的经济发展路子，他和支部、村委一班人多次走村串户，走访群众，通过召开支部会、党员会和群众会，了解群众最关心的问题，探讨村子发展的新路子，与群众一道共商发展之计，同谋致富之路。经过多方的商讨、研究，确立了"立足地域优势，依托特色产业，调整产业结构，发挥市场潜能，发展非公有制经济，倡导劳务输出，促进群众增收"的经济发展思路。

多年的从商经历练就了杜文修不畏艰难、勇往直前、诚实守信的良好品格。思路一旦确立，方向一旦明确，他就立即付诸实施，抓在手上，放在心上，落实在具体的行动上。首先，杜文修和支部一班人结合退耕还林政策，将山坡地全部栽植优质大红袍花椒树，树间套栽中药材红芪，规模建园，有效利用土地，提高单位产出率。二是在川坝地大力发展以蒜苗、西红柿等为主的优质无公害蔬菜。三是坚持把发展非公有制经济作为一项群众致富的主导产业来抓。他结合本村实际，积极推行党支部领办非公有制经济和专业协会的农村经济发展模式，取得了良好的效果。在支部一班人的组织、帮助和带领下，全村先后兴办了养殖场、花炮厂、机砖厂、面粉加工厂、印刷厂、挂面厂等9家非公有制企业，其中机砖厂、面粉加工厂、花炮厂平均年利润均在二三十万元左右，不但业主获得了较高的利润，同时带动了本村及周边村剩余劳动力的就业。围绕产业生产，全村发展个体运输户30多户、经商户50多户，组建个体建筑施工队5个，非公有制经济逐渐壮大，仅非公有制经济一项人均收入在1 000元左右。四是鼓励、支持的剩余劳动力外出务工，解决人多地少的问题，除经商和本村务工人员外，平均每户每年向深圳、广州、新疆及市内等地输出一个剩余劳动力外出务工。现在全村形成了家家有主业、户户有门路、人人懂技术的良好经济发展格局。

杜文修和支部一班人按照"环境绿化、道路美化、庭院亮化、村上文明化、生活小康化"的总体思路，从基础设施建设抓起，积极改善群众的生产生活条件，共硬化村内巷道4 000平方米，加固维修灌溉渠道400米，自来水入户率达到100%，85%的农户建起了砖混结构新房，90%的农户装上了电话、用上了手机。目前全村实现了水、电、路、电视、电话"五通"，村民们过上了生产发展、生活殷实的小康生活。

5·12地震发生后，面对严重的灾情，杜文修和村支部一班人临危不惧，沉着应对，在上级组织的正确领导和社会各界的大力帮助下，及时组织党员干部迅速开展抗震救灾工作，妥善安置群众，切实解决群众的实际困难。支部一班人紧密结合全村实际，认真贯彻落实党的各项政策，带领群众不等不靠，克服困难，

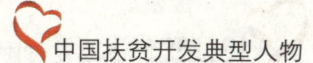

抢抓机遇,及时恢复了灾后重建工作。目前全村117户重建户已全部动工,其中35户已完成地基处理,54户完成主体工程,28户全面完工,31户维修户全面完成任务。同时杜文修带领村支部一班人,在搞好本村重建工作的同时,充分发扬"一方有难,八方支援"的优良传统,号召全村干部群众积极伸出援助之手向重灾区捐款,全村共捐款1万多元。他一人缴纳的特殊党费和捐款达4 000多元,真正体现了一名农村党员干部的良好精神风貌。

在杜文修的带领下,湾儿下村发生了翻天覆地的变化,群众生产水平不断改善,生活水平不断提高。杜文修的工作也得到了全村广大群众和上级组织的肯定和认可,多次被评为"先进党员""先进个人",并荣获"市劳模"称号,被推选为市、区人大代表及区人大专职委员,成为带领群众脱贫致富的贴心人。

■杜文修在集市上和顾客面谈

| 改变贫困的力量

人物档案

姓名/杨晓宏
性别/男　**出生年月**/1971年12月
籍贯/宁夏回族自治区
职务/铁道部委派挂职固原市原州区政府区长助理
主要事迹/2002年以来,积极协调争取铁道部投入帮扶资金总额6 311万元,实施以"235"工程为重点的原州区教育扶贫建设项目。截止2008年底,农民人均纯收入翻1.5倍,贫困人口减少到2.4万人
荣誉/全国扶贫开发先进个人

杨晓宏　汗洒原州的扶贫使者

　　杨晓宏,铁道部派驻原州区挂职干部。他受铁道部兰州局委派,于2004年开始从兰州局来到十年九旱、沙尘暴肆虐、自然灾害频发、贫瘠甲天下的原州区从事扶贫工作。他扎扎实实干了5年的扶贫工作,每一个乡镇村组都留下了他深深的足迹。"汗洒黄土地,情系老百姓"是杨晓宏最真实的写照。杨晓宏被国务院授予"全国扶贫开发先进个人",连续多年被宁夏回族自治区评为"先进工作者"。

　　铁道部领导清醒地认识到:给钱、给物只能解贫困地区一时之难,不能从根本上解决问题;而教育扶贫,可以把贫困地区沉重的人口负担转化为强大的人力资源优势,促进贫困地区经济社会的全面发展。杨晓宏深刻理解并践行了这种扶贫思路。

　　杨晓宏行程2 000多千米,走遍了原州区14个乡镇229个行政村的307所中小学校,把原州区的基础教育工作的家底摸了个一清二楚。针对原州区教育摊子大、基础薄弱、条件差、九年义务教育普及程度低、基础教育发展很不平衡、教育信息化程度低等问题,他提出投资2 000万元的教育扶贫计划,着力改善基础教育条件,加强农民技术培训,传递知识和信息。2005年,在铁道部派驻的另一位挂职干部的大力协调下,杨晓宏从铁道部申请来2 095万元教育扶贫资金,为原州区教育事业实施了"235"工程和其他教育援助项目:在原州区城区兴建一所标准化中学和一所小学;对3个乡镇的中学进行改造;改扩建5所希望小学,提升教学设施;建成一幢原州区教师培训楼,为14所中小学配备体育、音乐器材各1套、电脑115台、课桌凳500套、图书1万册;为全区8.25万名农村中小学生每人捐赠一套校服;每年订阅《农民日报》、《经济日报(农村版)》各500份,分发到原州区14个乡(镇)229个行政村。这个数字相当于原州区一年的全部财政收入,对原州区来说,如此大的扶贫力度,是个惊人的举动。然而,这还只是铁道部教育扶贫的一个部分。

这一宏伟计划,经过原州区党委、政府的精心实施,已经全部变为现实。在铁道部帮扶下改扩建了学校,黄铎堡中学、杨郎中学、红庄中学、五营小学、砖窑小学、上黄小学、大店小学……房屋质量一流,教学仪器设备齐全,现代化教学多媒体引入教学当中,办学条件得到了很大的改善,有效地解决了教育发展中的突出问题和困难,为全区实现普及九年义务教育和提高教育教学质量奠定了坚实的基础,对全区教育改革与发展起到了积极的作用。项目区学校学龄儿童入学率全部达到98%以上,有的学校甚至达到了100%。

火车头希望中学(第六中学)目前是原州区规模最大的寄宿制完全中学,教

■杨晓宏一行人在学校考察

学班达到60个，可容纳学生3 000多名，极大地缓解了原州区城区中学教室紧张的难题。在火车头希望中学前院，矗立着一尊兰州铁路局赠送的"火车头"，它象征着铁道部与原州之间的深情厚谊，也象征着原州的教育事业在铁道部的帮助和扶持下将驰骋千里，勇往直前。

数年来，杨晓宏积极协调，争取到国家铁道部投入帮扶资金总额6 311万元，其中教育帮扶资金3 882万元，占投入资金总量的61.5%。教育扶贫工程极大地改善了贫困乡村教学环境、教学设施，加快了原州区乡村教育基础设施建设步伐，大幅提升了农村学龄儿童入学率。杨晓宏说，只要山里的娃娃有学上，他就高兴。

杨晓宏是一个心系群众的好干部。在下乡开展调研期间，他克服交通不便的难题，步行进村入户，深入田间地头，与群众推心置腹地交流谈心，关心群众的生产生活。他主动联系了两个贫困家庭的3个孩子为帮扶对象，给他们送去生活费、学习用具、粮油和衣物等价值几千元的东西，支持他们完成九年义务教育。当他了解到中山街居委会不通水电，工作极为不便时，便积极协调银川分局赞助6万余元，解决了这一难题。他主动为百姓办实事，不辞辛苦，正如他说："我是挂职干部，但不是挂名干部！"

在杨晓宏的努力下，原州区多次受到了铁道部领导的亲切关怀。2003年全国铁路系统15个铁路局的广大干部职工情系原州区、心系贫困群众，掀起规模宏大的"送温暖，献爱心"捐赠衣物活动，共计捐赠衣物近60万件，使全区300余所中小学学生和部分乡（镇）村农户受益。原州区地域广阔，交通不便，大量衣物的发放是件繁重而又细致的工作，他和固原段的铁路工人毅然全权承担，把困

■杨晓宏在考察工作

难全都留给了自己,没有给原州区指派任务,没有举行隆重的捐赠仪式,只有他和铁路工人忙碌工作的场面。他们仅用了不到10天的时间就将全部衣物分发完毕,创造了扶贫工作的奇迹。

杨晓宏在原州区开展扶贫工作7年来,共争取铁道部帮扶资金7 338.77万元,其中:农业扶贫项目累计投入帮扶资金2 543.96万元,教育扶贫项目累计投入帮扶资金4 243.81万元,用于援建马铃薯综合市场铁路专用线项目资金560万元。他从教育扶贫、产业扶贫入手,先后实施了教育工程、基础设施建设工程、种植业工程、养殖业工程、运输扶贫工程及爱心工程等六大扶贫工程、11个项目,全方位支持原州区扶贫开发事业。这些项目覆盖6个乡镇45个行政村,有效改善了当地农民生产生活条件,增强了贫困农户的自我发展能力,实现了输血式扶贫到造血式扶贫的转变,直接受益群众1.4万人。2009年年底,实现地区生产总值36.5亿元,比2002年翻了一倍多,年均递增15%以上;地方财政一般预算收入达到6 608万元;全区农民人均纯收入达到3 060元,比2002年增加1 711元;贫困人口由2002年初的21.79万人减少到2009年底的9.8万人,贫困面由2002年的55.8%下降到29.8%。

杨晓宏坚持以人为本的思想,视扶贫工作为己任,为原州区的扶贫开发事业作出了巨大贡献,很大程度上减轻了地方政府的扶贫压力,加快了贫困群众脱贫致富步伐,有力地推动了地方经济发展,特别是对原州区教育事业给予了极大的支持,为社会帮扶工作树立了典范。

■杨晓宏工作中

人物档案

姓名/韩阿乙草
性别/男　出生年月/1968年10月
籍贯/青海省循化县
职务/青海省伊佳民族用品有限公司董事长
主要事迹/吸收贫困农民入股，每年分红，吸收农民就业，甚至在农户家里设立加工点，使撒拉族贫困妇女居家就业

韩阿乙草　引领民族妇女致富的践行者

韩阿乙草1998年留学回国，开始在老家青海循化撒拉族自治县办厂，做起了穆斯林礼拜帽的生意。2000年，韩阿乙草和青岛、北京的两家公司联合研制，率先在国内引进第一条电脑刺绣生产线。这样，其公司礼拜帽的生产量猛增，加上当地相对廉价的劳动力，礼拜帽成本大降。经过10年的快速发展，公司由起初的20万元资产、20多名员工的家庭作坊式加工厂，发展成为全球最大的穆斯林服饰加工企业，公司生产的服饰在国际穆斯林服饰市场上引领潮流，沙特、阿联酋、巴基斯坦、马来西亚、尼日利亚等国的经销商来中国订货时，都指名要求订购伊佳公司的产品。其中，小白帽就在全球穆斯林国家占据了20%的市场份额。公司产品2007、2008年分别获得"中国名牌产品"和"中国驰名商标"。胡锦涛、贾庆林、李长春、曾庆红等党和国家领导人先后到企业视察，对他们借助民族特色资源优势，积极开拓、抢占国际市场，倾力带动民族妇女就业，扶贫成效明显的做法给予了充分肯定。

韩阿乙草帮助转变民族妇女就业观念，带动贫困家庭增收脱贫。循化撒拉族自治县是一个以撒拉族为主的贫困县，社会经济事业发展滞后，特别是少数民族妇女受教育程度低，基本处于文盲或半文盲状态，平时很难走出家门，更谈不上打工就业。伊佳公司近10年来，累计吸纳撒拉族、回族、藏族妇女5 000多人就业，为少数民族妇女实现就业、增加收入、解放思想、转变观念和提高民族妇女地位作出了积极的贡献。

韩阿乙草积极提供就业平台，强化农民工技能培训。伊佳公司的创建与发展，为当地初高中毕业女青年提供了很好的就业平台，每年吸纳500多人到公司就业。他们还积极协调劳动部门及职业学校，对员工进行全方位培训，累计培训人员达3 800人次，有862人通过了劳动人事管理部门的技能鉴定。同时，公司还把企业变成大学校，利用一切机会加强对员工的教育引导和再培训，把公司变成了名副其实的农民工就业培训基地。韩庭2003年11月从学校毕业后来到伊佳公司，由于工作出色，现在已升任直线绣花车间主任，管理着200多名员工，他兴奋地说，是公司给了自己施展才能的舞台！

韩阿乙草积极创新扶贫带动模式，实现互利双赢目标。为带动更多的农村富余妇女劳动力就地就业，实现增收脱贫目标，伊佳公司借助扶贫开发整村推进平台，使产业链向贫困村延伸和拓展。2007年，循化县扶贫办以白庄村、民主村、米亚亥为试点，鼓励农户将整村推进入户资金作为股本金集中投入到伊佳公司。伊佳公司保证每户每年500元的固定分红，每户吸纳1人就业，使贫困农户年均增收7 000余元。同时，伊佳公司采取租用民房、分户经营的方式，在农户家里设立加工点，使撒拉族贫困妇女足不出户实现了就业，同时大大降低了成本。国务院扶贫办主任范小建参观伊佳公司后，对贫困地区村企共建、实现双赢的模式给予了充分肯定。

■曾庆红同志（二排左三）视察伊佳公司

■伊佳公司员工为地震灾区捐款

中国扶贫开发协会 | 改变贫困的力量

人物档案

姓名/王道岭
性别/男　出生年月/1952年2月
籍贯/安徽省怀远县
职务/浙江省政府协作办对口支援处处长
主要事迹/1996年以来，他为对口支援的四川省做了许多工作，积极协调落实扶贫资金和扶贫项目，着力提高对口地区农民的劳动素质和技术水平，加快了当地脱贫的步伐

王道岭　对口帮扶的典范

　　王道岭，1996年由浙江省委组织部调任至省协作办从事对口帮扶工作，至今已有十余年时间，为浙江的东西扶贫协作事业作出了重要贡献，得到了上级领导和受援地区干部和群众的一致好评。

　　为了准确把握对口地区的经济社会状况，有针对性地做好东西扶贫协作工作，王道岭多次深入对口地区贫困乡村，翻山越岭，走村串户，认真开展调查摸底工作。在十几年的东西扶贫协作工作中，他每年都多次到广元、南充两地监督检查扶贫项目进展情况，了解贫困地区农民的生产生活状况，及时反馈、解决工作中存在的问题，研究探讨下一步的发展思路和举措，大力推广造血式扶贫开发模式，为贫困地区经济发展和农民脱贫解困作出了积极的贡献。

　　东西扶贫协作工作，既是一项重要的政治任务，又是一项庞大的系统工程。王道岭主持对口支援处工作以来，在认真做好基础性、常规性工作的同时，积极建言献策，着力推动浙江省东西扶贫协作工作的规范化、制度化建设。他先后参与了一系列文件的编制工作，为全省对口帮扶工作的政策保障和帮扶工作的顺利推进起到了重要作用。

王道岭对农村和扶贫工作有着深厚的感情。随着年龄的增大，疾病缠身，但他并没有因此而放松对自己的要求，反而更加积极地投身到工作中去，为东西扶贫协作工作四处奔走。在对口地区，他检查扶贫协作项目落实情况，探讨今后开展对口扶贫工作思路，并毫无保留地谈想法、提建议、献对策，为西部对口地区积极协调落实了扶贫资金和扶贫项目，帮助对口扶贫地区尽快脱贫和加快发展，为对口地区的百姓送去了党的温暖和浙江人民的深情厚谊。

在东西扶贫协作工作中，为提高对口地区农民的劳动力素质和生产技术能力，他牵头启动了浙江省对口帮扶广元、南充两市的劳动力素质培训工程。为进一步加快对口地区的经济发展，提高对口地区造血功能，他积极组织本省企业和浙江商会有关企业赴对口地区开展经济合作考察和项目洽谈，以支持和带动当地经济发展，努力促进对口地区加快脱贫步伐，巩固脱贫成果。以1996年娃哈哈公司落户广元为例，他多次赴广元帮助协调落实娃哈哈与广元的合作项目。目前，广元娃哈哈公司已成为当地纳税大户，年纳税2亿元，解决了1 200余人的就业问题，为广元市经济社会发展作出了积极贡献。

5·12地震致使浙江省对口帮扶的广元、南充两市遭受严重损失。王道岭全力配合浙江省应急办等部门做好物资调配、信息联络及灾后重建方案的研究制定工作。他带病主动请缨，奔赴抗震救灾第一线，充分发挥长期对口帮扶工作中形成的业务精、信息灵、人脉广的优势，冒着余震危险，多次带病赶赴青川乔庄、红光等重灾区了解灾情，指导工作，其不畏艰险的勇气和吃苦耐劳的品质得到了同事和当地干部群众的一致称赞。

■2007年，王道岭考察南充市水观音村浙江援建产业扶贫项目

■王道岭在四川仪陇县考察

■王道岭在四川营山县考察

| 中国扶贫开发协会 | 改变贫困的力量

人物档案

姓名/骆驰
性别/男　出生年月/1947年12月
籍贯/广东省吴川市
职务/香港道德会大陆总监
主要事迹/争取到香港道德会为重庆捐赠资金1 000余万元，修建希望小学19所、学生宿舍楼13幢，争取个人捐款7万余元，资助贫困学生200多名，捐赠校服1.3万余套、电脑40多台、图书1万余册，大大改善了受捐赠地区的办学条件
荣誉/全国东西扶贫协作先进个人

骆驰　巴渝大地矢志助学的慈祥老人

　　骆驰，珠海市国土资源局原党组书记，现任香港道德会大陆总监，曾获得"全国东西扶贫协作先进个人"称号。

　　在重庆，一提起骆驰，熟悉他的人脑海中立即就浮现出他的光辉形象来。他是一位充满淳朴爱心、克服种种困难、付出辛勤劳动、一心扑在扶贫助学事业上并且做出显著成绩的慈祥老人，一位对重庆贫困地区真情无限、关爱无限、奉献无限的慈祥老人，一位在巴渝大地矢志助学、有口皆碑、广为传颂的慈祥老人，一位让重庆贫困地区广大干部群众、学龄儿童万分感激、永远铭记的慈祥老人。

　　2002年，珠海与重庆建立东西扶贫协作关系，时任珠海市国土资源局党组书记的骆驰，多次参加对重庆的扶贫济困活动。从那时起，就与重庆贫困山区结下了不解之缘。因为他工作认真，作风深入，责任心强，2006年1月，被香港道德会聘任为大陆总监，负责对大陆捐建项目的立项考察、资金监管及项目验收等工作。

　　重庆贫困山区教育落后，许多孩子不能上学。为了争取香港道德会的大力支持，他多次专程赴重庆，深入到最贫困、最偏远、最急需帮助的乡村小学，逐

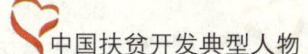

校考察选点，参与制定规划，收集相关材料，报送香港道德会，争取捐赠资金。2006年以来，他先后为重庆争取到香港道德会的捐赠资金1 000万余元，修建希望小学19所，修建贫困乡镇中心小学寄宿制宿舍楼13幢，争取道德会个人捐款7万余元，资助贫困学生200多名，捐赠校服1.3万余套，电脑40多台，图书1万余册，有效地解决了7 000多名贫困学生的上学难问题。

为了确保将有限的善款投放到最困难、最急需的地区，骆驰不辞劳苦，总是争取时间多走、多看。凡随骆驰检查过的同志都会有这种感觉："跟骆驰去检查，简直就像在行军打仗，时间紧，任务多。""再穷不能穷教育，再苦不能苦孩子，让人人都献出一份爱心，帮助一个个贫困的家庭，让一个个失学儿童重返校园，让一所所贫困学校摆脱困境。"这是骆驰在重庆贫困山区给部分贫困乡村许下的诺言。

2006年3月23日，骆驰赴重庆市奉节县考察时已是下午4点多，随行的人劝他休息一下第二天再去，但他为了抢时间，不顾舟车劳顿，又经过两个多小时崎岖山路的颠簸，到达槽兴小学。走进校门，看见七八间低矮的石木瓦教室，里面传来孩子们朗朗的读书声，骆驰十分兴奋。推开破损的教室门，看见室内潮湿、

■骆驰和巫山县红花小学的学生在一起。该校曾经借用农民的房子做教室

■ 骆驰为奉节县落阳小学的孤儿和贫困生发放助学金　■ 骆驰在汶川地震重灾区映秀镇

阴暗与东倒西歪的课桌、板凳，骆驰又感到震惊。在与师生们的交谈中，骆驰得知该校教学楼早成危房，若下大雨还得停课，当即表态，争取香港道德会捐赠30万元重新修建。多年的梦想就要变成现实，全校师生万分激动，奔走相告，一片欢呼。一名村支书拉着骆驰的手说："恩人啦！恩人啦！槽兴村群众将永远铭记你的恩德。" 2007年7月的一个下午，重庆地面气温高达45℃，为了落实第二批希望小学事宜，骆驰从珠海到重庆已是下午5点多，刚下飞机，又转乘火车，急赴酉阳，直到晚上10点多才到达县城。

为了进一步争取支持，骆驰还邀请香港道德会人士实地视察。2007年10月，骆驰陪同香港道德会会长一行8人，不辞辛劳，千里迢迢，亲临重庆。他们先后翻越险峻的高山，历经狭窄的小河，跋涉崎岖的山路，踏过摇晃的吊桥，视察捐建的项目。道德会一行视察后，非常高兴，当即表态，再捐建5所希望小学。

"百年教育，质量第一。"工程质量，骆驰最为关心、特别重视。对香港道德会捐建的每一所希望小学，从立项到落成，他都亲力亲为，从实地测量尺寸，到实地验收项目都有他的踪迹，每一个项目都倾注着他的心血。他常对负责援建项目的工作人员说："质量是重中之重，千万不可疏忽大意，一定要严格把关，我们不能对不起孩子。"他时时刻刻关注着每个项目的进展，不管工作多忙、时间多紧、任务多重，都要定期检查，定时汇报，发现问题立即纠正。他每次到重庆，都要亲临现场逐一察看。检查中，他不顾个人安危，坚持爬上正在施工的教学楼顶层，细致入微地察看每一个角落。捐建的希望小学大多分布在山高坡陡、路途遥远、交通不便的边远乡村，监督落实非常困难。3年多来，他先后10多次专程赴重庆，走乡串村，跋山涉水，行程数万千米。三峡库区、武陵山区，深山峡谷、高寒地带，苗家小寨、土家毛屋，处处都留下了他坚实的足迹和不知疲倦的身影。2006年至2008年，香港道德会为奉节、巫山、巫溪、武隆、酉阳5个县19个贫困村修建的19所希望小学，被当地群众称之为"家长放心、教师安心、学生舒心、社会满意的慈善工程"。看到一幢幢崭新牢固的教学楼矗立在大山深处，当地群众开心了，香港道德会的人士放心了，他们更加热心地支持重庆的教育事业。2009年，香港道德会又决定捐赠资金330万元，在重庆11个贫困乡镇修建寄宿制学生宿舍楼，解决学生住宿难的问题。

骆驰注重牵线搭桥、引资助学，更注重乐善好施、慷慨解囊。每次到重庆，他都把积攒的退休工资全部带上，捐给家境贫寒、学习优秀、生活困难的贫困学生。3年多来，骆驰共资助贫困学生20多名。在"爱心老人"骆驰义举的影响下，他周围的朋友、领导也加入扶贫助学的行列，纷纷把钱交给他请他代为资助。中共中央对外联络部的一名领导，亲手把3万元的积蓄交给他，请他把这份爱心带到重庆的贫困山区，捐给需要资助的贫困学童。

骆驰不仅为贫困地区的教育事业作出了贡献，也为抗震救灾尽了力。5·12大地震发生后，他多方联系，争取到香港道德会向四川及重庆灾区捐赠的160万港元的救灾物资。2008年5月14日，他专程赴重庆捐赠资金，并与重庆市扶贫办一道组织物资，指挥装载，亲自押运，昼夜兼程，连续56小时没合眼，将救灾物资送往四川灾区。这是最先到达灾区的第一批境外救灾物资，受到灾区干部群众的高度评价。

骆驰在受援地区有口皆碑，其道德人格顶天立地，其爱心奉献惊天动地，其捐资善举感天撼地，成为了百姓心中的一座丰碑，滋养了一个又一个的山区孩子茁壮成长，激励了一批又一批少年儿童刻苦学习，努力钻研。

人物档案

姓名/王贵发

性别/男　出生年月/1959年6月

籍贯/黑龙江省讷河市

职务/讷河贵发建筑公司董事长

主要事迹/对扶危济困有强烈的使命感，尽自己所能，为学校、福利院和贫困大学生排忧解难，资助社会各界资金达60余万元

荣誉/齐齐哈尔市劳动模范、全国"五一"劳动奖章、光彩之星、全省首届十大杰出农民工、黑龙江省"五一"劳动奖章

王贵发　关爱弱势群体的"光彩之星"

　　王贵发，讷河贵发建筑公司董事长。他凭借自强不息的拼搏精神，带领企业一路发展壮大，成为固定资产超过2 000万元的民营企业带头人。致富后，他不忘回报社会，几年来，王贵发以扶危济困为己任，资助社会各界资金达60余万元，切实解决了很多人的生活、学习困难。

　　每个人的生命中都会有风雨，王贵发亦如此。当风雨袭来时，王贵发没有沉沦，没有向命运屈服，而是迎难而上。在王贵发辉煌的身后，是一段充满艰辛、坎坷的创业传奇。

　　王贵发出生于贫寒的家境，8岁时就知道帮父亲挣工分。14岁时，王贵发考入嫩江畜牧学校。毕业后半年，他的兽医职位被人顶替。为了生计，21岁的王贵发在一家陶瓷厂当临时工。结婚后，王贵发开始利用星期天加工糖葫芦、生豆芽、包沙发。4个星期天的收入，比一个月的工资还多。尝到做生意的甜头后，王贵发索性把临时工辞了。1985年，王贵发买了一台二手卡车，搞起了运输。但由于车况太差，3年下来，王贵发非但没有发财，反而背上了4万余元的外债。没办法，他去图强林业局寻找生活的希望。临走时，王贵发对那些债主说："请放心，只要我王贵发活着，就一定会把钱还给你们。"他身材瘦小，在林场抬木头，吃尽了苦头。这当口，父亲又不幸病逝。王贵发两手空空，垂泪跪求亲友，总算筹到了800元钱，让父亲入土为安了。不久，妻子生下一对双胞胎女儿，让本来就紧巴巴的日子变得更为艰难。

苦难，激发了王贵发求生的本能和智慧。他从拉哈买进各种蔬菜，然后利用火车运到图强卖出。几个月下来，他用倒菜赚的钱开了一个"五香村"熟食店。再后来，他又开了一家小旅店。不幸的是，他这个时候碰上一桩倒霉事。1990年，王贵发遇到两个来图强进木材的山西客户，给的价不低，说好货到付款。王贵发心实，连发了4车皮的原木。没想到，这两个山西人收到货后便不见了踪影。为此，王贵发又背上了17万元的外债。

王贵发想赚大钱的美梦，像肥皂泡一样破灭了。在山西一家小酒馆，王贵发眼含热泪，给妻子写了一封凄楚绝望的长信，说自己没脸回去了，让妻子改嫁，把女儿带大……

几天以后，他的妻子发来一封加急电报："人在钱在，见电速回！"阅罢电文，王贵发不由得大放悲声。在人生最危难的时候，是妻子谭淑华用挚爱真情拯救了王贵发。在妻子的支持鼓励下，王贵发再度逆风飞扬，继续做木材生意。几年下来，他不仅还清了所有的外债，还为今后的发展确定了一个全新的目标：向建筑开发业进军！

当时，王贵发一无资金，二无资质，三无技术。此时他遇到了一个改变他命运的人。此人就是时任二克浅镇党委书记的祁英伟。诚实的王贵发对祁英伟讲述了自己的全部苦难经历，然后掷地有声地说："眼下我虽然一无所有，但我有一颗诚实守信的心，这个工程交给我，我一定会干好！"祁英伟被王贵发那股子不服输的冲劲打动了。通过镇党委研究，建设局同意，最后，王贵发采用挂靠讷河

■被资助贫困大学生徐秋丽（右）向王贵发敬献锦旗

■齐齐哈尔市委副书记高环（左一）接见载誉归来的王贵发

市第六建筑公司的方式，接下了二克浅中学教学楼工程的建设任务。

王贵发在施工中严格把关，绝不放过任何一个细节，并不惜加大成本，多花20余万元对楼房顶盖进行了特别加固。王贵发承建的二克浅中学教学楼经专家验收，完全符合质量标准。首战告捷，让王贵发声名鹊起。他注册了讷河市贵发建筑公司，开始挺进讷河市建筑市场。

2000年，王贵发通过竞标，拿到了讷河市艺术团综合楼的建设工程。艺术团综合楼第一期工程浇筑了18根水泥立柱，经专业部门的检测，完全符合质量标准。但王贵发在检查中发现，在局部还有瑕疵，要求施工人员一律砸毁重来。施工人员面面相觑，全部惊异地瞪大了眼睛。一根水泥柱造价1万元，18根水泥柱就是18万元。他首先抡起大锤向水泥柱砸去。王贵发说："工程质量是企业决胜市场的根基。根基不牢，企业就没有竞争力。"他要让自己承建的每一座工程，都成为一座企业的丰碑。在接下来的几年里，他承建的建筑在当地遍地开花。

王贵发说："世界上所有成功的企业家，都是充满智慧的人。这种智慧，就是面对眼前利益的诱惑时，能保持清醒的头脑，做出正确的长远抉择。鼠目寸光的人，是成不了大事的。"

2003年，王贵发已成为拥有贵发建筑公司和华艺房产开发公司的著名企业家。2005年，黑龙江省建设厅批准贵发建筑公司为建筑工程施工总承包二级资质企业。

早在创业之初，王贵发就发过誓："我是穷苦人出身，在我事业有成之后，一定要回报社会。"

2005年7月的一天，王贵发到和盛乡复兴学校建筑工地检查工程进度和施工质量。校长将王贵发领入一个正在上课的教室。见校长进来，班长一声"起立"，

■讷河市市委书记杨志伟（右）为王贵发颁发"特殊贡献"奖牌

■王贵发为玉树地震灾区捐款

学生们"刷"地一声站了起来。可伴随着孩子们的起立,课桌却倒了好几张。王贵发仔细看去,发现课桌全都是用破木板搭成的,一碰就散了架。有一位学生由于起立时动作太大,不小心碰散了课桌,有一块木板重重砸在了脚面上,疼得流下了眼泪。

校长面有难色地说:"由于缺乏资金,学校的课桌已经用了30多年了……"

王贵发的心一阵紧缩,他想起了自己上学时的情景。第三天,王贵发为和盛乡复兴小学捐赠了80套全新的桌椅。在捐赠现场,王贵发看到这样一幕:一个小女孩,用抹布将新桌椅擦了一遍又一遍。然后将一张小脸贴在了课桌上面,静静地闭上了双眼。继而,她的嘴角泛起幸福的微笑。此情此景,令王贵发这个铮铮硬汉的眼睛里也立刻充满了泪水。

在讷河市百姓心里,人们有一本感恩的账。2006年9月,王贵发为市特殊教育学校修下水管道投入1.5万元;2007年讷河遭遇大旱,王贵发为二克浅镇西庄村受灾农民捐资1万元;2008年四川省汶川发生特大地震,王贵发向灾区捐款2万元,并动员全体员工捐款4 000元;2009年11月,为了纪念二克浅镇富乡村革命老区中心县委的建立,王贵发捐入15万元建立了老区中心县委纪念碑;2010年8月,他又投入20余万元为讷河市区三条路修建了水泥路面……王贵发觉得,为社会做贡献,为百姓谋福利,是自己的责任和光荣。

作为一名农民企业家,王贵发尤为体恤农民工的辛苦。农民工负担大,出卖劳动是用以养家的重要手段。为了让这些农民工工作顺心,生活开心,他尽自己所能为他们创造良好的工作和生活条件。

劳动创造财富,奋斗成就梦想。这就是王贵发用行动讲述的创业传奇与人生哲理。

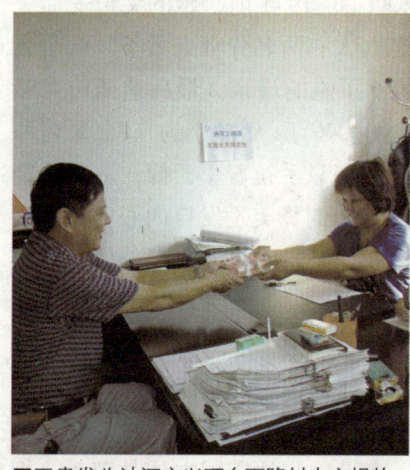
■王贵发为讷河市兴旺乡百路村火灾捐款

■王贵发向汶川地震灾区捐款

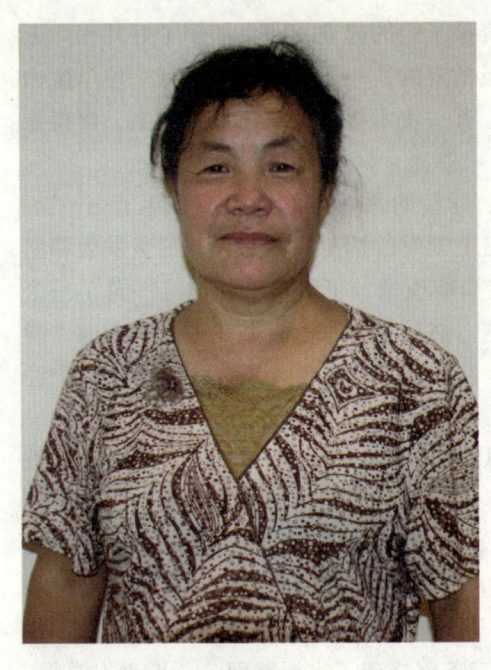

人物档案

姓名/李云峰

性别/女 出生年月/1954年6月

籍贯/河北省涞源县

职务/涞源县"绿色家园"园长

主要事迹/发起成立涞源"绿色家园",收养包括残疾孩子在内的几十名孤儿,并赡养聋哑老人,退休后的李云峰把扶贫济困、传递爱心当作自己的事业

李云峰 "绿色家园"园长

1992年以来,李云峰抚养孤寡老人和残疾孩子近百人。2003年发起成立涞源"绿色家园",多年来,使上千名孤寡老人、残疾儿童、贫困学生得到救助。

李云峰是河北涞源县交通局一名普通的退休职工。19年前,她的父母先后去世,并留给她们一份特殊的"遗产",一名孤寡老太太和两名聋哑老大爷。两个聋哑老人的母亲是李云峰的姥姥收养的,姥姥又传给了她的母亲,最后这两位聋哑老人又传给了李云峰。年龄大的是"大呆哥",今年90多岁了。年龄小的是"二呆哥",他也70多岁了。两位老人不能说话,见到别人总是一只手拉着李云峰,一只手竖起他们的大拇指,不停地"嗯嗯啊啊"。他们对李云峰的赞美是发自内心的,因为他们不能用语言来表达感情,只能用真心来感恩。生他们者父母,但养他们的却是李云峰。

在涞源,每一个孤残孩子最向往的地方就是"绿色家园",因为在这里可以吃得饱穿得暖。虽然吃饱穿暖对大部分人来说不算什么,但却是涞源那些无依无靠的孤残孩子们最迫切的生活愿望。在"绿色家园"里,除了两名聋哑老汉,还有9个孩子。这些孩子都是她收养的孤残儿童,李云峰与他们同吃住共劳动,把他们当成自己的亲骨肉一样看待。"做好事不一定需要很多钱,自己少吃一口饭,就可以让另一个人活下去;别人上坡上不去,你扶一把他就能上去了。"这是李云峰的母亲常说的一句话,现在李云峰也时常把这句话挂在嘴边,这已成为她的家训。

这9个孩子都有各自凄惨悲楚的经历,最后都被富有爱心的李云峰收养,孩子们都亲切地称她为"妈妈"。虽然孩子的亲生父母由于种种原因抛弃了他们,但李云峰的养育之恩深深地扎根在孩子的心里。

年龄最大的豆豆是李云峰捡来的第一个孩子,现在已经成了亭亭玉立的少女。1991年的一天早晨,李云峰上班路过县招待所门口,看见一群人围着一个破提包,凑近一看,原来提包里是一个用破棉袄、小毯子包着的孩子,不过孩子太瘦小了,像个小兔子。"太瘦小了,养不活的",一些围观的人摇摇头走开了。"见到生命就要救",李云峰母亲的话瞬间涌上李云峰的心头,她没有多想,就提着提包把孩子带回了家。刚一到家,李云峰就赶紧跑到小卖部买奶粉喂孩子,由于孩子太瘦小,又加上饿了很久,差点噎死,半壶奶粉下肚,孩子吃饱了。她和丈夫给孩子称了称体重,只有两斤半,于是给孩子起名"豆豆"。孩子睁开了小眼睛,一眨一眨地看着李云峰。看到孩子渴望求生的眼神,李云峰流泪了,她决心收养这

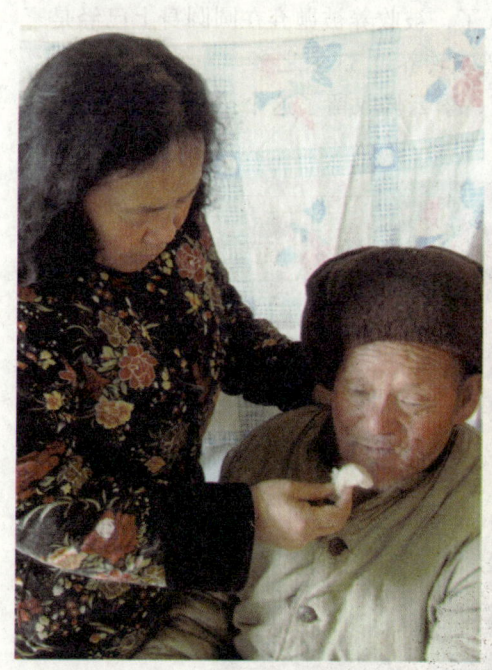
■李云峰给老人"二呆"喂饭

■李云峰照顾新来的老人

个可怜的孩子。这一养就是 16 年。

孙进龙和赵虎是一对亲兄弟,他们来自涞源县南石塘村。在孙进龙 11 岁那年的冬天,他们放学后回到家里,发现母亲不在家,他们饭都没吃就四处寻找母亲,哥俩找了一夜,也没有找到。第二天,哥俩终于在山下找到了,但见到的是母亲冰凉的尸体,哥俩搂着母亲的尸体哭得死去活来,最后哭昏在山下。原来,在前一天下午,母亲看天快黑了,孩子们还没有回家,就出来看看他们。他们住的是山区,母亲等待孩子放学回家时,一不小心摔下了山,就这样突然地离开了她的孩子,留下两兄弟、一个傻女儿和自己相依为命多年的聋哑丈夫,撒手人寰。孙进龙在好心人的帮助下,找到了李云峰,李云峰收留了孙进龙。赵虎就被四处送人,今天被送到这家收养,明天又被送到那家,过着颠沛流离的生活。渐渐地没有人家愿意收留他了,因为大家都很穷,而 10 岁大的孩子正是能吃的时候,农村有句俗语,"半大小子,吃穷老子"。这个半大小子渐渐地就成为流浪的孤儿。一天他流浪到涞源县城,恰好被李云峰上街碰见,又被李云峰收养。这样哥俩终于相聚在李云峰的"绿色家园"。

圆圆今年 15 岁,也是个被遗弃的孩子。圆圆是个狼咽(整个口腔内上颚是裂开的,直到咽喉)。因为这个原因,她被父母抛弃,也曾被收养过,但总是不久就会被重新抛弃。因为她的狼咽太吓人了,被收养被抛弃在圆圆身上已经是家常便饭。在来到"绿色家园"之前,圆圆曾被转养过 33 家之多。一个冬天的早上,一个好心人抱着小圆圆来到"绿色家园",李云峰收留了这个孩子,并决定把孩

■李云峰被授予"感动河北年度人物"荣誉称号

子的嘴唇治好，让她和正常孩子一样。1998年"国际微笑行动"来到北京，李云峰联系到微笑行动的合作医院——北京八大处外科整形医院。李云峰背着圆圆到医院的时候已经是下午6点多了，医院已经下班，并且"国际微笑行动"第二天就会结束在中国的活动。为了不耽误了孩子的治疗，李云峰飞跑到领导的办公室，向医院的领导说明情况。医院领导和外国友人听完情况后，立即通知下班的人员重新上班，赶紧给孩子做手术。小圆圆也成为"国际微笑行动"在中国救助的最后一名裂唇孩子。

李云峰收留和救助的孩子很多，感人的故事举不胜举。其实早在六七年前，李云峰就开始给涞源山区的一些贫困村庄送衣物、食物。在李云峰的周围有一群爱心人士，他们四处募捐衣物，募捐到衣物后就送到李云峰家，由李云峰送到涞源最需要救助的贫困山区。李云峰是个闲不住的人，她一有时间就骑上自行车到涞源山区去调查哪家最穷、哪家生活最困难。她的小本子上边详细地记载了山区各村的贫困户情况，每一页都密密麻麻地写下了她的爱心。

许多人都说："你怎么那么傻啊，自己家生活都不宽裕，还收养那么多孤残孩子？"李云峰却说："爱心要发自内心，在心灵的最深处，我只想用爱心感化他们，真心感动他们。有人可能不理解，但现在连我的家里人都能慢慢参与到我的事业中来了，这就够了，我感觉活得很充实"。后来许多人受她的感染，也跟着一起做好事，邻居、同事、当地的一些领导干部80多人参与到她的"绿色家园"中，与李云峰一起联手扶贫。

■李云峰荣获"中国扶贫开发典型人物"称号

改变贫困的力量

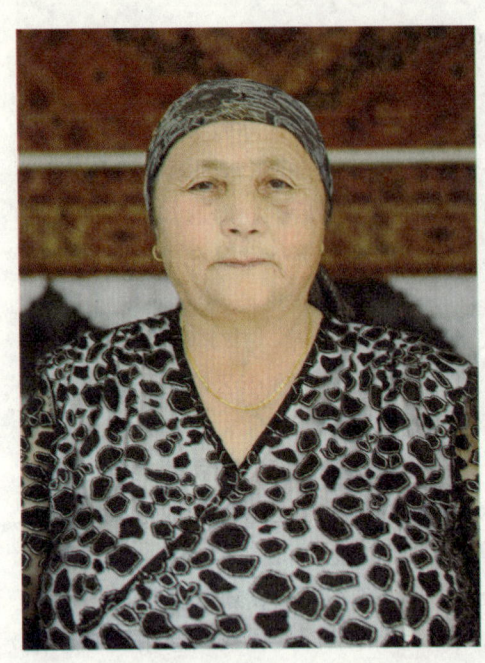

人物档案

姓名/阿尼帕·阿力玛洪
性别/女　出生年份/1939年
籍贯/新疆维吾尔自治区喀什市
主要事迹/有9个儿女的阿尼帕·阿力玛洪几十年如一日，含辛茹苦地收养汉、回、维吾尔、哈萨克4个民族的10个孤儿，组成了一个6个民族近20口人的大家庭
荣誉/新疆首届十大杰出母亲

阿尼帕·阿力玛洪
民族大家庭的爱心妈妈

　　阿尼帕·阿力玛洪，含辛茹苦收养汉、回、维吾尔、哈萨克4个民族10个孤儿，加上自己亲生的9个儿女，一生养育了19个不同民族的孩子。她以博大的慈母之心，创造了人间至真至纯的旷世奇爱。

　　父母相继去世之后，兄妹中年龄最大的阿尼帕承担起生活的重任。1957年，阿尼帕嫁给了从部队转业到县公安局工作的维吾尔族小伙子阿比包。23岁时，她与丈夫阿比包养育了两个孩子，加上自己3个妹妹，一家7口人过着虽清淡但很幸福的生活。

　　20世纪六七十年代，他们的邻居牙合甫夫妇（丈夫是维吾尔族，妻子是哈萨克族）相继去世，撇下19岁的吐尔达洪、16岁的库乐班和14岁的托乎提。在那个年代，家家都不富裕，节衣缩食勉强过活。阿尼帕全家7口人仅靠丈夫每月45元的工资生活，十几岁的孩子正是"半大小子吃穷老子"的年龄，多一张嘴就是多一份生活的艰难。这可难坏了阿尼帕。她深知孩子失去父母的辛酸和孤单，没有利益的驱使，没有豪言壮语，她对丈夫说："咱们总不能眼睁睁地看着这3个娃娃饿死……"从此，阿尼帕家多了3个儿子。

1977年，阿尼帕又收养了回族姑娘王淑珍和她的3个兄妹。已是中年的王淑珍回忆起收养经过时仍是泪流满面，泣不成声。11岁的王淑珍兄妹4人在父亲去世后，随母亲改嫁到了回族金学军家，不久母亲又撒手人寰，兄妹几个便开始流浪街头。阿尼帕把他们领回家时，正在屋里玩的其他孩子全都捂着鼻子跑了出去，因为小淑珍身上又破又脏，头上长满了头癣和癞疮，流着散发臭味的浓水，满脸污垢。看到小淑珍这个样子，阿尼帕舐犊之情油然而生，她一把将小淑珍揽在怀里，眼泪哗哗地流下来，哽咽着说："可怜的孩子呀，要是妈妈看到这样，都心疼死了。"随后，她给孩子换上暖和的衣服，做了香喷喷的拌面，并到医院医治小淑珍头上的头癣和癞疮。两个月后，小淑珍长出了浓密的黑发，复原了她那张清秀的脸。

1989年，王淑珍的继父金学军因病去世，留下了金海、金花、金雪莲3个孩子，阿尼帕又义无反顾地将这3个回族孤儿接到家里。至此，阿尼帕共收养了10个孤儿。

一大家子20多口人，在那个物资极度匮乏的年代，要一天天地过日子，谈何容易。十几个岁数差不多的孩子睡在一张垫着麦草、铺着旧毡子的大炕上。穿的衣服，往往是老大穿完，阿尼帕缝补之后老二、老三接着穿，直到穿破为止。为了让孩子们吃上饱饭，阿尼帕几乎把所有的收入都换成可以吃的东西。丈夫阿比包下了班还要做其他的事以增加收入。阿尼帕经常在春天里去挖野菜，秋天出去捡麦子、拾土豆，用这些换面粉、玉米面给孩子们吃。尽管家里十八九个孩子，连吃饭穿衣都很困难，但阿尼帕夫妇仍然省吃俭用，从牙缝里省出钱来让孩子们去上学。

从1963年收养吐尔达洪三兄弟到1994年10月金雪莲出嫁，整整32年的时间，期间阿尼帕夫妇付出了无数的艰辛，但他们无怨无悔。当人们问及是什么促使她这么做时，她只是淡淡地说："都是当母亲的，看不过去了，就做了，都过来了。"这一句话，包含了无数的艰辛。

■阿尼帕探望阿尕什敖包乡的贫困户切克斯一家

■阿尼帕教育她的孩子们

人物档案

姓名/徐莉
性别/女　**出生年月**/1971年9月
籍贯/安徽省六安市
职务/安徽皖源酒业有限责任公司总经理
主要事迹/资助215名贫困学生上学
荣誉/中华杰出公益慈善人物、中华优秀奉献者、十大杰出女性、2008慈善爱心人物、2008中华十大财智人物热心公益奖等

徐莉　215名孩子的"漂亮妈妈"

　　红色的大别山下,有一个闪烁着改革开放时代光彩的名镇——叶集,安徽皖源酒业有限责任公司坐落于此。皖源酒业有一位聪慧能干、贤淑漂亮的女企业家——徐莉。正当人生黄金季节的徐莉是个享誉皖西的"能人美女"。她陆续接纳215名失学儿童和贫困生,持续资助,从未放弃。安徽省原副省长张润霞对她的评价是:"徐莉之美,不仅美在年轻亮丽之仪容,更美在她的博爱之心灵。正因为如此,她在成千上万个孩子的心目中,赢得了'漂亮妈妈'之殊荣!"

　　"亲爱的徐莉妈妈:首先请您允许我这样称呼您。提笔给您写这封信的时候,春天已经来临,太阳暖暖的。我家土院墙一角的那株腊梅,已经绽满花蕾,香气扑鼻,暖透人心,就像此刻我想您而又说不出的感觉一样。"

　　写这封信的孩子叫黄俊强,家住河南省固始县大桥乡石岗村小台村民组。他告诉"徐莉妈妈":"我和姐姐一起读初中之前,父亲在建筑工地打工伤了左眼。那个小老板为不付医药费躲了起来,家庭的顶梁柱就这么倒了。虽然母亲东求西借凑齐了给父亲做眼角膜移植手术的钱,可他出院后仍然不能挣钱养家了。每当看到累得又黑又瘦直不起腰的妈妈,我和姐姐总是忍不住失声痛哭。""姥爷说,人穷不可没志气,我和姐姐暗暗发誓好好学习,并一起从村小学考取县里的重点中学——三中。""学校老师知道我家困难,今年寒假给我送来了您捐助的学费。我好激动啊,夜里都喜欢得醒来好几次。怎样报答您的恩情呢?姥爷说,过年时给您烧一炷高香,愿好人一生平安,而我则决心拿出优异成绩向您汇报,去读好高中,考取大学,将来做个像您一样对社会有用的人……"

春节前,徐莉总会接到了100多封孩子们的来信,"这是社会给我的最高奖励!"她说。仅黄俊强同学所在的固始县三中,就有好几位同学给她来信汇报学习情况,其中七(7)班的刘保亮、姬仁迥、席坤、游鹏4名受助同学在联名来信中写道:"我们是贫困生,我们心中都曾有隐痛,是您像一缕春风吹走了我们心灵上的阴霾……滴水之恩当涌泉相报,我们一定将您的爱心化为动力好好学习。就是我们将来长大成人了,还要将您的爱心传递下去,用自己的力量去帮助需要帮助的人——我们想,这一定也是您最大的愿望!"

徐莉出生于一个特困农民家庭。穷人的孩子早当家,12岁辍学之后,她为了补贴家用,在其养父妹妹的帮助下,每到农闲的时候,到当地的一家国营酒厂去刷酒瓶子。这样的状态一直持续到19岁。徐莉经过家里人的介绍和酒厂的一名工人结了婚,过起了平淡的小日子。这家国营酒厂因业务需要,需招聘一

■全国政协主席贾庆林接见徐莉

批女业务员,如果销售业绩做得好,可以转正成为正式员工。婚后没多久的徐莉抓住这个机会,做了酒厂的销售员。她吃苦耐劳,别人一天跑10家,她每天跑20家,很快成为该厂最优秀的业务员。当时国营酒厂业务员的基本工资是60元,女员工还有20块钱的补助,这可比刷酒瓶子挣的钱要多得多了。这是徐莉走向成功的第一步。第二年,徐莉带领手下3个人实现了2 000多万元的销售额,占了全厂销售额的一半。后来,国营酒厂被收购,徐莉在一些朋友的鼓励和帮助下,自己筹措资金在天堂寨附近开了一家酒厂。谁料到了冬天,一场大雪以后,山路被封了,连防滑链都起不到作用。在卖酒的黄金季节,道路不通,所有的酒都积压了下来。办酒厂的第一年徐莉就亏了六七十万元。

很多人都劝徐莉别做了,还不如自己去合肥买两间门面房,钱挣得也不少。但是徐莉并不这样认为。这几年酒业销售的工作,让徐莉对经营酒很有经验,也很有感情,是酒让徐莉挖到了她人生的第一桶金。况且徐莉也不是一个会轻易认输的人,为了和她一起创业的朋友们,徐莉重整旗鼓,将酒厂搬到了叶集。面对重重困难,徐莉挺了过来。2003年,徐莉和她的员工们把以前库存的酒销售完了。2004年,酒厂赢利20多万元。如今,徐莉的酒厂发展成拥有300名职工、固定资产2 000多万元的地方十强企业之一。

徐莉的事业蒸蒸日上,可是她永远忘不了自己孩提时代饱受的求学之苦。"我出生7个月的时候,父母无力养育,就将我抱送给了现在的养父母。六七岁时就开始帮家里烧饭、干农活。后来上学,同学们动不动就喊我'野孩子',当时真是很自卑。到了初中二年级,家里实在是困难,我就辍学回家了。辍学回家时,我非常难受,在家里蒙头大哭了三天。当时我想,如果有谁帮帮我该有多好呀。可是,身边的人都很穷,没有人能帮我,当时真的很绝望。那时我就暗下决心,不管我将来干什么,一定要干出个样,改变家里的穷困面貌。"虽说她后来经"两个爸爸"和"两个妈妈"的共同努力读了书,她仍然为自己未能进大学而痛苦了一年又一年。徐莉直到现在谈起未圆的大学梦心里还隐隐作痛,所以她对上不起学的孩子和失学儿童感同身受,一听说就忍不住伸出援助之手。这一切能很好地回答一些孩子提出的问题:"我跟您素不相识,我们的亲戚在我们遇到这些困难的时候都远离了我们,您却来帮助我,为什么呢?"

徐莉手中稍微有了点积蓄之后,首先想到了童年的苦难,想到了辍学的痛苦,想到了山区还有千万个贫困家庭和上不起学的孩子,于是产生了出资救助贫困孩子上学的想法。2004年,徐莉在报纸上看到,一个孩子的父母离异,母亲没有承受住压力,自杀了,父亲不知去向。这个孩子跟着外婆一起生活,外婆体弱多病,生活非常艰苦。徐莉的心痛了,她立刻跟报社联系,要了这个孩子的电话和地址。

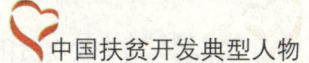

到了这个孩子的家之后,徐莉说明来意,想领养这个孩子,但是孩子的外婆因为失去了女儿,不舍得将唯一的亲人交给他人抚养,下定决心无论如何苦,要把这个孩子抚养成人。孩子的外婆不同意,徐莉只得打消了这个念头。但是她出钱为这个孩子置办了一些生活用品和学习用品,并在临走的时候留了一些钱给老人和孩子。

后来,徐莉在与安徽电视台一位主持人朋友的交谈中,透露了自己想为家庭困难的孩子做些事情的想法。在这位朋友的支持和鼓励下,徐莉找到了安徽教育局,希望能尽自己的力量去资助一些家庭困难的小学生。随后教育局为徐莉提供了40名家庭条件困难的小学生的名单。在与这些孩子接触后,徐莉感触良多。特别是那些无父无母的孤儿牵着徐莉衣角,怯生生地叫"妈妈"的时候,徐莉难过地哭了。随后,徐莉完全投入到了这个事业中来,她坚信这正是她一直以来想要做的事情。不管怎么艰难,她也要将母爱带给他们,让他们好好地活着,让他们看到希望,不让他们再经历这些艰难困苦,不要再这么难过。

2004年,徐莉从自己酒厂20万的赢利中拿出了16万来资助这些孩子。几年下来,她用自己的辛勤劳动所得先后在安徽、河南两省大别山区的4个县救助了215名贫困孩子,让他们重返校园安心读书。2005年春节前夕,她冒着大雪开车到大别山区的霍邱、金寨、霍山、固始、黄川等地接汪德柱等十几个特困孩子回酒厂过年。随后每逢过年,她都要接那些无依无靠的孩子回酒厂过年。她希望让孩子们能感受到这个大家庭的关爱。对于孩子们来说,给他们一些精神的支柱,

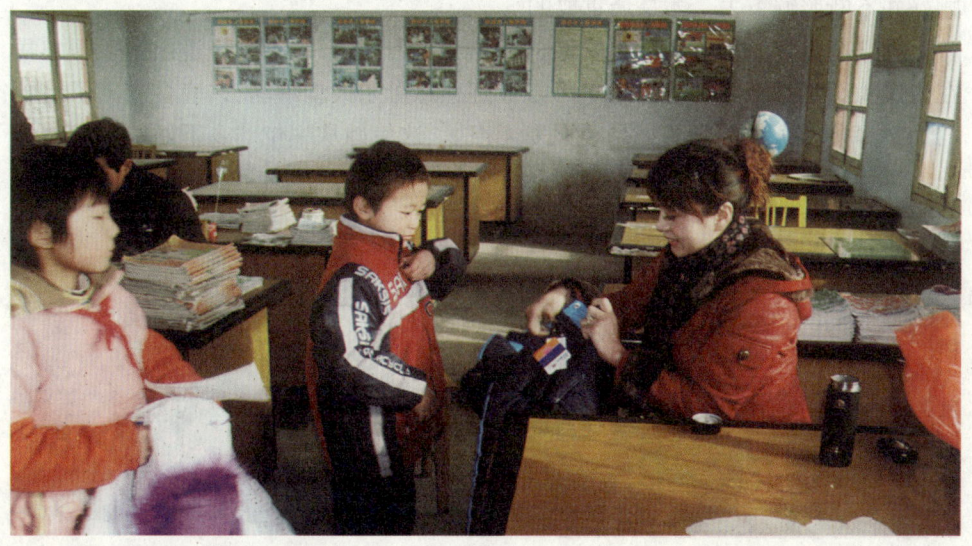

■徐莉到教室里看望捐助的孩子

让他们拥有众多的兄弟姐妹,是很幸福快乐的。这让他们在心理上不会那么孤单无助,这对他们来说胜过了其他的一切帮助。他们在这种爱心下成长起来,长大后,他们兄弟姐妹之间会互相帮助,延续这种爱。

好事多磨。2008年的大雪让徐莉的酒厂直接损失1 000多万元。仓库倒了,酒砸烂了,路封了,在酒业的黄金季节,一瓶酒卖不出去。当时徐莉变得特别脆弱,觉得天都塌了,只是哭,不停地哭。但是,当徐莉一想到她还有厂子,还有工人,还有孩子们,就止住了泪水,立即带领工人清理房屋上的雪。雪还在下,其他的房子不能再倒了。他们并尝试着从倒塌的仓库里挖出完好的酒来卖。徐莉说她不知道别人的企业是怎么样的,可能没这么艰辛,但是她的企业是自己独资的,所有的压力和所有的问题都需要一个人去解决,一个人去承担。为了扭转雪灾带来的困境,为了缓解资金周转的困难,为了企业的发展,为了她的孩子们……徐莉甚至去借高利贷。徐莉说,她不能跟孩子们说,你看妈妈今年遇到这个灾难了,妈妈没有办法资助你们了。徐莉认为这样做可能比从来没有资助过他们更让他们伤心。有一些稍微大点的孩子知道徐莉的窘境后,对徐莉说:"妈妈,你看厂里损失太多了,太困难了,要不您就不要资助我们了。"徐莉慈爱地对孩子们说:"孩子你别怕,在做企业的过程中,这些灾难是不可预见的。你放心,不管怎么艰辛,妈妈会想办法的,你们不会受到丝毫影响的。"在徐莉心中,让孩子们安心地生活、学习是最重要的。这场灾难致使徐莉捐助的孩子无法再增加了,一直保持在200多个。徐莉认为现在的她和她的酒厂,能将这些孩子照顾好并不断照顾下去,才是最重要的。

成立基金会一直是徐莉的梦想。2007年5月13日,徐莉应邀出席全国妇联在人民大会堂举行的"首届中华母亲节暨感恩母亲大型活动",晚会演出了以她的助学事迹为素材创作的小品《大爱无声》。这使她从一位"乡下姑娘"成为公

■徐莉与资助的二百多个孩子合影

众人物。当时很多人就对她说，我们也很想做慈善活动，你成立基金会，我们加入吧。随后，她对基金会相关的东西很关注，梦想建立自己的基金会。成立基金会需要200万元的注册资金，并且是不能动的。这对徐莉发展中的企业来说，还是挺困难的，尤其是2008年雪灾延滞了她的梦想，但梦想一定会实现的。有了这个基金会以后，就会有更多的人、更大的力量投入到慈善事业中，就不再停留在两百多个，而是两千个、两万个。

徐莉优先资助孤儿和单亲家庭的贫困孩子，而不是学习成绩好的孩子。她认为，对孩子的心理引导和教育非常重要。徐莉把她所捐助的孩子当成自己的孩子来看待，资助他们完成学业，给他们一份母爱、一份关怀，让他们变得阳光起来。她相信他们会把这种爱心传递下去，在以后的人生路上，他们就会去帮助需要帮助的人。

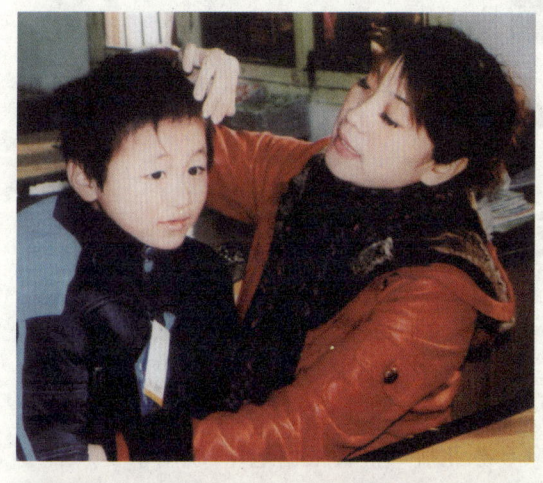
■徐莉和孩子在一起

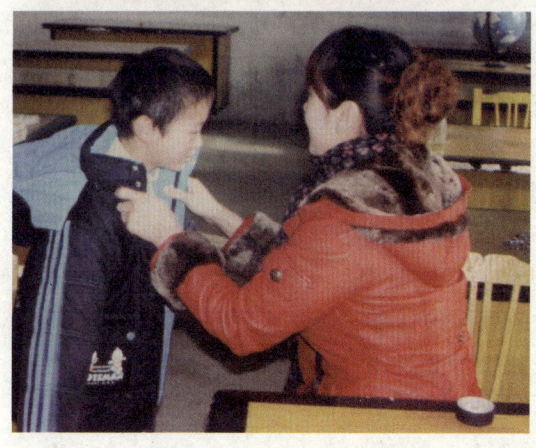
■徐莉和孩子在一起

人物档案

姓名/李达

性别/男　出生年份/1929年

籍贯/江苏省阜宁县

职务/福建省龙岩扶贫基金会和龙岩市扶贫开发协会会长

主要事迹/早年参加革命，1989年退休后，把扶贫当成自己的事业。20年来，他先后募集社会扶贫资金4 200多万元，为龙岩革命老区的社会扶贫事业作出了重要贡献

李达　扶贫战线上的耄耋老人

　　李达，从儿童时代就参加革命，一生革命不易其志。退休后，他把扶贫开发事业作为自己的工作重点，为龙岩革命老区的社会扶贫事业作出了重要贡献。

　　李达出生于江苏省阜宁县的一个大家庭。父亲是村办小学教师，4个哥哥都参加了革命。1942年，12岁的他在家乡苏北盐阜抗日根据地（"皖南事变"后重建新四军军部所在地）参加由新安小学14名学生组成的"新安旅行团"，成为抗日根据地第一批儿童团团员。新安旅与新四军的七旅、八旅并列，体现了儿童团在新四军领导下的特殊作用。童年参加抗日儿童团，是他一生的重要起点，对他的革命生涯起决定性影响。

　　1944年小学毕业后，李达离开儿童团，到吴滩区政府做工作，随后又转到"二联中"学习。原定两年毕业的李达，提前结束了学员生活，被提为教职员，在校供给部工作。1948年7月，李达调离"二联中"，到盐城专员公署工作。不久，李达又被抽调到苏北行政公署财政处。1951年，李达来到福建省龙岩专员公署建设科，主管地方工业。后来建设科被分开组建工商企业科和农业科，李达被任命为龙岩专署工商企业科副科长，负责筹建三明钢铁厂。在大跃进时代，任省冶金工业厅钢铁处处长。李达向中共福建省委立了责任状，请求省委批准该厂恢复生产，赢利不上缴，亏损也不要国家负担。得到省委同意后，他在不到两年时间里，使三钢恢复生产，并成为省重点大型企业，生产经营管理一直处于全国同类型中小钢铁企业的先进行列（前四名）。在三明钢铁厂，他酸甜苦辣都尝遍了。到1989年离休，他在福建工作的40多年，有一半在三明钢铁厂。

1981年，李达离开三明钢铁厂，奉调再次到龙岩行署任副专员，主抓工业生产。在任龙岩行署副专员期间，他看到农村耕地面积逐年减少，于是加强了对本区的土地管理工作，把土地使用和土地开发工作结合起来，有效地扭转本区土地逐年减少的趋势，国家土地管理局授予他"土地管理先进工作者"荣誉称号。

1989年9月，李达办理了离休手续。作为一名在抗日根据地参加革命的老兵，李达对他的第二故乡——原中央苏区闽西红土地老区的群众有着深厚的感情。他放弃了回省城安享晚年的机会，谢绝了外资企业的高薪聘请，在中共龙岩市委、市政府的支持下，主持成立了福建省龙岩扶贫基金会和龙岩市扶贫开发协会，被推举为市扶贫"两会"的理事长，还受聘兼任北京闽西老区建设促进会特邀副会长、龙岩市老区建设促进会顾问、福建省扶贫开发协会常务理事、龙岩市新四军研究会名誉会长等社团职务。他把老区扶贫工作作为自己老有所为的终身事业。

在贯彻落实国家"八七"扶贫攻坚计划中，扶贫"两会"根据市政府统一部署，用1996年和1997年两年时间，帮扶5 370户贫困户27 634个贫困人口，使这些贫困户从原来月人均收入不足300元，提高到1 000元以上。他为龙岩地区完成扶贫攻坚任务作出了贡献。

李达和市扶贫"两会"的老同志一道，特别着眼于开发扶贫、培养造血功能。他们在"两会"成立之初，在上杭县珊瑚乡开展扶贫试点开始，就确立了既"输

■1991年4月，美国国际扶贫发展机构诺贝尔、本尼特两位副总裁到龙岩与李达洽谈合作扶贫开发事宜

■1991年10月，李达陪同美国国际扶贫发展机构驻龙岩办事处主任、副主任视察种植杭梅扶贫开发项目

血"又"造血"的开发扶贫指导方针。上杭县珊瑚乡由水资源贫乏致贫,他就帮助该乡修水库、筑渠道,引水灌溉300多亩桑地,新增500多亩水田,并改善了农户生活用水,受益960多户5 600多人。他还帮助筹资300多万元,在该乡建设了小水电站、农贸市场、学校、电视差转台等。在帮扶上杭县溪口乡三溪村时,他用了4年时间在该乡完成两项基础工程和两个主导产业。两项基础工程:一是修建、硬化村道13千米,使该村6个自然村都通了公路;二是兴修了6条水渠,新建了2个自然村的人饮自来水工程。两个主导产业:一是帮扶174户农户垦复竹山2 024亩,新开竹山便道9千米;二是帮扶32户养猪,建沼气池65座。他实施的这些扶贫举措使这些贫困乡、村增加了造血功能,为当地发展经济奠定了良好基础。他在帮扶重点村同时,不放松扶贫到户,对一些特困户,本着雪中送炭的精神实施帮扶,实行无偿济困送温暖。并辅之以小额贷款的方式,帮扶一些贫困户发展短平快的种、养业项目,改善这些贫困户的生活条件。

李达和扶贫"两会"的老同志,在社会扶贫工作中,深感贫困地区不仅经济发展缓慢,文化教育也严重滞后。贫困地区学龄儿童辍学多,农村小学危房多,教学设备简陋,有些教师不安心在农村教学。他对这些关系到贫困人口素质和经济发展的重大问题,深感忧虑。1996年,他提出要把科教扶贫作为社会扶贫的一项重点工程来抓,先后帮助11所农村小学和2个幼儿园改造校舍危房7 000多平方米,新建教室、宿舍5 200多平方米,为7所重点小学购买电脑300多台,率先实现多媒体教学。他还先后帮扶贫困大学生30人、中学生378人,给他们发放助学金,解决他们就学困难的问题。他同龙岩技师学院合作举办培养高级技工的富民班,吸收无力上大学的高中毕业生就读,设立三个富民班,每班50人,学制三四年,补助学费和生活费。已毕业二期,毕业生全部由学院安排就业,月工

■李达陪同龙岩扶贫开发"两会"名誉理事长、原龙岩市委书记郑霖(左)到武平县调研

■1999年12月,李达参加帮建的长汀县河田镇黄坑富民小学落成剪彩

资均在 1 500 元以上，高的月工资达 3000～5000 元。同时，还经常组织农业科技人员和医务人员下乡，向农民传授农业知识，为农村贫困人口诊病送药。多次举办农业技能短期培训班，培养了一批农副业技能人才。

如今，耄耋之年的李达，仍在扶贫战线上辛苦耕耘。2010 年春天，他学习了中央和省农村工作会议精神，学习了春节期间胡锦涛总书记到福建龙岩视察时的重要讲话，很清楚我国的扶贫开发工作面临的新形势、新任务。龙岩市扶贫"两会"在李达的领导下，计划在龙岩市内 6 个县、市、区，定点帮扶 7 个贫困村，实行整村推进；同各级政府及各相关部门紧密结合，牵头组织相关部门的力量，帮助这些村制订三年发展规划和具体实施计划，确定帮扶的主导产业和项目，组织各类农业产业合作社，引导当地企业参与社会扶贫。

■李达向龙岩市扶贫基金会名誉会长伍洪祥（左一）汇报工作

■李达在挂钩帮扶的上杭县才溪乡四坊小学发放奖学金

■福建省扶贫基金会会长、原省政协副主席陈增光（左）向李达授匾

|改变贫困的力量

人物档案

姓名/沈为备
性别/男　**出生年月**/1931年10月
籍贯/江苏省昆山市
职务/陕北宝塔山扶贫（集团）公司董事长
主要事迹/捐献自己的工资4.2万元，多方奔走筹集扶贫资金1.2亿元，帮助贫困地区，惠及32万贫困群众
荣誉/全国十大"扶贫状元"、世界文化名人成就奖、新时期弘扬延安精神先进个人、十五陕西英模、全国十佳优秀文化工作者、共和国十大杰出创新英模

沈为备　为了周总理的遗愿

　　沈为备是中国农业银行总行退休干部，今年已经79岁了。从1983年起，他自愿放弃京城舒适安逸的生活，扎根陕西子长县涧峪岔乡蹲点扶贫，付出了大量的心血。他的事迹在当地干部群众中广为流传，他的精神也在感召和鼓舞着我们的这个时代。

　　1975年，当时在财政部工作的沈为备，在中华全国总工会召开的下乡知识青年家长代表会上，听了一名赴延安插队的北京知青讲述延安老区人民生活艰难的状况，因听到周总理重返延安为老区人民仍然十分贫困伤心落泪，感到非常震惊。他于同年底给毛泽东同志写了一封信，建议中央国家机关精简机构，下派一部分干部到农村基层工作，同时要求组织上能批准自己到延安老区农村去扶贫。当时由于工作需要，组织上没有批准他的要求。之后，经过8年20多次的反复申请，他朝思暮想去陕北扶贫的愿望终于变成了现实，作为中央国家机关第一批扶贫干部于1983年来到了陕北。沈为备到达陕北后，当时延安地委想留他在地区工作，但他要求下到陕北最贫困的地方——子长县。到了县上后，他又主动提出到该县最贫困的涧峪岔乡（现改为镇）蹲点扶贫。

当时的子长县，全县农民年人均纯收入仅 152 元，不到全国平均水平的一半，涧峪岔乡人均收入不到 100 元，部分特困户人均纯收入只有 27 元。最穷的宽塌村，全村 30 多户人家就有 13 户每年到了 3 月份就断了粮，只能靠一点点救济粮和土豆度日，过年连一顿白面都吃不上，能喝顿玉米糊糊就很知足了。村里有一户人家，仅有一孔破窑洞，全家 6 口人只有两条破棉被。目睹老区群众的困难生活，沈为备一次次流下了眼泪，内心感到十分酸楚和不安。他下定决心留下不走了，发誓要为这块贫瘠而苍凉的厚土、要为这些为革命流血流汗的老区人民献出自己的后半生。

沈为备一到涧峪岔，就开始进行深入细致的调查研究。白天，他走村串户，在田间地头，在农民家中，与群众交谈，了解社情民意。晚上，他在窑洞的油灯下，把调查了解的情况进行整理，写成各种向中央、国务院和有关部门上报的调查报告、情况反映和意见建议等材料，编印成手抄自办的《延安子长通讯》刊物。1984 年他写的《陕西省子长县 49 户农民家庭收支情况典型调查分析报告》和《关于党中央、国务院扶贫措施落实不到陕北老区的情况反映》，上报到中央，得到胡耀邦、习仲勋等领导同志的肯定和重视，并专门作了批示。中央有关部门随即采取了一系列扶贫措施，给子长县下拨 30 万斤粮食、100 万元无息贷款，减免农业税，给农民补助纯棉布、棉絮等，帮助子长县农民安度春荒，发展生产。同时中国农业银行总行根据沈为备的汇报，特向子长县增拨了 100 万元开发性优惠贷款，扶持当地发展乡镇企业，帮助解决当年全县农业生产急需的启动资金。

1984 年底，沈为备来到涧峪岔乡最贫困的宽塌村蹲点。他和农民同吃同住，一起劳动。为了解决群众的温饱问题，他带领群众进行农田改造，增加粮食生产。同时，他组织群众，发展农副业生产，搞多种经营。短短几年时间，宽塌村就造林 1 000 多亩，种草 1 200 多亩，建果园 500 多亩。此外，他还动员群众试养比利

■沈为备家访并资助贫困户小学生

■陕北革命根据地创始人之一，全国政协副主席马文瑞（1912-2004 年）接见沈为备

时肉兔，养鱼，养白绒山羊。经过10多年的艰苦奋斗，宽墕村人均粮食由过去的不足100千克增加到450多千克，人均纯收入由过去不到100元增加到900多元，宽墕村因此成为闻名全县的扶贫先进村。

20世纪80年代陕北农村，经济文化落后。沈为备建立了电视差转台、卫星地面接收站，让从未看过电视的宽墕村村民，不仅看上了电视，还收看到更多的电视节目。他还买了一台手提发电机和一台录像机到偏僻山村巡回为群众放录像。后来他为当地盖起了邮电所，通了程控电话，装了手机信号塔，过去闭塞落后的穷乡僻壤与外面的世界渐渐融为一体。

沈为备到宽墕村，看到只剩8个学生挤在破窑洞里上课，他就向有关部门申请资助，终于在山坡上建起了一座有五孔窑洞的新学校。他又出钱为贫困户学生交学费，使全村52名学生重新回到校园。1994年9月，他还多方联系，建成了一所金穗希望小学，配备了现代化的教学设施，有力促进了当地教育教学改革和教师素质的提高。

沈为备为改变陕北缺医少药的现状，与当地医院合作办起了一个"扶贫医疗中心"，使当地医疗卫生条件有了较大的改善，使群众看病的负担大大减轻，群众看病难的问题有了明显缓解。

发展交通是陕北老区人民脱贫致富的关键。沈为备在调研后，多次向中央建言献策。在中央和地方有关方面的共同努力下，1992年，铁路由西安修到了延安。

■1965年8月，沈为备参加中国人民银行全国政治工作会议，在人民大会堂受到毛主席、周总理等党和国家领导人的接见，并合影留念

沈为备还尽力筹划修建地方公路，改变子长县及周边地区交通落后的状况，打开了子长县与周边地区的通道，有力地促进了市、县经济的发展。

沈为备通过向有关部门申请支持，在涧峪岔修建了农村第一座三层综合服务楼，陆续开办了运输、汽车修理、油库、食堂、旅社、照相、理发、百货、电影录像、文化站、粉丝加工、地毯编织、养兔服务、固氮菌肥、科技培训等第三产业服务项目，促进了农村集市贸易的繁荣和发展。沈为备还在陕北率先组织劳务输出，400多名农村青年被送到东南沿海大城市打工。

沈为备为了使老区人民从根本上摆脱贫困，将主要精力用于陕北生态环境治理和农业产业化综合开发建设工作，实施5万亩荒山造林工程，在涧峪岔种植仁用杏200多亩，美国李子伏里红100多亩，美国3号苜蓿50多亩，加拿大1号苜蓿100多亩。同时，他正在尝试把退耕还林还草同引进外资发展沙棘、芦笋和獭兔的种植、养殖等高效产业项目结合起来，搞好产品深加工，不断增加农民收入。

从1983年志愿来到陕北，到如今已整整27个年头。20多年来，沈为备争资金、跑项目，带领群众修路架桥，引水通电，种草养羊，办工厂，建学校，搞培训，组织劳务输出，推广科技项目，资助贫困学生，为老区人民脱贫致富呕心沥血，矢志不移。20多年来，他先后帮助子长县引进各类扶贫资金近1.4万元，把自己20多年的工资、奖金和其他收入总计50多万元全部用于扶贫事业。

27年的沧桑岁月，27年的执著奋斗，使沈为备从一个满头黑发、年富力强的壮年，变成了现在的银发稀疏、已过古稀之年的老人。沈为备就是这样一直默默无闻地为陕北老区人民脱贫致富辛勤工作着、奉献着。

■1998"泰隆杯"全国十大"扶贫状元"、扶贫贡献奖表彰大会合影，第一排左起第四人为沈为备

人物档案

姓名/赵亚夫
性别/男　**出生年月**/1941年4月
籍贯/江苏省常州市
职务/江苏省老区开发促进会副会长、镇江市扶贫开发协会副会长
主要事迹/农科人员赵亚夫和他的团队言传身教，在茅山老区累计推广应时鲜果种植面积达100多万亩，为农民增加收入超过27亿元，共带动100多万农民增收
荣誉/CCTV2007年度"三农"人物，被当地脱贫致富的农民称为"活菩萨"

赵亚夫　找到亚夫准能富

在江苏省镇江市句容农村有一句话被当地农民传了20多年："要致富，找亚夫，找到亚夫准能富。"赵亚夫被评为"CCTV2007年度三农人物"，被当地脱贫致富的农民称为"活菩萨"。多年来，他以土地为伴，以农民为亲，心系茅山老区，情系贫困农户，坚守农技推广，言传身教，不图回报，把开启贫困山区致富大门的金钥匙交给农民，被农民视为心中的金钥匙。

赵亚夫长期从事基层农技推广服务工作，他切深感受到农民的苦、累、穷。他说："农民的需要就是我们研究的方向。"经过深入调查研究和反复论证，针对茅山老区土地资源丰富、临近沪宁线大中城市群、交通便利的有利条件，他认为充分利用自然资源，合理调整产业结构，发展高产高效农业，实施产业化扶贫是有效途径。他带领他的团队，本着"引进研发——小范围试验示范——大规模推广应用"的思路，在当地发展新型农业。

1982年，赵亚夫第一次来到日本爱知县的渥美半岛，那里到处郁郁葱葱，山上有林，山坡有果。"那里的气候、地貌和镇江山区类似，我们那里大多荒山秃岭，人家却建得这么美！"巨大的反差让赵亚夫难以平静。1983年，他从日本引进20棵优质草莓进行实验,第一年亩产达到500多千克,效益600多元,是当时常规农作物效益的两倍多。草莓种植受到了农民的欢迎,迅速扩大了种植面积,成了江苏省当时发展高效农业产业最成功的典型之一。现在的句容,每亩草莓收入已达1万多元,成为全国闻名的"草莓之乡"。

赵亚夫说,作为农业科技人员,不仅要关注世界科技发展动态,大量引进国外先进的实用技术,更要注重消化吸收再创新;要"做给农民看,带着农民干,帮助农民销,指导农民赚"。为了进一步实施产业化扶贫,他先后又引进了有机优质水稻、水蜜桃、蔬菜、花卉牧草等新品种300多个,新技术120多项。他培植了方继生、张小虎等一大批种植葡萄、草莓、水蜜桃等水果的专业户,这些人不仅脱贫致富,同时也成为带领群众脱贫致富的带头人。20多年来,在赵亚夫和他的团队言传身教和示范户的带动下,很快形成了较大规模的产业园区。在茅山老区,应时鲜果累计推广面积达100多万亩,农民增加收入超过27亿元,共带动100多万农民增收致富,其中人均年纯收入达万元以上的有2万多人。应时鲜果已成为丘陵山区农民致富的"金果子"。2005年10月,胡锦涛总书记莅临示范园、张小虎葡萄专业合作社视察,对他们取得的成绩和做法给予了充分肯定。

■赵亚夫一行人合影留念

■赵亚夫在稻田中察看秧苗长势

在形成产业的基础上,赵亚夫感到,要进一步提高效益,实现利益最大化,带动更多的贫困农户共同富裕,必须提高农民的组织化程度,走合作之路。1996年,他组建了江苏省第一个农民专业合作社——丁庄葡萄生产合作社。随后,相继建立了句容市王柏生、纪荣喜草莓合作社,丹阳市杏虎村果品合作社,丹徒区五塘村有机稻米合作社等数百家各种类型的农民专业合作社和协会。

2002年,本该退休的赵亚夫去位于溧阳、溧水和句容三县(市)交界处最穷的天王镇戴庄村,"让最穷的村实现真正的小康"。为了规范发展农民专业合作社,他在句容市戴庄村进行了探索。合作社坚持农民家庭承包经营为基础,各家还种各家田,形成集聚式适度规模经营,使农民真正成为生产的主体、管理的主体、参与市场的主体、利益的主体。全村面貌发生了很大变化。2003年农民人均纯收入3 400元,比句容市平均水平低22%,全村半数以上农户年人均纯收入在3 000元以下。2008年,全村农民人均年纯收入过了8 500元,是2003年的2.5倍。科学的可持续发展的农村经营模式,使戴庄村优美的自然风景、清新的空气、生态环境没有变,果园里草鸡悠然觅食,呈现出人与自然的和谐景象。

赵亚夫自己讲,他可以算是个"住在城里的农民"。每年有一半以上的时间在乡间小路上奔波,每年行车近5万千米,相当于绕地球一圈还多。经过他培训农民达30余万人次,田头、果园、场边、农户家里等都是他传授农业技术的课堂。工作中,他有时进入忘我的状态。2007年3月,有一个草莓实用技术班在白兔镇会议室举行,赵亚夫因腰椎间盘突出复发,不仅腰十分疼痛,而且影响了腿，走路时都十分艰难。但他不到 8 点钟提前赶到，一瘸一拐地咬牙上到了三楼会议室，尽管如此，他站着坚持为农民进行了精彩的讲座，使在场的镇干部、农民十分感动、钦佩。他手把手教过的农户有上千家，编写的实用农业科技读物超过百万字。他平均每年上课超百堂，听课农民达 30 余万人次，有 1 000 多名农民获得技术职称，5 000 多名农民获得专业资格证书。通过典型示范，农民在科技成果中得到了实惠，看到了希望，发展现代农业的热情空前高涨。赵亚夫技术指导和服务的足迹延伸到同属茅山老区的常州市的溧阳市、武进区、金坛市和南京市的溧水县及苏北老区的赣榆、盱眙等地，他的工作更加繁忙了。但对上百个野山小村的数百万广大老区农民而言，增收脱贫致富的希望更近了。

　　四川省绵竹市是江苏省对口灾后援建市。2008 年，该市为了充分利用当地资源，发展山区经济，经四川省委、省政府同意，要求江苏省帮助援建一个高产、高效农业科技示范园。江苏省委、省政府将这一任务交给赵亚夫。赵亚夫不顾年事已高、身患眼疾和身体的病痛，义无反顾接受了这一光荣的使命。他以最快的速度，带领他的团队奔赴绵竹市进行了考察论证，经过深入调查研究，制订了规划和实施方案，并及时和当地党委、政府及有关部门进行了研究、沟通和协调，决定根据当地自然、气候条件和市场需求，以发展应时鲜果和养殖业为主的产业。他们克服环境、生活等不利条件，清理出 300 多亩乱石遍地的岗坡地，进行了土地平整和基础设施建设，并把镇江最优良的品种、最先进的生产技术、创新的发展理念带到绵竹。为了确保万无一失，赵亚夫还动员在自己培养下成长起来的几个响当当的劳动模范方继生、王柏生等种植大户，举家搬了过去，让他们亲自种几亩地，并带动当地农民一起种。相信不久的将来，"绵竹—戴庄模式"必将带动当地的农民走上致富之路。

■ 赵亚夫指导果农修剪果树枝条

| 改变贫困的力量

人物档案

姓名/熊静
性别/男　**出生年月**/1945年8月
籍贯/湖北省
职务/长坪塘村扶贫志愿者
主要事迹/提前退休，主动到湖北省十堰市张湾区西沟乡长坪塘村义务扶贫，至今已达13年，扶贫效果显著
荣誉/全省优秀共产党员、省级劳动模范、全省十佳义务扶贫先进个人

熊静　长坪塘村义务扶贫13年

　　熊静曾任湖北十堰市司法局科长、办公室主任。1997年他向组织申请提前退休，主动到张湾区西沟乡长坪塘村义务扶贫，至今已达13年。当农村人流向城市时，他一头扎进深山；当同龄人坐享天伦时，他当起了扶贫队长；当别人干事讲钱时，他做起了义务工。在他身上体现了"情为民所系"的真谛和内涵。熊静的先进事迹被《湖北日报》等媒体进行过上百次报道，以他的扶贫事迹为内容的大型豫剧《长坪塘的故事》被搬上银幕。

　　长坪塘村位于张湾区西沟乡大山深处，虽然与十堰城区相距只有50千米，但落后50年有余。"山高石头多，出门就爬坡，地无三分平，年年有灾情"是长坪塘村的真实写照。1992年，熊静作为市司法局扶贫工作组负责人第一次进山，亲眼目睹了长坪塘村的闭塞和落后。1年后，工作队调整撤回。长坪塘村与外界形成的强烈反差，在他脑海里总也挥之不去，伴随着长坪塘的贫困问题，熊静度过了一个又一个不眠之夜。

　　1995年，熊静向市司法局党组织正式提出申请：提前退休，去长坪塘村义务扶贫。1996年12月，市司法局批准了他的请求，并表示愿做他的坚强后盾。

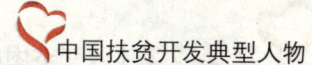

1997年5月6日，熊静背起行囊，离开了舒适安逸的城市之家，义无反顾地踏上了长坪塘这块令他魂牵梦绕的贫瘠之地。

熊静带着"舍得一身剐，誓把贫困拉下马"的决心进驻长坪塘村，但真正实施起来比想象的要困难得多。他花了一个多月时间，靠一根拐杖支撑，踏遍了长坪塘的山山水水，走访了家家户户。通过走访调查，熊静把长坪塘的现状概括为："天寒、地薄、心散"六个字，并有针对性地采取了抓班子、抓规划、抓治水、抓修路、抓科技的"五抓"举措。在乡党委的支持下，对村"两委"班子进行了彻底整顿，建起了新的"两委"班子，制定了分"三步走"的脱贫致富目标，修起了3座拦水坝和进出山村的致富路，开办了"青年学校"。

长坪塘村十年九旱，靠天吃饭。全村三百多亩可耕地，大部分是村民称为"假平地"的低产地，上面只有薄薄的一层土壤，下面全是砂石，一遇旱灾就减产歉收甚至绝收。全村670人，50%的村民是缺粮户，20%的村民每年靠救济度春荒。于是熊静下决心修水渠、修塘堰、修水坝，先解决吃饭问题。他和村党支部成员商量决定首先在母猪峡修一座拦河坝。由于长时间没有搞公益建设，修母猪峡水坝动员会吆喝了三次，除村干部外，只有两个人到会。为了做通群众的思想工作，熊静白天顶着烈日、拄着拐杖到田间地头与耕种的村民攀谈，夜晚不顾劳累

■湖北省省委常委、宣传部长张昌尔和原十堰市市委书记赵斌现任与熊静同志在一起

■ 退休干部、司法局长程管受熊静同志感召，自愿义务到长平塘村扶贫　　■ 熊静到村民张方有黄姜基地了解黄姜生长情况

深入农民家中促膝长谈。他的真诚和热情，终于化解了村民们的思想疙瘩，拦水坝工程终于开工了。在滴水成冰的严冬，熊静拖着病弱的身子，与群众一起奋战。2001年1月6日，熊静被石头砸伤腿，流血不止，但他仍坚持在工地劳动。因来不及清创包扎，伤口受冻发炎，好几天他都不能干活，可他仍一瘸一拐地坚守在工地上坐镇指挥。经过两个冬春的奋战，3座拦水坝竣工蓄水。村民们把蓄水近万立方米的小水库誉为"小天池"。有了"小天池"，使得粮食连年歉收的田地亩产达到千斤以上，成了一个水盈粮丰的好地方。

"为人民服务"这5个大字，是熊静的座右铭，他不仅写在扶贫工作笔记的扉页上，更是落实在实际工作中。长坪塘是个"空壳村"，没有钱，各项建设都寸步难行。为了筹资，熊静四处奔波，八方求告。在一次次"化缘"中，他受到过礼遇，也遭过白眼，但他无怨无悔。眼见满头白发的老人近乎乞求的样子，同行的人一次次感到心里发涩。这些年，他为改变长坪塘的面貌，共争取各类扶持资金100多万元，为推动长坪塘的建设发挥了重要作用。

群众的冷暖，熊静时刻挂在心上。村民王国强修桥时砸伤了腿，住进了市人民医院，熊静拿来了200元钱，带了家里的水壶、脸盆、茶杯，亲自去医院照料，安慰他好好养伤。熊静一有空常去照看孤寡老人张有芝，为老人端茶递水，洗衣做饭。老人临终时嘴里还念着"熊主任，好人啊"。穷出了名的村民李应贵是个残疾人，儿子读书欠下上万元外债，熊静帮他寻求致富项目，用工资为他担保贷款，支持李应贵种菜、养猪，办起了酿酒作坊，经济状况明显好转，不到两年，就还清了所有债务。村民李应荣放牛时不慎落入深谷水潭，熊静闻讯后迅速赶到现场，从水里捞起来的人已脉搏全无，气喘吁吁的熊静忙着倒水，做人工呼吸，经过紧急抢救，李应荣才脱离危险。

捧出一颗心来，不带一根草去。熊静赢得了长坪塘老百姓的心。在他的门前，常常有人悄悄送来沾着露水的蔬菜、刚刚从鸡窝里掏出的热乎乎的鸡蛋……村民李应贵家的门上贴有一副对联：驱贫困大展"熊"风，铸忠诚呕心沥血。他把雄风的"雄"换成了熊静的"熊"，道出了长坪塘人对熊静的敬佩之情。

熊静常说："扶贫攻坚是没有硝烟的战场，需要坚强不屈的毅力，百折不挠的精神。"正是凭着这种不屈的精神，他与长坪塘人一道，风餐露宿，浴血奋战，在长坪塘深山矗立起一座共产党员的丰碑。在13年时间里，完成大大小小工程100多项，使长坪塘村走上了生态旅游文化产业化发展的道路。长期困扰村民的用水、用电、行路、上学、就医等问题，都一一得到了解决，长期贫穷落后的长坪塘村一举脱贫。2008年，全村经济总收入350万元，人均纯收入2 695元，比驻村扶贫前的1996年分别增长190万元和1 845元。

长坪塘画湖、小天池、月亮桥、湖心亭、丰收渠等这些赋有诗意的名词，犹如一座座丰碑，构成一幅幅美丽的山水画。"山顶松杉戴帽，山腰果树缠绕，山脚粮菜丰茂，河道路旁绿树成荫，村庄民居整治亮丽"成为长坪塘村的真实写照。

按照熊静"三步走"的构想，长坪塘村已经实现了第一步、第二步的目标，第三步正在快速推进。如今，熊静年过花甲，满头白发，患有帕金森氏综合症等多种疾病，有时连碗筷都拿不稳。但这位疾病缠身的老共产党员在座谈会上坚定不移地说："我的下半辈子注定要与长坪塘这座大山紧紧联系在一起，只要我一息尚存，只要长坪塘还有一人没有摆脱贫困，我的扶贫事业就要不停地继续下去。"

中国扶贫开发协会 | 改变贫困的力量

人物档案

姓名/孔炳生
性别/男　**出生年月**/1957年8月
籍贯/江苏省泰州市
职务/新疆和田地区行署副秘书长、扶贫办党组书记
主要事迹/2005年到和田扶贫，为使50万各族群众脱贫致富，把边疆改造成"江南"，大力发展产业作出突出贡献
荣誉/全国扶贫开发先进个人、和田优秀共产党员

孔炳生　爱洒边疆的好书记

在新疆维吾尔自治区西南部的和田地区，有一位被各族脱贫群众和社会各界公认的优秀扶贫领导干部，他就是和田行署副秘书长、和田地区扶贫办党组书记孔炳生。自2005年任现职以来，他一心扑在扶贫事业上，为改变和田地区的贫困面貌、使50万各族群众脱贫致富作出了积极贡献。和田地区扶贫办连续4年绩效考核优秀，两次被国务院扶贫办表彰为先进集体，他本人也多次被和田地区表彰为优秀共产党员、扶贫工作先进个人。

2005年，孔炳生被任命为和田行署副秘书长、和田地区扶贫办党组书记。他针对和田地区和各县市扶贫办少数干部"三不现象"（工作作风不实、业务能力不强、工作实绩不显）有所抬头的实际，在和田地区扶贫系统开展了以"内强素质、外塑形象"为主题的活动，充分调动班子成员的积极性和创造性，同时建立和完善了各项工作制度，加强干部职工的培训，提高了和田地区扶贫系统干部职工的整体素质和工作效率。

孔炳生具有强烈的事业心和勤奋好学、刻苦钻研、注重调研、勇于实践的精神，没有扶贫工作经验的他，几年间便从一个门外汉变成了领导扶贫开发工作的内行。上任之初，他利用3个月时间，走遍了全地区七县一市的86个乡镇1 300多个贫困村，找准了和田地区贫困的症结：和田地区是新疆乃至全国少有的集中连片的贫困地区，土地总面积24.78万平方千米，其中绿洲仅占3.7%，耕地254万亩，人均耕地不足1.5亩；辖区七县一市中有7个县为国家扶贫开发的重点县；总人口191万人，其中农业人口占85%以上，贫困人口占地区总人口的50%左右。针对和田地区人多地少、自然环境恶劣、贫困群体数量巨大、扶贫任务艰巨等难题，他在和田地委、行署的正确领导和自治区、国家扶贫办的大力支持帮助下，经过反复研究和充分论证，坚持不懈地执行了和田地区"两个加速、一个突破"的扶贫攻坚战略。

和田地区"两个加速、一个突破"的扶贫攻坚战略，是指"着力加速农村富余劳动力转移、着力加速林果业发展、实现优质特色农产品种植的突破"。为了认真贯彻执行好这一战略部署，孔炳生着重从以下几个方面开展工作。

一是依托优势资源，发展扶贫龙头企业。他始终坚持扶持龙头企业就是扶持农业、扶持农民的理念，始终将培育龙头企业发展工作列入重要议事日程，积极为龙头企业协调贷款、争取政策、争取项目资金，大力发展农产品加工业，支持鼓励龙头企业肩负起开拓市场、科技创新、带动农户和促进区域经济发展的重任，取得了很大成绩。目前，全地区各类农产品加工企业发展到754家，从业人数

■孔炳生带头为5·12汶川灾区捐款

21 859人，产值1.84亿元，产值在500万元以上的企业有13家。其中，国家级扶贫龙头企业4家，自治区级扶贫龙头企业15家。和田地区形成了生产果酒、生丝、丝织品、杏浆、阿胶、面粉、手工地毯等一批农业特色主导产品。大批涉农企业的发展，使全地区农产品的商品率大幅度提高，农产品加工业已逐步成为和田地区农业产业化的支柱产业之一，成了贫困群众增收的新的增长点。

  二是积极扶持和大力培育农村致富带头人。首先对农村致富带头人办企业、自产自销农产品、从事农产品运输、开展中介服务等环节，比照国家和自治区有关规定给予相应的优惠政策；对农村致富带头人的科技成果转化与推广给予鼓励扶持；对农村致富带头人在培训、营销、生产环节等进行扶持；积极为农村致富带头人协调贷款；每年对农村致富带头人进行评比表彰。其次，通过成立各种协会提高农民组织化程度，利用农村致富带头人丰富的市场经验，解决单家独户的农民难以进入市场的问题和市场面对千家万户组织原材料的困难。通过这一举措，和田地区目前已成立各种专业协会82家、涉农协会68家，涉及林果业、玫瑰花、蔬菜种植、地毯编织、园艺、畜牧、棉花、手工艺、农副产品加工销售、供销服务等各个领域。再次，实施"30万农户素质工程"，加强了农牧民的职业技能培训，推动了农村剩余劳动力的转移，促进了农业产业化经营的发展。仅去年，和田地区劳务输出就达32.35万人次，同比增加5万人次，增长18.3%；劳务输出创收5.94亿元，同比增加2.02亿元，增长51.22%；农牧民人均劳务创收394.96元，增长17.74%；人均增收129.63元，增长48.86%。劳动力转移工作呈现出时间前移、规模扩大、领域拓宽的良好局面。

  三是提高农产品的科技含量，靠科技脱贫，靠科技发展。首先，孔炳生经常协调科技部门为龙头企业提供科技信息，使龙头企业掌握科技发展动态，帮助龙头企业提高产品的科技含量，增加附加值，增强龙头企业发展后劲，促进科技型龙头企业发展、壮大。其次，狠抓基地建设，促进规模经营，始终把基地建设作为农业产业化和脱贫致富的第一车间来抓，大力推行"公司+农户"的发展模式。再次，完善政策措施，引导农民以市场为导向，大胆进行农业结构调整。

  四是积极争取社会帮扶，支持贫困乡村发展。首先，孔炳生十分重视定点扶贫工作。他经常想方设法为定点扶贫单位争取项目和扶贫资金，帮助贫困乡镇修建校舍、村委会；帮助贫困户修建抗震安居房，改善生产生活环境；解决农村富裕劳动力技能培训的资金；资助贫困户子女就学等。其次，广泛开展扶贫帮困的宣传活动，动员全社会力量参与"扶贫攻坚战"，全面落实地(县)直属单位定点帮扶重点贫困村、领导干部和党员承包贫困户的活动，努力将产业化扶贫与整村推进和科技扶贫相结合，积极推进"整合资源、连片开发"试点，促进贫困县乡特色优势产业发展，带动贫困户增收。再次，制定和完善了和田地区《抗灾救灾预案》，积极组织抗灾自救，全力帮扶因灾致贫的群众，努力将低温、雪灾、风灾、地震及干旱等自然灾害的损失降低到最小限度。通过4年的艰苦努力，孔炳生已为和田地区扶贫开发事业争取了项目资金6亿元，使50万各族贫困群众摆脱了贫困，为和田地区的扶贫开发事业做出了很大贡献。

　　在和田地区脱贫的各族群众中，许多人都把孔炳生比喻成一座山峰，说他坚韧不拔，执著顽强。其实，他更像一条河流，不仅奔腾不息，富有朝气，而且在它两岸勾勒的，全是美丽的风景；它滋润的，全是一串串动人的笑语欢歌……

■孔炳生和农民在一起

■孔炳生向贫困农民赠送电视机

人物档案

姓名/刘继华
性别/男 出生年月/1954年11月
籍贯/安徽省岳西县
职务/安徽省岳西县扶贫开发办公室主任
主要事迹/连续担任岳西县扶贫开发办公室主任20年，深刻理解国家扶贫的大政方针，创造性地开展工作，使当地面貌发生了巨变
荣誉/被省委、省政府评为先进个人，荣记二等功

刘继华 敢为人先的扶贫办主任

"在岳西的调研让我收获特别大，对我来说是个意外惊喜……县级扶贫办能够这样注重学习，对当前扶贫大政方针这样熟悉，在实践过程中，对国务院扶贫办的新思路、新要求，有这么深的了解和把握，同时又在实践当中，大胆探索，有所创新，而且取得了那么多成功的经验，是我完全没有想到的。"这是国务院扶贫办主任范小建2009年3月29日在安徽调研结束后讲话中提到的。

为什么对一个县级扶贫办有如此高的评价？与担任县扶贫办主任的刘继华不无关联。

岳西县位于大别山腹地，皖西南边陲，国土面积2 398平方千米，人口40.2万，人均耕地不足一分亩。全县绝大部分位于海拔600米以上的高寒山区，山场贫瘠，洪旱灾害频繁，水土流失严重，冷浸田多，交通和信息闭塞。岳西县是安徽省贫困面最大、贫困程度最深的国家扶贫开发工作重点县之一。"山区好风景，出门就上岭，不是葛藤拌了脚，就是芭茅割了颈"，"松当灯，椒当盐，看猪为过年，鸡蛋换油盐"，这些民谣曾是那里的真实写照。1989年，全县未解决温饱的人口占总人口的一半以上，农民人均纯收入也不到全国平均水平的一半。

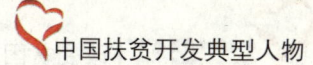

那一年，35 岁的刘继华调入扶贫办，主持全县扶贫工作，在扶贫办主任的工作岗位上一干就是二十年。"扶真贫，真扶贫"是他 20 年坚守不变的人生信条。

在石关乡龙潭村，刘继华通过调研，充分利用人均 15 亩山场的自然优势，按照"远山松杉杂，近山果药茶"的思路，引导动员该村开发山场，发展杜仲、猕猴桃、茶叶、瓜蒌等多种经济作物。可是习惯于祖祖辈辈围着一亩三分田种稻的农户，把种果、药、茶看成是不务正业，说什么也不愿意。刘继华就一边一家一户讲道理做工作，一边四处联系资金，帮他们购回种苗。5 年内，扶贫办在该村投放扶贫资金总额达 110 万元，刘继华也深入该村 80 余次。如今，该村兴建了 800 亩茶、药、菜基地，建起了 1 座电站、1 所学校、1 个村部。通过实施危房改造工程，帮助该村 58 户贫困户盖起了楼房。该村的老百姓逢人就说："刘主任不仅为我们建起了楼房，还为我们建起了绿色银行。"

在五河镇沙岭村的祠堂、老屋两个村民组 24 户贫困户，几年前迫于生活，到处赊粮、赊布、赊油，有借无还。附近村民笑他们是"住在破祠堂，穷得叮当响，进了小店门，店主就发慌"。刘继华硬是不信那个邪，和当地党委、政府一道共商沙岭村脱贫大计，决定帮助他们先安居后立业。2000 年，他东奔西走，争取危房改造资金 5 万元，让 21 户贫困户住上了新房，同时多方筹措资金 5.8 万元帮助他们装上了自来水。那年冬天，4 个组的群众近百人自发地敲锣打鼓，燃放鞭炮，把一面写有"饮水思源，不忘党恩"的锦旗送到扶贫办。

■刘继华向国务院扶贫办主任范小建（右）汇报扶贫工作

 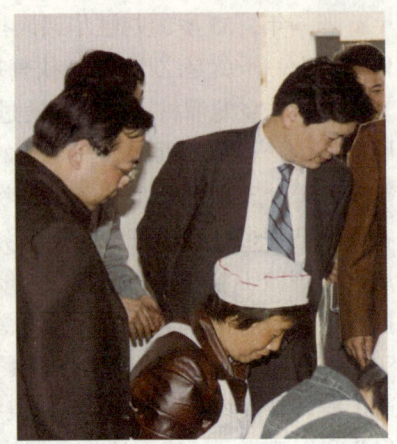

■刘继华（右二）陪同时任安徽省委书记王太华（右一）考察产业化扶贫工作　　■刘继华视察工作

2001年8月，石关乡李薇接到了省城一所大学的录取通知书。与此同时，她弟弟患上支气管扩张引起的肺病，需要巨额的医药费用。李薇只得放弃上大学。刘继华得知这一情况，多方筹措资金4 700元，为李薇交付了第一笔学费。2004年，李薇的母亲又患上了结肠炎和椎间盘突出症，卧床不起，而弟弟的病情仍未好转，一家四口有两人躺在床上，李薇只得背起弟弟上学。刘继华看在眼里，急在心上，一方面在省城为其弟弟联系医院治疗，一方面帮助其母亲到县中医院治疗。同时为他们四处奔走，到处筹集学费、医药费，并通过《新安晚报》的记者以《一名违纪女生的"生存长征"》为题作了详细报道。在很短时间内便收到了社会好心人的捐款近7万元。当问起他为什么要这么做时，他只是淡淡一笑："作为扶贫办主任，贫困群众的痛就是我的痛"。

为了争取社会上更多的仁人志士关注岳西，帮扶岳西。20年来，刘继华很少过双休日，不是穿草鞋跑田头，就是穿皮鞋跑码头。据不完全统计，20年来，岳西县共争取社会扶贫资金4 800多万元，扶贫物资折合6 500多万元。

"作为一个县级扶贫办主任，关键是要为县委、县政府当好参谋，千方百计使国家的扶贫政策更好地惠及贫困人口。"为了用好管好扶贫资金和项目，刘继华在实践中勇于摸索，积极思考，不断创新，不仅为岳西县的扶贫事业作出了极大贡献，也为全省乃至全国的扶贫工作提供了一定的经验。特别是引导贫困户承贷扶贫贷款参股办小水电站和"贫困监测定规模，村民评议定对象"的贫困人口识别方法被国务院扶贫办推广；用财政扶贫资金资助贫困高中生和贫困大学生的做法早于全国5年；在全省建立第一个扶贫基金会；率先在全省建立贫困户大病医疗救助基金，并在全国第一个实行用财政扶贫资金为贫困人口缴纳农村合作医疗参合金；积极倡导并实施了"白色工程、绿色工程、通村公路工程、危房改造工程、高山蔬菜工程、4321干部结对帮扶工程"等六大扶贫牵动性工程，中央电视台对此连续7天进行系列报道；创造了"整村推进明白卡"、整合资金"开单子"、"U盘工作法"等一系列先进经验，在全省扶贫系统广泛推广。

　　作为岳西县扶贫工作的设计师和执行者，刘继华见证了岳西县20年发展历程的每一个变化。2008年，全县生产总值达到29亿元，增长13%；财政总收入3.1亿元，增长12.7%；固定资产投资达到32亿元，增长29%；社会消费品零售总额8.5亿元，增长20%；农民人均纯收入、城镇居民人均可支配收入连续5年保持两位数增长，居民储蓄余额比上年新增3亿元。按安徽省贫困人口监测调查建档线统计，2008年底在860元以下的贫困人口降至3.52万人。每一个数字的获得是各级领导对革命老区关爱的结果，是岳西县委、县政府始终坚持扶贫开发中心位置的结果，更是像刘继华这样的基层扶贫工作者努力奋斗的结果。岳西县的扶贫开发工作得到了国务院总理温家宝、副总理回良玉等领导同志的批示和肯定，《人民日报》和新华网、人民网等重要媒体对岳西县扶贫开发的做法和成效都作了专题报道。

　　如今，凡到过岳西县的人，无不惊叹于该县发生的翻天覆地的巨大变化：山绿了、水清了、路宽了、楼房多了……

　　20年，在人类的长河当中只是短短的一瞬，但对于一个扶贫办主任的岗位来说，实属不短。20年前，刘继华是一个血气方刚、充满激情的青年，如今，54岁的他，头发日渐稀白。按正常思维，"船到码头车到站"，马上退二线了，但刘继华激情仍在，热情不减，对于扶贫事业的孜孜追求依然。用他自己的话说，"但愿苍生皆饱暖"！

■刘继华（左一）陪同安徽省扶贫办领导检查扶贫开发项目

改变贫困的力量

人物档案

姓名/李双星
性别/男　出生年月/1962年11月
籍贯/河北省阜城县
职务/阜城县农业开发扶贫办主任、党组书记
主要事迹/在河北省阜城县引领农民实施扶贫细胞工程，发展设施瓜菜，全县每年创造销售效益10亿多元
荣誉/扶贫开发工作先进个人、先进工作者、优秀共产党员、突出贡献奖

李双星 让"细胞工程"迸发致富力量

　　李双星，河北省阜城县农业开发扶贫办公室主任。2002年上任以来，帮助88个村的7 000个"细胞工程示范户"发展起稳定增收的致富项目，使贫困农民年人均纯收入由600多元提高到4 000多元。从全县没有瓜菜种植设施，到目前已发展大棚蔬菜面积达10.6万亩，创造经济效益超过10亿元。在推进扶贫开发工作向纵深发展的同时，李双星引领广大贫困群众积极投身新农村建设，多方筹集资金，以水、电、路为重点，努力改善贫困群众的生产生活环境。新农村建设所涉村每年都受到政府表彰。目前，许家铺、三里铺等扶贫村，已经成为全市的"生态文明示范村"。在阜城县农村，乡亲们一提起李双星，都热情地称他为"李扶贫"。2008年9月，中央电视台《革命老区扶贫行》摄制组专题采访了扶贫"细胞工程"。2008年10月，阜城县被河北省扶贫开发领导小组办公室确定为"扶贫开发产业集群片区"重点县。他本人先后被省委、省政府授予"扶贫开发工作先进个人"荣誉号，被市委、市政府评选为"先进工作者""优秀共产党员"，连续三年被县委、县政府授予"突出贡献奖"。

　　阜城县在扶贫开发前，全县年人均纯收入不足千元的贫困群众有15万余人。

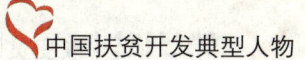
中国扶贫开发典型人物

走上扶贫开发岗位后,李双星面对全县广大贫困群众"盼致富、缺资金、少技术、没门路"的实际,借助上级的扶贫政策,把工作的立足点首先放到帮助贫困群众筛选致富项目上。为此,他带领县扶贫办的有关同志,多次跑北京、天津、石家庄,经过市场考察,他发现种植设施瓜菜具有投入少、见效快、市场前景好、技术易掌握、当地群众有种植基础的特点,是贫困群众最适宜发展的项目。1994年,在阜城县委、县政府在全县下大力度推行了大面积种植棚菜的政策和措施,建起了大面积的棚菜。但是当年冬季,由于遭遇了天气自然灾害的毁灭,种植户不但没有收获,反而都赔了不少钱。之后老百姓便是"谈棚色变",群众编了一句顺口溜,"一年欢,二年蔫,三年拆棚运竹竿",确实让老百姓寒了心。时隔10多年后要重新组织发动这项富民产业,他深知其中的难度和付出。在总结经验的同时,还是下定决心做了有充分准备的最大付出。从种植到管理、技术保障、产品销售、市场行情、各个环节,李双星都做了细致的考察、分析。从给棚户协调贷款,引进优良品种,聘请技术专家,联系收购客商,筹建瓜菜交易市场以及市场宣传广告创品牌,都由扶贫办全部主动承揽下来。为让更多的贫困群众走上脱贫致富的康庄大道,李双星和班子成员一道完善了整体推进"细胞工程"扶贫模式。以贫困村为单位,把每一个贫困户作为一个细胞,整合各类农业扶贫开发项目资金,集中投入。通过全覆盖、全方位扶持,先促其"激活",再完成"裂变",让每个脱贫户都成为一个"活广告",让每一个大棚都成为一所"学校"。为解除贫困农民的后顾之忧,他还积极聘请河北农业大学的专家作为技术顾问,并与北京、石家庄等地的市场达成了常年合作意向,切实

■李双星获得"中国扶贫开发典型人物"荣誉,并代表河北省扶贫系统上台领取荣誉证书

解决了贫困群众的技术和销售难题。

按照省、市扶贫办的政策，自 2003 年实施两个周转扶贫项目以来，李双星筛选了前八丈、倪庄、三里铺、许家铺、对寨、尹村、前后八丈等贫困村进行试点。在阜城镇三里铺村这个仅有 200 多户的小村，从零规模开始用两年时间发展起冬暖式大棚 170 个，春秋棚面积 470 亩，种植起樱桃西红柿、"京新"西瓜等市场畅销品种，年增加收入达到 800 万元，使这个昔日有名的穷村，一举成为远近闻名的富裕村。许家铺村 2008 年开始实施扶贫，当年全村人均增收 1.3 万元，许家铺村的贫困户当年就脱了贫。目前 88 个村的 7 000 个"细胞工程示范户"发展起稳定增收的致富项目，贫困农民年人均纯收入由 600 多元提高到 4 000 余元。从全县没有设施瓜菜，到目前已发展大棚蔬菜面积达 10.6 万亩，创造销售效益 10 亿余元。《人民日报》对阜城县实施扶贫细胞工程带领贫困群众脱贫致富的做法进行了报道，原国务院扶贫办主任刘坚对此作出重要批示，给予了高度评价——"扶贫打造致富产业，向全国各地推广"。2008 年 9 月，中央电视台第七套《聚焦三农》栏目，对该县的扶贫开发成果进行了专题采访报道。

2002 年，任县农业开发扶贫办公室主任以来，李双星忘我工作，无私奉献。

李双星执著于典型经验推广，经常利用晚上农民在家的时间为贫困村老百姓开会，讲解棚菜种植经验和效益，并且自带扩音设备，深入到村、到户、到大棚为大棚蔬菜种植户解决各种疑难问题。多雨季节，李双星经常顶风冒雨、脚踩泥水亲自到受灾的大棚现场办公，及时帮助他们解决困难。李双星到扶贫办几年来，以单位为家，长期工作在单位，经常晚上工作到 12 点才回家。7 年间外出到北京、天津、石家庄、山东寿光等地为贫困村联系项目、跑销路，当天去当天回，经常深夜 2 点才回来。不但为单位节约了费用，同时为工作节省了时间，从而提高了工作效率。

■李双星陪同省扶贫办主任扈双龙（右一）与农户亲切交谈

■李双星陪同省扶贫办主任扈双龙（右）参观阜城县第三批贫困村许家铺村千亩棚区

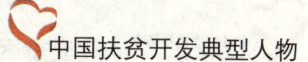

2008年春天，一场风灾刮坏了500多亩的春秋大棚，种植户叫苦连天，泪流满面。李双星经常顶风冒雨、脚踩泥水亲自到贫困村中的后八丈村、七里铺村、张城寺头村、邓屯村以及一二批贫困村的前八丈村、井庄村等受灾的大棚里现场办公，帮助解决资金困难。他很快从县财政借款30万元，为13个贫困村的500多个棚菜种植户解决了修缮大棚的全部资金，通过及时解决资金。村民们很快修复了受灾损坏的大棚，因而所有的种棚户不但没有减收，反而大灾之年增加了收入。

2007年，阜城县的豆角正值上市旺季，时价1.6元1千克。但是当天采摘的豆角，由于是新基地，市场知名度不高，不能全部卖出。得知此消息，李双星立即联系河北电视台农民频道《致富情报站》栏目负责人。负责人即刻派来专题广告组记者，做了专题广告。第二天中午12：30广告播出刚结束，就引来了外地的大批客商争相抢购。当天的豆角价格每千克收购价上涨了0.8元，每亩增收1 100元。百姓们看在眼里，喜在心上，激动地说："原来扶贫办能给我们老百姓办这么多的好事啊！共产党要多几个这样的部门，就是我们真正的福分了！"几年来，河北省电视台农民频道《致富情报站》定期分季节免费为瓜菜销售做广告，给贫困村瓜菜种植户带来了明显的经济效益。

■李双星慰问村里贫困农户

中国扶贫开发协会 | 改变贫困的力量

人物档案

姓名/李生康
性别/男 出生年份/1955年
籍贯/广西壮族自治区马山县
职务/崇左市扶贫办党组书记、主任
主要事迹/从1994年就从事扶贫工作，足迹踏遍了崇左350个山区贫困村、269个革命老区村，深入村屯访贫问苦和慰问看望贫困农户5 000多户，行程近100万千米
荣誉/全区沼气池建设先进个人、崇左建市工作先进个人、崇左市"两基"工作先进个人

李生康 "四区"扶贫事业的领头雁

祖国西南边陲，耸立着一座新兴的地级市——崇左市。这里，有巍峨峥嵘的友谊关，有水中屹立的左江斜塔，有驰名中外、游人如织的德天瀑布以及雄关如铁的小连城。这里的人民提及市扶贫办主任李生康，都充满了感佩之情。李生康从1994年就从事扶贫工作，足迹踏遍了崇左350个山区贫困村、269个革命老区村，深入村屯访贫问苦和慰问看望5 000多贫困农户，行程近100万千米。他的辛劳换来了这里翻天覆地的变化。崇左市扶贫办曾被评为农村劳动力转移就业工作先进单位、崇左市民族团结进步先进集体、广西支教工作先进单位、市"两基"工作先进集体等称号，曾被市委、市人民政府记集体三等功。李生康曾被评为全区沼气池建设先进个人、崇左建市工作先进个人、崇左市"两基"工作先进个人。

崇左市是2003年8月新成立的地级市，地处广西西南部，辖扶绥、天等、大新、龙州、宁明、凭祥、江州等7个县（市、区），天等、龙州两县是国家扶贫开发工作重点县，其余5个县（市、区）是自治区扶贫开发工作重点县。崇左市是一个以壮族为主体，瑶、苗、仫佬族等20个民族聚居的少数民族地区、贫困地区、革命老区、边境地区和大石山区。在这里，延绵533千米中越过境线占广西境内中越国境线总长度的83.7%。崇左市经济发展缓慢,基础设施落后,群众生产生活水平低下,"四区"社会事业较为滞后。天等县宁干乡黎明村明屯可以说是这个地区贫穷落后的缩影。黎明村明屯离乡政府所在地仅8千米之遥,出入却需翻越两座海拔850多米高的石山。吃水全望天,一盆水先用来洗菜,接着洗衣服,最后则是物尽其用地洗澡。这里几乎和外界隔绝,很难见到外地人,只是偶尔才会见到路过这里的地质勘探队员。这里尚未通电,到了晚上都漆黑一片。屯里485口人,外出求学、打工的不少,但就是无法改变这个娶外地媳妇不敢带回老家看的窘状。

李生康从事扶贫工作十余年间,先后到天等县驮堪乡岜念村、龙茗镇西北村、三北村,江州区太平镇盆垌村、驮卢镇伏廖村,龙州县水口镇沿山村挂点扶贫。他担任过3个村的驻村工作队队长,为挂点村屯做了大量卓有成效的工作,深受村屯群众的爱戴和市委、市政府领导的好评。李生康结合深入基层得到的第一手材料,及时研究扶贫开发工作面临的新情况和新问题,先后在全市组织开展了基础设施建设、革命老区和边境地区扶贫工作等有关课题调研,探索和构思了参与

■2006年9月,李生康(前左二)深入广西天等县驮堪乡道今村检查大石山区村屯扶贫基础设施项目建设情况

■2007年3月，李生康（前右二）在广西龙州县参加贫困村重点产业乌龙茶种植劳动　■2007年3月，李生康（前左二）到广西崇左市江州区太平镇盘桐村检查养鸡项目情况

式扶贫，小额信贷扶贫到户，扶贫培训，整村推进扶贫开发，整合资源、连片开发等扶贫开发工作新模式，为加快崇左市扶贫开发工作步伐，促进农村经济社会发展发挥了重要作用。李生康对扶贫开发工作有着独特的见解，撰写有关扶贫工作方面的理论文章并常在报刊上发表，如他撰写的《以农民增收为核心，全面提高扶贫工作水平》被中国思想政治工作年鉴编撰委员会选编入《中国优秀领导干部论坛》，公开发表。

　　李生康深知，仅靠地方的财力，这么艰巨的扶贫开发任务是不可能在短时间内完成的，必须紧紧依靠中央、自治区的力量，才能完成扶贫开发工作的宏伟大业。他以其聪明才智时刻捕捉着机遇。2007年3月，在深入调研之后，李生康通过新华通讯社反映崇左市边境地区、贫困地区、革命老区的贫困状况，引起国务院总理温家宝的关注，批示请自治区党委书记刘奇葆、主席陆兵及国务院扶贫办主任刘坚同志阅示。自治区党委、政府高度重视，研究部署对广西8个边境县（市、区）进行全面调研。之后的兴边富民行动基础设施建设大会战使崇左市4个边境县（市）、35个乡镇、336个村、2275个自然屯、37万户、178万人受益。

　　通过李生康的不懈努力和积极认真的工作，近年来，崇左市扶贫开发各项工作都取得了显著成效。10多年来，全市共投放信贷扶贫资金109 703.4万元，扶持农业龙头企业种养殖和农副产业加工项目421个，小额信贷扶贫到户3.6万户，推动了贫困地区支柱产业的发展，贫困群众收入水平不断得到提高。全市农村贫困人口由2002年底73.68万人降到2008年底的58.55万人。崇左市以"四区"基础设施建设为重点,修路建桥、兴修水利、解决人畜饮水困难问题、架设供电线路、扶助贫困户改造茅草房及危房等,大大改善了贫困地区的生产生活条件。崇左市共投入贫困村科技扶贫培训经费385万元,采取多种形式对农民进行实用技术、劳动力技能和劳务转移就业培训,共举办农民实用技术培训842期72 530人次,劳动力转移就业技能培训522期37 159人次,其中劳动力转移就业技能培训班39期3 200人次,劳动力转移就业引导性培训班483期33 959人次。通过培训,贫困村农民的综合素质得到了提高。扶贫部门认真履行职能,充分发挥参谋、助手作用,协助市委、市政府落实了四家班子领导成员和市直单位、中直、区直驻崇左有关单位开展定点扶贫工作,积极为帮扶单位开展调研和帮扶工作提供指导、协调、组织、服务等工作,使全市350个贫困村及大会战项目村都能做到"三有":县、乡有挂点领导,村有帮扶单位,项目有干部抓。多年来,崇左市共投入社会帮扶资金1.6亿元,全市市、县、乡三级机关干部1.2万多人次,深入贫困村帮扶贫困户64 563户发展种养项目,修建村屯道路333条680.8千米,修建饮水工程190处,修建村级小学81所,扶持村卫生医疗室16所,带动解决温饱人口87 850户395 325人,社会帮扶工作取得了显著成效。

　　扶贫济困十余载,李生康为贫困地区、边境地区、大石山区和革命老区人民呕心沥血,付出了艰辛的劳动,全市扶贫开发工作取得了显著的成效,得到了自治区扶贫办和市委、市人民政府的充分肯定。

■2008年4月,李生康(左三)在广西龙州县下冻镇贫困村重点产业乌龙茶种植基地同当地群众、壮族姑娘一起采茶

■2008年12月,李生康(左)深入广西龙州县水口镇沿山村看望慰问边境地区贫困农户

| 中国扶贫开发协会 | 改变贫困的力量

人物档案

姓名/李晓光
性别/男　出生年份/1955年
籍贯/辽宁省彰武县
职务/彰武县扶贫开发局局长
主要事迹/以发展白鹅养殖业为重点，形成产供销一条龙、农工贸一体化的产业格局，培育出美中鹅业、金谷实业、铃兰味精等扶贫龙头企业，使彰武经济和人民生活迈上新台阶

李晓光　全力打造白鹅之乡

李晓光，彰武县扶贫开发局局长。自2002年担任彰武县扶贫开发局局长以来，尽职尽责，充分发挥当地资源优势，以发展白鹅养殖业为重点，把彰武县打造成著名的"白鹅之乡"，使彰武的产业扶贫工作迈上了一个新台阶，实现了贫困农民收入的可持续增长。白鹅，作为彰武的名片，让这个昔日默默无闻的塞外小县名噪全国，也让贫穷的乡亲看到了一个走向富裕的辉煌前程。

彰武县地处科尔沁沙地南缘，属辽河冲击平原。1985年，被列为省级贫困县。2000年，被列为扶贫开发工作重点县。县级财政收入3 300万元，全县综合经济实力列全省17个贫困县的最后一位。2001年，彰武县遭受了百年不遇的特大旱灾，使靠天吃饭的农业遭受重创。2002年眼看春播在即，可是，竟没有一场有效降水，春旱已成定局，这对原本十分脆弱的彰武农业来讲，无疑是雪上加霜……彰武将向何处去？

同年5月，彰武镇镇长李晓光被任命为扶贫局局长，县委书记对他说："目前，连续两年的大旱，使全县的贫困人口增至21.3万人，现在我们扶贫的任务很重。省里为帮助我县早日脱贫，每年都要拨付1 000多万元的资金，接近我县财政收入的1/3，这笔钱怎么花，是你的责任……""天降大任于斯人"，李晓光知道自己责任重大。他仔细研究国家、省里的扶贫政策，扶贫项目，外地的成功经验。如何改输血扶贫为造血扶贫？李晓光一时百思不得其解。

夏日里的一天，李晓光率局里的同志到大德乡大德村调研，一个农户引起了他的注意。勤快的户主住宅旁边的池子养了200只鹅，一年下来净收入3 000元。3000元，这对一个贫困家庭来讲，可是一个天文数字。随行的乡领导说："像这样的养鹅户乡里不下百户，而且周边乡镇也有不少养鹅的。""养鹅！"李晓光眼睛一亮。

李晓光知道，彰武过去曾是清朝皇家牧场，是著名的盛京三大皇家牧场之一。这里泡沼棋布，水草肥美。如今彰武有牧业用地115万亩，草场82万亩，疏草地28万亩；有大清沟、闹德海等中小型水库105座；有柳河、养息牧息河、苇塘河、绕阳河四大水系，水域占地29.5万亩，人均占有耕地5.15亩。而且，彰武自古就有养鹅的历史，现在农村有散养户1 600多家，养鹅60万只，出栏45万只。1984年被省列为畜牧业基地县。

李晓光进一步关注全球养鹅产业。自1976年以来，全球已召开了4次养鹅

■李晓光开会中

大会。但是，一些经济发达国家和地区特别是欧洲，发展养鹅业却受着土地、人力资源、牧场的制约，有一定难度。而中国具备这样的优势。据预测，中国年需求白鹅8亿只左右，上海年需要鹅2 000万只，广东7 000～8 000万只，广西7 000万只，香港每天就需要10万只。欧洲市场对鹅的需求是与日俱增，鹅肉超过了鸡肉。在法国就有穷人吃鸡、富人吃鹅的讲究；在德国一个圣诞节就需要450万只白鹅。而现在全国的饲养量仅有6亿只，年出栏仅为3.3亿只……面对如此庞大的市场空间，李晓光怦然心动。此时，一名安徽商人，也在瞄准着白鹅市场，苦的是没有理想的战略合作伙伴。这个人就是丁美中，一名在阜新周边地区从事鹅产品深加工十余年的"鹅王"。

几经深思熟虑后，一份《关于发展白鹅产业，打造彰武中国白鹅之乡引导农户脱贫致富的设想》被提交到县委的扩大会议上，会上李晓光还提到了寻求丁美中合作加盟的想法。经过激烈讨论和完善，这份设想在全县全面展开，付诸实施。

2004年，全县已建立了15个白鹅饲养基地，9处白鹅孵化厂，白鹅产业化项目遍及24个乡镇38 239户农家，饲养量也由1998年的80万只，猛增到441.07万只。美中鹅业年屠宰量由200万只增长到了600万只。"辽鹅"牌鹅制品已在国内30余个大中城市站稳了脚跟，部分产品还跻身于韩国、中国香港等国家和地区。一个企业带基地、基地连农户的扶贫发展格局驶向了快速发展的轨道。

2005年，李晓光根据全县白鹅饲养基础和自然条件，明确提出了"关于让彰武县白鹅产业突出重点增加规模的建议"。这个大胆的建议和设想，很快得到了县委、县政府的认可和批准。一个"坚持规模饲养与散养并重""大力发展与专业村屯和养殖大户并举"的新做法，在全县迅速展开。这一年，在整村推进项目中，县扶贫局利用扶贫资金扶持9 340户，饲养白鹅120万只，为农民增加收入2 400万元。章古台村的孙山是该村的贫困户，他在扶贫局的扶持下利用养鹅示范户扶贫开发政策，饲养白鹅1 400只，成活率95%，当年出栏1 000只，收入近2万元。他还预留种鹅4 000只。到2006年底，孙山仅养鹅一次收入近10万元，一下成了远近闻名的大户。

彰武县拥有丰富的林业资源，这让李晓光萌生了一个新想法。一天，李晓光来到大德乡苗生家，去他拥有5万来棵树的1 200亩的林场调查，说："我看树下小草都封地了，不知养鹅行不？"苗生说："我看可以，鹅是食草动物，可是一定要解决好水源啊。"双方合计一下，达成协议，李晓光补助苗生打井的费用，让他带头搞一下林下养鹅。苗生从500只起一直养到了3 500只，获利6万元，成了全县林下养鹅的典范。合理利用林下资源，不仅减少饲料投入，而且还提高了养鹅的经济效益。在苗生家的林地里，这一点得到了充分的验证。在县林业部门的鼎立配合下，李晓光及时地将苗生的做法推向全县。

养鹅在彰武县蓬勃发展，白鹅产业已逐步成为彰武的特色主导产业。国家重点扶贫龙头企业和辽宁省农业产业化重点龙头企业美中鹅业，带动农户6万户，其中固定合同养殖户5 000户。2003-2008年养鹅使2.5万家贫困户脱贫。

国务院扶贫办刘福合司长，在彰武考察产业化扶贫工作时指出："彰武和美中鹅业始终采用'公司＋基地＋农户'的经营模式，充分发挥了当地及周边地区资源及人力优势，形成了以市场牵龙头、以龙头带基地、以基地连贫困农户的产供销一条龙、农工贸一体化的产业化格局，稳定促进了贫困农户的增收和就业，放大了扶贫成效，实现了贫困农民收入的可持续增长。"这番话，对彰武扶贫工作做了肯定和褒扬。

在李晓光的积极努力下，美中鹅业、金谷实业、铃兰味精3家企业先后被评为国家级龙头企业；其中，美中鹅业还先后获得"农业产业化国家重点龙头企业""全国农产品加工示范企业"和"全国农产品加工企业技术创新机构"等称号。另外，禾丰牧业、谷香公司、沃田肥业3家企业被评为省级扶贫龙头企业，彰武的产业扶贫工作迈上了一个新台阶。

■李晓光考察工作，拍照留念

人物档案

姓名/李凌峰
性别/男　出生年月/1963年2月
籍贯/新疆维吾尔自治区
职务/新疆喀什地区塔什库尔干塔吉克自治县副县长、阿巴提镇党委书记
主要事迹/先后安置移民513户2 841人，并且在移民安置地实现村村通车、户户通电、家家通水
荣誉/优秀共产党员、优秀乡镇党委书记

李凌峰　新疆移民开发模范

　　新疆南部广袤的大地上有一个全国最大的沙漠——塔克拉玛干沙漠，在沙漠西缘是塔什库尔干塔吉克自治县移民扶贫开发区——塔吉克阿巴提镇。10年前的这块土地，布满了大大小小的风积沙丘，盐碱肆虐，生态脆弱，渺无人烟，是一片荒置的沙漠戈壁。10年后的今天，塔吉克阿巴提镇在这里发展壮大，各项基础设施建设初具规模，社会事业蓬勃发展，移民的生产、生活条件不断改善，昔日荒无人烟的盐碱滩已建设成为欣欣向荣的小城镇。塔什库尔干县移民扶贫开发建设取得了良好成效。这是一个奇迹，一位土生土长的喀什汉子——45岁的李凌峰，带领全镇干部群众用10年时间创造了这个奇迹。

　　塔什库尔干县位于新疆南部，帕米尔高原东部，地处昆仑山、喀喇昆仑山、天山和兴都库什山交汇处，周边与3个国家接壤。全县平均海拔4 000米以上，受高原山区恶劣气候的影响，暴雪、洪水、泥石流等各类灾害频繁发生，农牧民生存条件十分恶劣，是国家级穷困县，也是全国典型的高原、高寒、边境、贫困、人口较少的民族地区。

　　1999年8月，塔什库尔干县遭受了历史上罕见的特大雪灾和洪水泥石流灾害，全县有12个乡35个村普遍受灾，其中受灾害最严重的是布伦木沙乡、大同乡，灾害造成22人死亡，528户2 940人一夜之间失去了祖祖辈辈赖以生存的房屋、土地和草场，直接经济损失达6 000万元，间接经济损失近亿元。各级党委、政府高度重视塔什库尔干县的灾情，对塔什库尔干县的扶贫工作专题调研，确定从莎车、麦盖提、岳普湖三县交界处划拨5万亩土地，在岳普湖县巴依阿瓦提乡以东20千米处建设塔什库尔干县塔吉克阿巴提镇。通过生态异地移民搬迁把受灾群众和贫困农牧民从帕米尔高原山区搬迁到平原，解决塔什库尔干县的贫困问题。

1999年，李凌峰临危受命，担任塔什库尔干县移民扶贫开发建设指挥部主任。李凌峰深知，塔什库尔干县移民扶贫工程，是改善以塔吉克族为主的少数民族牧民生产生活条件、保护高原荒漠脆弱的生态环境的必由之路，对于加强民族团结和保持边境地区社会政治稳定具有重大的现实意义和深远的历史意义。做好移民搬迁开发建设工作，最主要的是实现移民"搬得下、稳得住、逐步能致富"，这是李凌峰白天晚上都在考虑的事。2000年3月，203户塔吉克族牧民搬到了塔吉克阿巴提镇，开始了把戈壁建成绿洲的壮举。

搬迁的农牧民在高原主要以牧业为主，过着游牧生活，对农业生产几乎不懂，要使他们放下手中的鞭子拿起砍土曼（农具），不是一件容易的事。为了使农牧民掌握平原地区的生产技能，李凌峰就拿起砍土曼给农牧民讲解示范。农

■李凌峰一行人实地调研

■李凌峰一行人进行调研工作　　　　　　■李凌峰和群众进行交流

牧民手中的砍土曼几乎都被他使用过，几个月下来，他的手上布满了血泡和老茧。一次一位地区领导来塔吉克阿巴提镇检查工作，在农田找到他时，他正拿着砍土曼和农牧民一起在打地埂，满脸是汗水和灰土，检查工作的领导根本就没有认出他来。

脚部残疾的依明江是塔吉克阿巴提镇众所周知的贫困户，家里的耕地离房屋很远，从事生产劳动比较困难。李凌峰知道后，立即组织人员召开会议，调整了依明江家耕地的位置，免去了他的集体劳动。李凌峰还从工资中拿出 1 200 元为依明江购买了一头毛驴，解决了其生产运输难的问题。10 年来，据不完全统计，李凌峰先后从自己的积蓄中捐出 1 万多元，为贫困农牧民修建起了院墙、棚圈，购买了种植和养殖方面的书籍，并利用节假日携带生活用品去慰问。他的行动感动了善良纯朴的塔吉克农牧民，李凌峰被移民群众称为"贴心人"。

把塔吉克阿巴提镇沙漠戈壁建成万亩绿洲良田，关键是加强水利建设，做好治碱压碱工作。为了节约经费，提高治碱压碱的效率，能让碱水自然排出，李凌峰经过几个月的戈壁荒漠的"旅行"，终于找到了一片地势较低的荒滩，最后经专业技术人员的测量和论证，完全可以将蓄积的碱水自然排出，而且排上几十年也不会蓄满。为了把田里的盐碱压下去，他带着干部给地里浇水，给农牧民群众传授压碱方法。为了教会高原牧民蔬菜种植技术，李凌峰自己掏钱购买了 300 元的菜种和瓜种，又从兄弟乡镇协调了一部分菜苗在二三村果园地试种。由于农民没有种过蔬菜，根本不懂种植和管理技术，他就在地头召开现场会，面对面地讲，手把手地教。当年种植的蔬菜和瓜果获得丰收，农牧民吃菜实现了自给。目前塔吉克阿巴提镇开垦土地达到了 1.5 万亩，农作物面积 9 050 亩，粮食播种面积达到了3 000亩，总产达到133.7万千克，林果面积从无发展到5 000亩，饲料草总面积已达到4 790亩。

"发展教育是塔吉克民族振兴的出路。"在李凌峰努力争取下，已建成了小学和中学教学楼，配齐配强了教师队伍，实现了从学前班开始进行国语教学的跨越式发展。目前学校的国语教学水平名列全县第一，两届毕业班考入疆内初中班的学生占全县的80%以上，并有80名学生在拉玛依市中学就读。2008年，自治县要从塔吉克阿巴提镇选派一批青年赴天津务工，报名的人寥寥无几。李凌峰耐心地给农牧民讲外出务工的政策和好处，并号召全镇干部职工捐款，为外出的女青年购买路途上的生活用品和食品。如今第一批女青年在天津的制衣厂上班，为带动劳务增收起到了良好的示范带头作用。目前全镇已有30多名女青年在内地务工，300多名农村富余劳动力在附近打工创收。

10年来，国家、自治区为塔吉克阿巴提镇投入移民扶贫资金达到1亿多元，企业为阿巴提镇捐赠资金达到了2 000多万元。李凌峰在用好资金、管好资金的同时，带领全镇干部群众实现了修建移民定居房800套，新修各类水渠206千米，修建各类桥涵闸536处，渠系防渗16千米，修建排水系统90千米，各类道路248千米；完成了小学、中学、卫生院、自来水厂、广电站、政府、派出所、镇客运站、文化活动中心、电管站、电信所、移动通信站、面粉厂、天合种业种子加工厂等建设，安置移民513户2 841人，实现了全镇村村通车，户户通电，家家通水。

"金杯银杯不如老百姓的口碑，这奖那奖不如老百姓的夸奖。"在南疆大地问起李凌峰这位好书记，都有一个同样的回答："他是一心扑在工作上，艰苦创业的务实人；他是心系塔吉克群众，广大移民的贴心人；他是谱写扶贫工作新篇章，推进移民扶贫开发建设的领头人。"

■李凌峰系列活动照片

| 改变贫困的力量

人物档案

姓名/陈继明
性别/男　**出生年月**/1951年8月
籍贯/河北省石家庄市
职务/河北省纪委、监察厅驻邢台市广宗县扶贫工作队队长
主要事迹/百里沙丘"淘金",帮助槐窝村和北塘町村脱贫,明显改变当地经济面貌
荣誉/优秀宣传干部、全省扶贫先进个人

陈继明　百里沙丘的"淘金人"

2004年,陈继明以扶贫干部身份进入河北省广宗县,开始了百里沙丘的"淘金"之路。在他的带领下,该县槐窝村由2003年的年人均收入不足500元,到2008年达到3 800元。在北塘町村建起了300多个蔬菜大棚,收入最少的农户也有1.5万元。他先后引入各种资金4 000多万元,为广宗县农民的脱贫致富作出了积极贡献。

2004年3月,陈继明接到到广宗县槐窝村宣讲的通知后,打起铺盖卷就来到了广宗,一头扎进了槐窝村,住进了村小学闲置的两间旧教室里。这一行与广宗县的父老乡亲结下了不解之缘,从此,走上了沙里"淘金"之路。广宗县最为明显的地貌特征是有一条南北长百里、面积6 000多亩的沙丘地,这片沙化土地造成了百姓极端的贫困。有人说在这儿生活一年比别处多吃半个土坯,手机没信号,吃水比油贵,别说洗澡,就是做饭、洗脸都难以保证。

初春的季节,华北南部已是万物复苏,春意盎然,而展现在陈继明眼前的却是荒凉的沙丘、坑坑洼洼的道路、破烂不堪的民房。陈继明看在眼里,疼在心里,他心情沉重地和宣讲组的同志说:"如今新中国成立60多年了,这里还如此贫困,

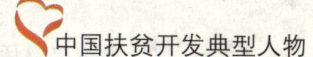

我们心里难受呀。既然让我们来推进农村小康建设,我们就有扶贫的职责和义务,我们可不能光动动嘴一走了之。"

为了多听听乡亲们的呼声,多看看贫困的实情,陈继明每天早晨都到田间地头,一边和乡亲们干活,一边拉家常。有一天,陈继明来到村西头,发现一个三四十岁的女人站在耙上正在耙地,前面牵牛的是一个不到1米高的小男孩,手里拿着鞭子边走边吆喝。陈继明心里有点纳闷,过去问个明白:"小朋友,你几岁了?怎么这么小就干这么重的活啊?"中年妇女说话了:"孩子6岁了,是我的儿子。"陈继明忙问:"这么小的孩子,怎么不上学?"孩子的妈妈眼里噙着眼泪,看似有难言之苦。陈继明帮着他们母子耙完地,然后一直跟到家看个究竟。破落的院子,没有院墙,院里的几棵树上编上树枝就算是围墙了,三间土坯房,屋里摆着一个破方桌,桌上放着一个只有半瓶油的油瓶,桌下连把凳子也没有。通过了解才知道,她家仅有的那半瓶油,已经吃了两个多月了,平时一年到头就是吃咸菜。女主人叫路玉枝,丈夫6年前在外地打工时被砸死了,撇下她一个寡妇和两个孩子。当时男孩还不到一岁,大的孩子是个女儿,现在正上学,但有半年没缴学费了。前些日子,乡里收农业税,实在是没钱缴,只好从邻居家借了84元钱缴了。陈继明了解这些情况后,情不自禁地伸手摸了摸衣兜,把仅有的200元钱硬塞到了路玉枝手里。回到住处,陈继明又把平时买来的方便面、食用油、大米,

■陈继明在中国扶贫开发典型人物表彰大会上同范小建(左二)、薄熙来(右二)、胡富国(右一)等领导合影

■陈继明向省扶贫办主任徐阔庭（左一）介绍北塘疃村蔬菜大棚基地　　■陈继明和北塘疃村大棚种植户交谈

都送到路玉枝家中，懂事的孩子叫了声"爷爷"，扑进了陈继明的怀里哭出了声。从那以后，陈继明就成了路玉枝家中的常客，同时他也经常和村干部一起走访慰问像路玉枝这样的特困户。

在槐窝村被陈继明救助的不只是路玉枝一家，还有从小失去父母的残疾人吴济淼等14户特困户和12名特困生。短短3个多月的时间，陈继明个人就为槐窝村的贫困户捐款，包括为村里修路垫款3万多元，还动员自己的亲朋好友捐款捐物8 000多元。

经过仔细科学的调研，陈继明提出了开发整理村北4 000多亩沙丘地的项目建议书。陈继明为了在这片沙荒地里实现"沙里淘金"的梦想，多次自费到永年、宁晋、赵县、衡水、石家庄等种植芦笋的基地考察调研，并请省农业厅领导和专家现场指导，协调支持。他并找到省内最大的蔬菜保鲜公司，签订了每千克不低于3元的保护价购销合同，并由公司先期垫付了育苗种子款30万元，同时承诺免费派技术员定期给予技术指导。如今，2004年先期开发种植的600多亩芦笋，每亩每年收入达3 000多元。2005年发展到1 000多亩，2006年一跃达到了3 800多亩。沙里"淘金"的梦想终于实现了。

2008年的春节刚过，省纪委又选派陈继明到广宗县挂职，开展扶贫工作，具体帮扶北塘疃村。广宗县北塘疃村位于县城东南，邢临公路北侧，气候干旱少雨，土地沙碱贫瘠，以传统的棉花种植为主，全村510户人家，2 350人，耕地4 500亩，2007年人均收入不足1 000元。陈继明根据当地实际情况，研究制定了《北塘村2008-2010年经济发展规划》，决心从投资小、见效快的种植大棚菜入手另辟致富途径。他跑省进市争取扶贫资金110万元，协调农村小额信贷

90余万元,短短一个多月时间,215座蔬菜大棚整齐地矗立在北塘疃村西北部,成为当地一处耀眼的风景线。一位村民说陈继明是和县委书记一样大的官,他就是活着的焦裕禄。通过他和村民们共同努力,先后建起了300多个大棚,平均一家建起了一个蔬菜大棚,最少的收入也达到了1.5万元。

"要想富,先修路。"该村的道路损毁严重,坑洼不平,严重影响了村民的生产生活,成为制约经济发展的瓶颈。特别是当时大棚西红柿即将收获,打通和硬化大棚区与邢临公路间的道路迫在眉睫。但是协调的修路资金尚未到位,为解燃眉之急,陈继明瞒着家人取出仅有的10万元,又从亲戚、朋友那里多方筹措10万元先行垫付。总投资61万元、长3500米的一期工程顺利完工,为蔬菜外运和工业发展奠定了基础。

2008年,受陈继明的感召,北塘疃村终于引来了第一只出资2000万元的金凤凰——河北虹阳轮胎有限公司落户该村,先期吸纳农村剩于劳动力500余人,可实现年纳税500多万元。同年7月,占地23亩,投资2100万元的河北英河食品有限公司又落户韩葫芦村,建起了年产1000万只肉鸭屠宰、加工及配套的工厂,广宗县沙里淘金终于走上了脱贫致富之路。

陈继明心系农村、服务百姓、脚踏实地、埋头苦干的精神,深深感染着越来越多的干部群众,他们用实际行动践行着纪检监察干部"做党的忠诚卫士、当群众的贴心人"的铮铮誓言。对他们的工作,省委常委、省纪委书记、省扶贫开发工作领导小组组长臧胜业作出重要批示:"陈继明同志以民为本,以村民变富为已任,为省直机关干部增了光,为省纪委添了彩,为纪检监察干部的良好形象加了分。希望再接再厉,充分相信和依靠当地党政组织和广大农民群众,精于谋划、勤于协调、贵于实干,经过多方面的共同努力,力争将北塘疃村建设成为广宗县乃至邢台市和全省的样板村。"

■陈继明和北塘疃村大棚种植户探讨业务

■陈继明进到大棚内与农户探讨蔬菜长势情况

人物档案

姓名/杜庆禄

性别/男　**出生年月**/1967年11月

籍贯/重庆市涪陵区

职务/重庆市武隆县扶贫开发办公室科长

主要事迹/他尽职尽责，积极争取各种社会扶贫资金，支持山区教育事业。在两年多的时间内，募集社会扶贫资金6 415.57万元，援建学校16所，资助学生15 598名，探索了扶贫项目网络化管理新模式，具有鲜明特色和可资推广的经验

杜庆禄 架起扶贫助学桥梁的人

杜庆禄，武隆县扶贫开发办公室社会扶贫科科长。他尽职尽责，积极争取各种社会扶贫资金，支援山区教育事业，取得丰硕成果。他募集社会扶贫资金6 000余万元，援建学校16所，资助学生15 598名。2008年，武隆县扶贫办被评为"全国东西扶贫协作先进单位"，受到国务院扶贫开发领导小组的表彰。

援建学校，夯实教育基础促进山区教育公平。杨柳山片区位于武隆县羊角镇乌江北岸，因环境恶劣、交通不便，造成经济社会发展相对滞后，使其成为武隆贫困程度最深、贫困面最广的片区。艳山红小学是片区内唯一的学校，建于1938年。学校唯一的教学楼修于1985年，由于年久失修，房屋墙体已多处裂缝和错位，构件多处受损，2005年12月，经县房管部门鉴定为D级危房。学校只能租赁附近的民房进行教学。学生家长对学校的办学现状极不满意，强烈要求改善办学条件，提高办学水平。杜庆禄知道这个情况后，心急如焚。在重庆市扶贫办社会扶贫处的帮助下，杜庆禄联系到了珠海市的骆驰先生。骆先生是珠海市国土房管局退休干部，现在是香港道德会在国内扶贫助学总监。杜庆禄陪同骆驰来到艳山红小学实地考察。在杜庆禄的努力下，香港道德会捐款

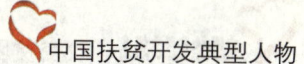

建校合同正式签订。香港道德会将捐款帮助艳山红小学新建教学楼,建筑面积为 952 平方米,包括学生教室 7 间、教学辅助用房 3 间、办公室两间。2008 年 7 月 6 日,香港道德会董事何腾、司理霍颖斌专程从香港来到杨柳山,来到艳山红小学。何腾董事说,艳山红小学是他们在国内援建的小学中修得最好的一所。他当即表示,再次捐款新建篮球场、捐赠图书 2 000 册,向每位师生捐赠校服 1 套。两年以来,杜庆禄就是这样,引导各种社会力量,大力发展教育。在他的引导下,很多企业及社会爱心人士纷纷伸出援助之手,帮助 16 所山区学校援建校舍 1.27 万平方米,受益学生人数达 9 762 名。

结亲助学,探索统筹城乡教育扶贫新路子。杜庆禄在做了大量调查论证的基础上,建议推出"城乡互动,结亲帮扶"活动。2008 年 12 月 22 日,武隆县在重庆市新闻发布中心举行帮扶活动的新闻发布会。12 月 23 日,重庆晚报以《征集城市富人,认农村穷亲戚》为题进行了详细报道。年过六旬的蒋文大是重庆耐火材料总厂的退休工程师。看到这篇报道后,他想方设法与杜庆禄取得了联系,表示要参与活动,帮助贫困学生。12 月 27 日,元旦将近,杜庆禄陪同蒋文大来到岩峰村刘小平和王明这两户贫困户家中,了解情况。在了解到这两个家庭虽然贫

■杜庆禄检查贫困村公路建设情况

■杜庆禄深入岩峰村检查公路修复情况

困,但家长仍坚持让孩子读书后,蒋文大很感动,当即与两家结为帮扶亲戚。其实,他每月收入仅千余元,家境并不富裕,但他拥有一颗仁爱的心。他常说:"有爱心,帮助孩子,不只是在物质上,更主要多与孩子们交流,帮助他们,指导他们,让他们莫走错路。"元旦过后,春节将至。蒋文大与杜庆禄联系,希望在春节之前,让两个孩子到重庆,看一下大城市,为孩子们添置过年的新衣服。在来重庆的途中,王林峰同学可能是初次乘车的缘故,出现晕车现象,吐了一身污物。杜庆禄不怕脏,替王林峰把脏衣服洗净、晾好。当时有同事在场,赞叹说他是保姆式扶贫。他说:"细微小事,理应如此。"那一天,正巧是刘熙12岁生日。她在日记中写道:"今天我过了一个快乐、美好的生日。我要好好地珍惜这一切,要好好发奋学习,用实际行动来报答蒋爷爷对我恩重如山的爱。"

爱心网络搭建社会力量助学新平台。在杜庆禄的策划、组织下,武隆县扶贫办于2007年底推出了"武隆扶贫爱心网"。该网站通过现代化手段在贫困地区与较发达地区之间、在城市与农村之间、在爱心人士与贫困人口之间搭起了爱心平台。这在全国尚属首创,得到国务院扶贫办的肯定。王建程,武隆中学高中2008届应届毕业生,家住文复乡兴隆村,患肢体二级残疾,以539分的成绩考入重庆科技学院本科工程管理专业。其家庭属绝对贫困户,生产生活十分困难,因此无力承担大学学习费用。2008年8月26日,王建程与父亲王树平一起来到杜庆禄办公室。眼看即将开学了,学费还没有着落,拿着大学录取通知书的王建程一脸无奈,父亲王树平满脸愁容。杜庆禄在认真核实情况后,将王建程的信息通过武隆扶贫爱心网的紧急求助栏目向社会公开,寻求社会爱心人士资助。3天后,某爱心人士(根据本人意愿,不公布其姓名)联系杜庆禄,愿意资助王建程完成学业。1年多来,杜庆禄通过扶贫爱心网,资助贫困学生15 598人,许多学生的生活因此而变得美好。

两轮驱动推出特困群体救济助学新举措。2009年,随着扶贫新标准的出台,中国扶贫开发工作进入了开发与救助的两轮驱动新阶段。而武隆县早在2007年,就推出了救助式扶贫,出台了《武隆县农村特殊贫困户救助办法(试行)》,对农村特殊贫困户实行救济式扶贫,特别是农村特殊贫困户子女就学和培训进行救助。杜庆禄执笔起草了该救助办法。在起草过程中,他多次征求扶贫、民政、卫生、残联等部门意见,九易其稿,历时6个月,个中艰辛不必细言。办法规定,对农村特殊贫困户接受教育进行救助,特别是高等教育阶段。例如:农村特殊贫困户子女就读大学本科及以上的,给予一次入学补助2 000元和每学年补助5 000元。这样,基本能够保障这部分贫困学生考上大学后,不会因贫而无法入学。政策制定后,杜庆禄又马不停蹄地开展了特殊贫困户的评定、特殊贫困户就学子女名单收集及其就学补助的直补工作。他总是那样认真、细致,使直补工作顺利完成。从2008年开始,武隆县所有农村特殊贫困户的大学生子女都受到补助。

杜庆禄认为:"在教育扶贫工作中,唯有人人尽力,才能积少成多,聚沙成塔,社会才有希望。"因此,他倡议,让全社会携起手来,共同致力于教育扶贫!

■杜庆禄深入贫困村,了解村民生产生活情况

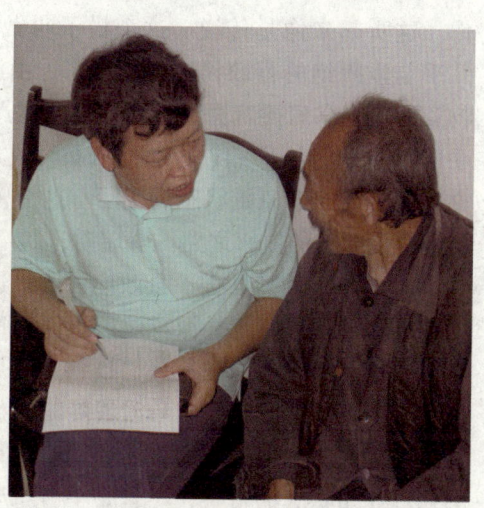
■杜庆禄与结对贫困户汪国福亲切交谈帮助规划增收项目

中国扶贫开发协会 | 改变贫困的力量

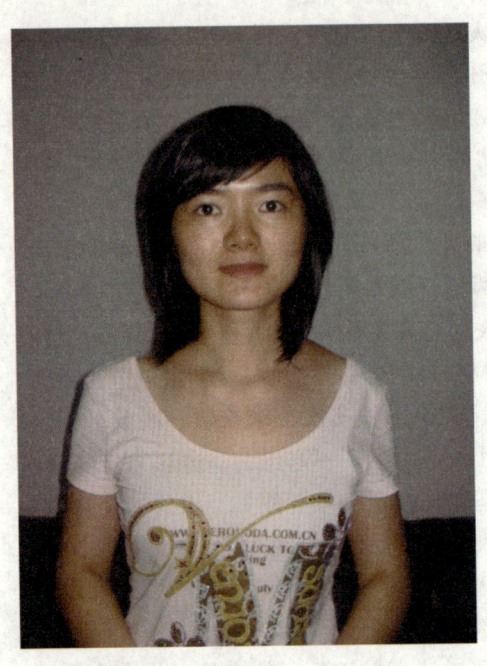

人物档案

姓名/罗瑞雪
性别/女 出生年月/1983年1月
籍贯/重庆市巴南区
职务/武隆县黄莺乡复兴村挂职扶贫干部
主要事迹/积极筹措资金带领复兴村人修通24千米长的出村路，结束了该村新中国成立58年来不通公路的历史。她还带领村民发展了土鸡、蔬菜、中药材等产业，增加了农民收入。她给复兴村带来了翻天覆地的变化

罗瑞雪 带领复兴村走上复兴路

　　一个繁华都市里长大的80后女大学生，自愿到一个荒僻的农村开展扶贫工作。这听起来像是传说。这个村子叫做复兴村，位于武隆县西南边陲，是一个几乎与世隔绝的行政村。长期以来，由于山高路远，地广人稀，交通信息闭塞，物资运输全靠肩挑背磨，经济社会发展严重滞后，贫困现象十分突出。这里，几乎成为一个游离于现代文明之外，被时代遗忘的角落，村民们长期过着"通讯靠吼、交通靠走"的半原始状态的生活。这个曾经远近闻名的特困村在短短两年时间里就走上了真正的复兴之路。罗瑞雪，武隆县扶贫办干部是这个传奇的缔造者。

　　2007年，武隆县委、县政府强力推进集团式对口帮扶工作，由县扶贫办对口帮扶黄莺乡复兴村，并派罗瑞雪担任黄莺乡复兴村党支部副书记，常驻复兴村蹲点抓扶贫。罗瑞雪前往复兴村报到，这是罗瑞雪第一次深入复兴村。她绕道贵州坐了3个多小时的车，然后沿着陡峭的盘山羊肠小道爬了两个多小时的山路，才到达了复兴村最偏远的地方。环视坐落在群山中的这个远离文明和繁华的半封闭的几近原始状态的村落，尽管心里有所准备，但罗瑞雪还是被眼前的情景深深地震撼了，一间间破败的茅屋和树皮农房出现在面前，大山中，只有几条若隐若现

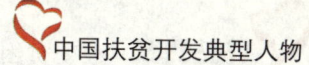

的羊肠小道通往外面,交通十分不便。如果不是亲眼目睹,很难相信在新中国成立60周年的今天仍有这么落后的地方。一位七十来岁的老人动情地说:"新中国成立60年了,我们这里还有不少人一辈子都没有走出过这座大山,有的甚至连汽车都还没有见过啊。我们没有别的奢求,只想在我有生之年能看到公路修到村里。"一位村干部说,由于路不通,当地村民运输物资全靠肩挑背磨,有的买一包化肥就要运送几天,转运几次才能到达村里。农民要出售一头肥猪,光是运送成本就要花200多元。

罗瑞雪知道,要想让这片贫穷落后的大山活起来,富起来,首要的问题就是要修通公路,改善交通运输条件。为了尽快打通该村的出入通道,改善基础设施条件,罗瑞雪索性带着铺盖和生活用品住到了村上。白天,和村干部一起到处熟悉地形,勘察公路建设路线,帮助规划发展产业,晚上就召开群众会,统一思想,发动群众,讨论研究扶贫规划和实施方案。

罗瑞雪不仅在工作上面临着重重困难,在生活上也极不方便。由于整天在山上跑来跑去,一天累得汗流浃背,身上又脏又臭,可就是没办法洗澡,尤其是上厕所就更不方便。刚到村里没几天就皮肤过敏患上丘疹性荨麻疹,手上腿上到处

■ 罗瑞雪为广东省省委书记汪洋(中)介绍扶贫爱心网

■ 罗瑞雪到复兴村贫困户家中填写贫困信息

都是水疱，奇痒难耐。到了冬季，被褥随时都是潮湿的，晚上总是睡不踏实。就在她一筹莫展准备打退堂鼓的时候，复兴村遭遇了百年不遇的特大雪灾，海拔800米以上的地段电杆倒了一大半，村民们又过着煤油灯照明的日子。在一次开完村民会后，天色已晚，罗瑞雪住到了村民徐国才家中，亲身体会了没有电灯的生活。

经过测算，要彻底打通这条通道，至少要花60万元。对于复兴村这样一个特困村来说，这无疑是一个天文数字！怎么办？罗瑞雪迅速赶回县城争取项目支持，在项目资金紧缺的情况下，多方筹资45万元建设资金（其中争取了厦门帮扶资金25万元），启动了复兴村道公路建设。在历时4个多月的工程建设中，罗瑞雪更是和老百姓同吃同住，共同参与公路建设。经过广大干部群众的共同努力，克服了一个又一个的施工困难。到2008年元旦时，全长24千米的复兴村村道公路终于全线贯通。盼望了几十年的公路终于打通，从此，复兴村民彻底告别肩挑背磨的运输方式，快步踏上致富道路。

公路通了，发展环境改善了，但村民的收入水平还没有增加，不少农户仍然处于贫困中，帮助村民发展产业脱贫致富成为罗瑞雪下一个奋斗目标。2008年春节后上班的第三天，她带着重庆市畜牧科学院武隆分院、重庆天生药业有限公司和武隆县蔬菜办等单位和企业的领导和专家，亲自到复兴村实地考察。经过考察论证，专家一致认为该村自然植被丰富，土质肥沃，气候宜人，非常适宜发展绿色产业项目。送走考察调研组后，她立即到重庆主城区各大农产品市场进行调查，她发现，市民对绿色农产品十分青睐，不仅需求量巨大，而且价格也很高，发展前景极为广阔。她根据该村实际制定了产业发展规划：在全村以送养方式发展特色生态土鸡养殖，规划年存栏达到5 000只；海拔800米以下的地区，大力发展庭院产业经济，重点发展特色水果、水产养殖等；海拔800米以上地区重点发展烤烟、蔬菜、中药材项目。通过大力发展，2009年，全村种植优质地膜烤烟1 000余亩，发展中药材500余亩、高山蔬菜1 000余亩，土鸡出栏3 500余只，仅这三项，就使农民增收400余万元。"不少贫困户当年就实现了脱贫目标。"村民邹清才在电话中说道。邹清才原本是复兴村的绝对贫困户，家里缺劳力，土地少，无法发展规模产业，长期以来一直在温饱线上挣扎。2008年，在罗瑞雪的动员和鼓励下，他喂养了100只土鸡，由县扶贫办采取送养方式为其免费赠送土鸡苗，经过4个月的喂养，当年就增收3 000元。今年尝到甜头的邹清才再次与罗瑞雪联系，要求在再订购鸡苗500只，现已存栏600余只。这批鸡出栏后收入上万元。

扶贫更要扶志，罗瑞雪深深地明白这个道理。路通了，产业有了，物质生活会越来越丰裕，但是不能忽略困难群众的精神生活。为了让村里的贫困户都能看上电视，了解国家的惠农政策，跟上现代文明的步伐，不再被时代遗忘，罗瑞雪向单位同事倡议为贫困户捐款购买电视机。这一倡议迅速得到了全扶贫办职工的积极响应，自发捐款为没有电视机的20户贫困户买来彩电，对已有电视机的19个贫困户给与600元的生产帮扶资金。在这次捐款活动中，还涌现出了不少感人的事迹。在他们的带动下，全办职工迅速行动起来，仅一天时间就筹集到捐款2.64余万元。

复兴村正如同它的名字一样，踏上了复兴之路。平坦的马路上，摩托车来来往往，群众脸上时时洋溢着幸福的笑容……

■罗瑞雪带着被褥前往复兴村蹲点抓扶贫

■罗瑞雪在复兴村召开座谈会规划产业发展

人物档案

姓名/郑清学
性别/男　**出生年月**/1964年10月
籍贯/吉林省白城市
职务/通榆县扶贫开发办办公室主任
主要事迹/先后争取到各项扶贫项目资金超过3.5亿元，累计解决了2.84万贫困人口的温饱问题，使67个行政村摆脱了贫困
荣誉/优秀党员领导干部、项目招商工作先进个人、工作目标责任制先进个人、十五期间扶贫开发工作先进个人、吉林省农村饮水安全工作先进个人

郑清学　扶贫战线默默奉献的好干部

　　他，没有惊天动地的丰功伟绩，没有令人振奋的豪言壮语，只是默默地奉献于他钟情的扶贫开发事业，心系弱势群体。他就是郑清学。郑清学凭着敢为人先的劲头和脚踏实地的作风，把一个贫困县的扶贫开发工作开展得有声有色，有力地推动了该县的扶贫开发事业。

　　通榆县地处吉林省西部，至今仍是国家扶贫开发工作重点县。通榆县面积大，村社分散，多数都是土公路，"晴天一身土，雨天一身泥"，农民群众出行、就医和子女上学都不方便，农副产品销售也很困难。为改变这种状况，郑清学先后向上级争取以工代赈资金2 784万元，为贫困乡村修扶贫公路20条，220千米，解决了16个乡镇80多个村超过12万人口行路难和农副产品出售难的问题，为通榆县"三横四纵"公路网的形成奠定了基础。

　　通榆县农业发展起步较晚，农民自身积累少，发展生产资金不足，而且农业基础设施薄弱，抵御自然灾害的能力很差。针对这些问题，郑清学克服单位工作人员少、资金紧张、工作压力大等诸多困难，经常跑省进京，一次又一次地向上级业务主管部门汇报工作，说明情况，沟通感情，争取支持。通过不懈的努力，在2004-2009年，他先后争取到各项扶贫项目资金3.5亿余元，其中以工代赈扶贫资金6 000多万元，扶贫贷款贴息资金235万元，村级发展互助式扶贫资金75万元，定点扶贫资金28 808万元，资助贫困大学生资金30余万元。这些资金累计解决了2.84万贫困人口的温饱问题，使67个行政村摆脱了贫困，农民的生产生活条件得到了明显改善，抗御灾害的能力明显增强，全县农村贫困程度明显缓解，小康进程明显加快。

俗话说"授人以鱼不如授人以渔"。为使全县贫困乡村百姓尽快脱贫，郑清学不断探索脱贫致富的方法和途径。通榆县劳动力多，但劳动力素质整体偏低，接受和利用新技术、信息的能力差，即使外出务工也多是从事技术含量低、工资低的行业。为解决这一问题，他积极向上级争取国家的有关劳动力转移培训的政策和资金。省扶贫办将通榆县职业教育集团管理中心认定为省级劳动力转移培训基地，同时，还动员贫困家庭子女到国家级劳动力转移培训基地——湖南长沙环球职业教育技术学院参加免费培训。几年来，郑清学还协调争取资金30余万元，资助农村150名贫困家庭子女圆了大学梦。

郑清学经常告诫自己："其身正，不令而行。"为带头垂范，他给自己定了准则：要有强烈的群众观念，要有良好的民主观念，要有牢固的组织观念，心要想到，力要尽到。他精打细算、厉行节约，坚持不搞铺张浪费，出差住宿找便宜房间，吃饭找便宜饭店，甚至有时吃方便面充饥。他从没有利用过手中的权力为个人、家庭和亲友捞过好处。凡是重大工作和重要调研材料，他都亲力亲为，经常加班加点，亲自撰写报告、材料。

为搞好全县扶贫开发工作，郑清学经常深入贫困乡村和农户进行深入细致的调查研究，认真听取乡村干部和贫困群众的意见、建议和有关要求，掌握了全县142个贫困村的基本情况。然后，根据扶贫开发工作进展情况制订各年度扶贫开发工作计划，为县委、县政府制订扶贫工作的重大决策提供了可靠的依据。

郑清学带领扶贫办的工作人员勤奋工作，收获了累累硕果。2004年，通榆县的以工代赈扶贫资金额度在全省8个贫困县中最少，2005年以来一直在全省名列前茅。2009年国务院扶贫办给通榆县批复2个项目，这在偏远的通榆县乃至全省都是空前的。

郑清学的敬业精神、工作干劲和业绩得到了上上下下的一致好评。然而，面对这些成绩和荣誉，郑清学却谦虚地说："这些成绩和荣誉是大家共同取得的，是广大干部职工和人民群众对党和国家扶贫工作大力支持的结果。"

中国扶贫开发协会 | 改变贫困的力量

人物档案

姓名/郑清宽
性别/男　出生年份/1950年
籍贯/云南省西畴县
职务/云南省扶贫开发办公室巡视员
主要事迹/在云南省扶贫办工作14年，为云南扶贫事业作出重要贡献。在地表面积3/4是石头的云南西畴县带领群众开展炸石头造田，增加了耕地面积，同时加大农业科技的应用力度，解决了农民的温饱问题。在此基础上，加大基础设施建设，改善民生
荣誉/全省优秀县委书记

郑清宽　"西畴精神"的奠基人

郑清宽，云南省扶贫开发办公室巡视员。他二十年如一日，不怕艰苦，求真务实，致力于云南的扶贫开发事业，在云南扶贫攻坚的历史长河中留下深刻的印记。

郑清宽1973年参加工作，曾任中共西畴县县委书记。西畴县是云南省典型的石漠地区，喀斯特地貌占全县面积的75.4%，人均耕地面积少，水贵如油，曾被国外专家称为"基本失去人类生存条件的地方"。倔强的西畴人不服气、不服输，决心像神话中的愚公移山一样，搬开石头种粮。西畴人这段改变贫穷的铿锵历史开始于20世纪90年代。时任西畴县县委书记的郑清宽，是这场特殊战斗的谋划者、指挥官、战斗员。他经常深入农村与基层干部、贫困群众一起研究制订炸石造地的措施。蚌谷乡木者村率先拉开了炸石造地的序幕，接着全县迅速铺开。短短一两年后，极为有限的耕地面积有了增加，加之农业科技措施的广泛应用，许多村社的粮食产量有了很大提高，吃饭问题基本解决。

伴随着各项惠农政策的落实，全县大力实施通电、通路、治水等工程，农村基础设施显著加强，人民生产生活条件得到明显改善，全县农村经济和社会事业有了新的发展。更为重要的是，西畴人的奋斗壮举为后代子孙积淀了"搬家不如搬石，

苦熬不如苦干；等不是办法，干才有希望"的"西畴精神"，这是鼓舞人们奋进的宝贵精神财富。由此，西畴县成为全国扶贫开发先进典型。1994年，郑清宽被评为全省优秀县委书记，受到省委、省政府的表彰奖励。

由于扶贫工作成绩突出，1996年郑清宽调到省扶贫办任副主任、巡视员，一干就是14年。他经常深入边疆地区、少数民族贫困地区调查研究，全省129个县市的山山水水留有他的足迹。

郑清宽时刻想着扶贫工作、心里装着贫困百姓，为全省扶贫开发工作出谋划策，尽职尽责，狠抓落实，优质高效完成任务。在扶贫开发重大活动中，他总是一马当先，一丝不苟，确保每次活动都取得圆满成功。2005年文山现场会、2007年大理现场会、2008年会泽现场会、2009年红河现场会，都是他率领相关负责同志深入会议参观现场调查研究，为现场会成功筹备打前战。参观现场的选择是现场会筹备中最艰苦的工作，每次现场会采点工作他总是愉快地接受，他因此被省委机关称为现场会的组织指挥专家。2009年3月，省委、省政府确定在红河州召开全省扶贫开发工作现场会暨社会扶贫表彰会。在此期间，省政府组织到马来西亚等国进行考察，他的出国手续已全部办理完毕，而出国时间恰恰是现场会的时间，于是他主动放弃出国考察的机会，一心扑在现场会筹备工作上。他的敬业精神得到了省委、省政府领导与参会人员的好评。

郑清宽主持编写了《扶贫指南》，编纂了《云南扶贫志》和专题扶贫丛书以及《云南扶贫政策法规汇编》，为指导全省扶贫开发工作留下宝贵的精神财富和物质财富。

郑清宽在学习实践科学发展观活动的心得体会中写道："要树立'心中为念农桑苦，耳里如闻饥冻声'的思想，真正用情、用心、用力地去工作，使贫困地区贫困人民早日摆脱贫困，过上富裕的生活。"

■郑清宽在保山市贫困县检查扶贫开发工作

■郑清宽在怒江州贫困县和贫困群众亲切交谈

中国扶贫开发协会 | 改变贫困的力量

人物档案

姓名／覃勋宏
性别／男　出生年月／1955年6月
籍贯／湖南隆回县
职务／湖南省邵阳市扶贫办主任
主要事迹／为邵阳市扶贫作出杰出贡献：解决了22.5万绝对贫困人口的温饱问题、90万人饮水困难、255个村的通路问题，改善灌溉面积202万亩、乡镇卫生院47所，新增用电村718个
荣誉／市政府记二等功、全国"双学双比"先进工作者、湖南省先进工作者

覃勋宏　一心为民的好主任

自1996年担任邵阳市扶贫办常务副主任以来，覃勋宏十多年如一日，扎扎实实做工作，为加快贫困地区的脱贫致富步伐作出了十分突出的贡献。鲁迅先生曾经说过："自古以来，我们就有埋头苦干的人，拼命硬干的人，为民请命的人……他们是我们民族的脊梁。"这正是覃勋宏的写照：反映民意，扎实工作，廉洁奉公。

覃勋宏对生于斯长于斯的邵阳大地，对养育了自己的邵阳人民有着深厚感情。从到扶贫办第一天起，他就将自己的全部身心投入到了邵阳的扶贫事业上。为了全面掌握邵阳的贫困状况，提出科学准确的脱贫方案，他不辞辛劳，跑遍了全市12个县、市、区所有贫困乡、村，上门走访贫困群众。期间挥洒了多少汗水，跑烂了多少双鞋子，连他自己也记不清楚。1999年7月至8月，他冒着高温酷暑，奔波于隆回、城步、邵阳、新宁、武冈、新邵等县市最偏远、最贫困的地方，所到之处，他都逐组逐户调研走访。由于连续工作，劳累过度，他不幸中暑，病倒在新宁县农村。当时陪同的同志劝他到县城打针治疗，休息几天，但考虑到当时正值要向省委、省政府和国务院扶贫办反映邵阳贫困现状，争取上级加大对邵阳政策支持力度的关键时刻，他喝了一支十滴水，牙一咬，又带病前往城步调查。

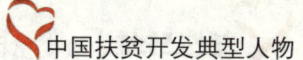

在一个多月的调查中，他记了整整8大本笔记，写出了关于邵阳贫困现状及对策的调查报告。通过一系列深入细致的调研，他将全市农村的贫困状况深深地印在了脑海里，无论何时领导要了解情况，他不用查资料，都可以准确无误地汇报出来。

为了让更多人关注邵阳的贫困状况，覃勋宏积极为市委、市政府当好参谋，想方设法邀请上级领导、新闻媒体到邵阳考察贫困状况。1999年10月，他将国务院扶贫办领导请到邵阳，6天考察了5个县，之后写出的《湖南五县调查情况的思考》引起了极大震动。此后，覃勋宏又分别邀请湖南省扶贫办领导和新华社、《湖南日报》等各大新闻媒体记者以及省政协常委赵世荣等赴邵阳考察。这些工作对邵阳得到上级的重点扶持起到了举足轻重的作用。

在将上级领导"请进来"的同时，覃勋宏也积极陪同市委、市政府领导"跑上去"。他先后6次上北京向国务院扶贫办及有关部门反映情况，数十次去长沙向省委、省政府领导及省扶贫办等相关厅局汇报工作。在漫长的"跑"的过程中，他呕心沥血，鞠躬尽瘁，做出了很大牺牲。2001年5月，他既有牙痛，又患咽喉炎，伤口化脓，溃疡十分严重，喝口水都疼痛，但他仍带病陪同市领导赴京汇报，一路上全靠吞稀饭支撑。到京后，他一边输液一边坚持工作，因为联

■覃勋宏陪同国务院扶贫办副主任王国良（前排左一）视察邵阳扶贫工作

■覃勋宏陪同湖南省副省长徐明华（右）视察邵阳市扶贫工作

■覃勋宏陪同国务院扶贫领导小组成员周玉清（右一）观看邵阳"雨露计划"成果影视资料

络工作和汇报情况讲话太多，最后嗓子完全嘶哑，说不出话来。同年6月，正值省里开会确定贫困县的关键时刻，覃勋宏刚做完牙齿的手术，医生要他至少休息1个月，等手术创面痊愈后再做咽喉手术。他却不顾医生劝告，要求医生接着做咽喉手术。医生告诉他此时动手术不仅会十分疼痛，而且手术成功率大大降低，他毫不犹豫地说："为了贫困地区的老百姓，我豁出去了。"手术后他没有休息，当天下午立即陪市领导赴北京汇报工作。在覃勋宏的多方奔波和努力协调下，上级对邵阳市的扶持规模取得了历史性的重大突破。

邵阳市贫困地区大都分布在高寒山区、干旱死角区等自然环境极其恶劣的地方，扶贫工作任务重、难度大、环境苦。覃勋宏总尽职尽责，深入基层，抓资金的使用管理，抓项目的建设实施，力争将每一个扶贫项目都办成造福群众的富民工程、惠民工程。

2003年2月，覃勋宏在城步县检查验收一个项目，来回走了十几里崎岖的山路，中途遇上倾盆大雨，浑身都湿透了，回到家后，他就病了。接下来几天的检查他还是坚持到场指导，没有好好休息过一天。邵阳县黄荆乡、新宁县巡田乡、武冈市天鹅乡、邵东县斫曹乡等是全市有名的干旱死角地区，群众喝水用水十分困难。他看在眼里，急在心里，多次向党委政府和有关部门汇报建议。为了帮助这些地方的老百姓早日喝上方便卫生的自来水，他亲自跑项目，筹资金，看现场，抓设计。在他的努力下，2007年，这些乡村的群众终于喝上了洁净甘甜的自来水，百姓无不为之感激涕零。

覃勋宏不仅苦干实干，而且善于思考学习，与时俱进，开拓创新。在工作内容上，他组织实施了产业扶贫、基础扶贫、科教扶贫、生态扶贫、社会扶贫"五大工程"；在工作措施上，他大力强化项目、资金、队伍"三大管理"；在工作方式上,他大胆推行激励机制,在全省扶贫系统率先实行了目标管理考核办法。他的这些举措,得到国务院扶贫办、省扶贫办和市委、市政府的充分肯定和表扬。

2008年11月,国务院扶贫办和中国国际扶贫中心组织的非洲贝宁消除贫困发展经济研修班一行赴邵阳进行实地考察,非洲朋友对邵阳市扶贫开发的巨大成就赞叹不已。

一分耕耘,一分收获。新世纪里,邵阳市的扶贫工作一年上一个新台阶,贫困地区面貌发生了前所未有的深刻变化:2002—2008年,全市共有22.5万绝对贫困人口解决了温饱问题,共解决了255个贫困村不通路的问题,新增和改善灌溉面积202万亩,新增用电村718个,解决了90万人饮水困难,解决了6886户群众的无房(危房)困难,改善了47所贫困乡镇卫生院设备。

覃勋宏始终牢记党和人民的养育之恩,铭记党组织的教育,以廉为本,以廉为荣。为保持整个班子的廉洁,他主持制订了《财务管理制度》并带头严格遵守,开支发票都由经手人签名,计财科审核,人秘科把关,分管领导审批。为防止关系项目的出现,他又主持制订了《项目审定规则》,所有项目都由集体研究把关,实行阳光办公。几年来,邵阳市贫困地区实施了大大小小几千个扶贫项目,从未出现过因项目安排不准导致群众上访告状的现象。

扶贫工作虽然很苦很累,但覃勋宏始终痴心不改,哪里最贫困,哪里最需要,他就到哪里去。数年来,他为了邵阳市的扶贫事业,费尽了心血,熬苦了身体,熬脱了头发,个人、家庭的事情经常是无暇顾及。有人不明白,问他为了什么,覃勋宏说:"我所做的这一切,都是为了养育我们的衣食父母"。

■覃勋宏陪同湖南省扶贫办主任张英雄(右)视察邵阳扶贫工作

■覃勋宏陪同国务院扶贫办领导小组成员周玉清(右)视察扶贫工作

| 中国扶贫开发协会 | 改变贫困的力量

人物档案

姓名／熊安福
性别／男　出生年份／1958年
籍贯／四川省资中县
职务／西藏左贡县扶贫办主任
主要事迹／探索出了一条具有左贡特色的扶贫开发之路，大大减少了左贡贫困人口。左贡贫困人口从2001年的2 639户14 827人，减少到2008年的612户3 138人，贫困户减少76.7%，贫困人口减少78.7%

熊安福　左贡特色扶贫创始人

熊安福，1997年到左贡县扶贫办工作以来，探索出了一条具有左贡特色的扶贫开发之路，为左贡贫困群众创造了许多实实在在的利益，大大减少了左贡贫困人口，改善了左贡贫困群体的生产生活现状。

熊安福深入调研，着眼长远，理清左贡扶贫开发思路。自1999年以来，熊安福不顾身体单薄，先后5次亲自带领办公室人员跋山涉水，深入左贡10个乡镇90%以上的贫困村庄实地调研。在每次调研中，因地理条件限制，都需要步行，每次下乡调研他都要花费1个月以上的时间，步行300千米以上的路程，导致脚掌磨出血泡，双脚臃肿，与其瘦弱的身体极不协调。有时到一个偏僻的贫困小村庄调研，路上来回就需要4天的时间。

为了在调研中更好更准地掌握第一手资料，熊安福常常向周边的藏族同胞学习藏语，特别是调研前，主动找他拟调研乡镇的群众学习当地方言，确保在调研中能与当地群众交流顺畅。调研时，他通过走村入户发放征求意见表、个别访谈、召开座谈会等方式，在深入浅出的谈笑中和群众打成一片，与群众零距离交流，准确把握贫困群众的贫困现状和当地潜在的资源优势。

熊安福按照扶贫办确立的整体扶贫开发思路，自2004年以来，采取以点带面、辐射周边的方式，逐步发展壮大经济林果特色产业和藏猪藏鸡养殖业建设。在特色产业建设中，熊安福既充分尊重项目区贫困群众的意愿，又紧紧抓住项目区潜在的资源优势，开展特色产业扶贫开发。经过近6年的特色产业扶贫开发，不仅从根本上解决了项目区的贫困现状，为项目区创造了一条可持续发展的致富之路，而且还有效带动了周边区域农牧民积极参与到特色产业建设之中。

熊安福有针对性地开展扶贫开发工作，从根本上解决贫困群体的贫困现状。2006年前，左贡县扎玉镇理巴村25户127名村民集体居住在西洛山上，耕地面积仅有162.5亩。那里山路崎岖，土地紧缺。随着人口的逐步增多，原有的土地生产能力远远满足不了理巴人民的生产生活需要。理巴人民逐步陷入了生活的困境，村民大半年的温饱都要靠国家的救济。熊安福组织人员先后3次深入理巴村实地调研致贫原因，找准了理巴村致贫的主要因素。通过精心选择，熊安福决定将理巴村选在水土资源良好的罗堆通。安居房建设每户补助标准统一按照特困户2.5万元的标准执行。经过3年紧张有序的建设，2008年底整体布局整齐、漂亮的新村安居房全部建完。在扶贫搬迁建设中，左贡县扶贫办一方面抓紧安居房的建设工作，另一方面积极组织农田基础设施建设，确保村民真正安居乐业。如今，村民已住进了安全适用的新居，屋后核桃、石榴、葡萄等树木长势良好，室内勤劳的农牧民怡然自得。

自2002年担任左贡县扶贫办主任至今，熊安福领导办公室工作人员取得了很大的成绩。当地建设经济林果产业3 498亩，藏猪、藏鸡年养殖规模达58 280头（只），改造中低产田4 508亩，扶贫搬迁40户；贫困户每年人均增收200元以上，生产生活得到改善。贫困人口从2001年的2 639户14 827人，减少到2008年的612户3 138人，贫困户减少76.7%，贫困人口减少78.8%。

■熊安福检查扶贫水渠

■熊安福深入扶贫工程施工一线

中国扶贫开发模范集体

单位档案

名称/长治市政府

主要事迹/为了解决人畜饮水难题，在中国扶贫开发协会的大力支持下，长治市政府经过3年的艰苦建设，完成总投资3.5亿余元的工程，建成农村饮水安全各类工程1 641处，提前两年完成了"十一五"规划目标，使3 334个自然村82.4万人喝上了卫生、洁净、稳定的自来水，从此长治人告别了找水、买水、挑水、拉水和饮水不安全的艰难历史

山西长治市政府
解决老区人民饮水难题全国典范

在中国扶贫开发协会的大力支持下，长治市政府经过3年的艰苦建设，完成总投资3.5亿余元的工程，建成农村饮水安全各类工程1 641处，提前两年完成了"十一五"规划目标，使3 334个自然村中82.4万人喝上了卫生、洁净、稳定的自来水，从此告别了长治人找水、买水、挑水、拉水和饮水不安全的艰难历史。

长治市位于山西省东南部，东屏太行山，西倚太岳山，地跨黄河、海河两大河流域。由于地处太行山之巅，长治古有"与天为党"之说，史称"上党"。长治全市辖13个县市区，面积13 896平方千米，其中丘陵山区占84.1%，总人口320万，其中农业人口241万。由于境内地形地貌较为复杂，水资源分布极不平衡，加之十年九旱、十年十春旱的气候特点，特别是西北部大部分农村地区的人畜饮水只能是依靠天然水，长治市农村饮水问题一直比较突出。据2005年普查，全市还有82.4万农村人口饮水不安全，占农村总人口的34.2%。根据中央和省委、省政府"十一五"规划的部署要求，2006年长治市政府解决了17万农村人口的饮水安全问题，但全市仍然有65.4万农村人口饮用苦咸水、不达标水，不少农民群众因水而病、因水而贫,已经成为影响农民群众身体健康和脱贫致富的重要因素。

要让老区人民尽早地喝到安全水,尽早摆脱因为饮水给他们造成的伤害,首要难题就是解决资金严重短缺的问题,突破新农村基础设施建设的瓶颈。2006年5月,中国扶贫开发协会会长胡富国在长治调研时一路走村串户,看到群众虽然走的是柏油路,但喝的是苦咸水、污染水、高氟水。尤其在城郊结合部的村庄,因市内自来水管未能覆盖,村民还在饮用已被工业、生活污水污染的地表水或浅层地下水,赶上旱季时还得去近处的单位买水。解决农村饮水安全问题,成为当地农民最关心、最直接、最现实的问题之一。带着对老区群众的深厚感情,胡会长一回到北京便与各家银行积极联系。一向富有爱心的国家开发银行行长陈元对此事高度重视,认为这不仅是一项惠及子孙后代、造福千家万户的民心工程,也是推进社会主义新农村建设的重要内容,同时还是国家开发银行在新领域、新行业的新尝试。2007年,在中国扶贫开发协会和国家开发银行的关心扶持下,在省委、省政府的支持帮助下,在市委、市政府的积极努力下,长治市被确定为"新农村建设与产业扶贫开发"全国试点市,全面开始加快实施长治老区农村饮水安全工程。长治市政府的具体做法是:

抓领导,定任务,奠定饮水安全工程责任基础。长治市政府与各县(市、区)水利局签订了农村饮水安全目标责任书,实行了"一位局领导包两个县、两个科

■中国扶贫开发协会会长胡富国(左二)参加饮水工程建设启动仪式

■长治市饮水工程

长包一个县,一包到底的包县负责制",规定每月第三周星期一下午定期召开包县人员汇报会,分阶段通报进展情况。从开工到验收,从进度到质量,全面负责,一包到底。长治市政府先后两次组织市局技术人员深入各县督促检查饮水安全工程建设情况,会同省开发银行、市发改委、市投资公司逐县检查资金财务支付情况,有效地促进和保证了工程的顺利开始。长治市政府还紧紧围绕"保障饮水安全"主题,通过电视、报纸等媒体大力宣传,设宣传点,办宣传栏,装宣传车,组织市直水利系统干部职工到劳动力缺乏的施工一线参加义务劳动,定期在电台行风热线做客,认真为老百姓解答疑难,倾听群众呼声,组织有关领导和人员深入乡村与群众代表对话,切实解决实际问题。从上到下,从市到县,从乡到村,构成了饮水安全工程建设责任链,保证了工程的快速推进。

抓投入,广筹资,确保饮水安全工程建设资金。在全省工程规划和工作要求的总体框架内,从国家开发银行贷款,以国家、省今后下达的饮水资金和市、县配套资金为主要还款来源,不足部分由市财政补齐,水利部门组织项目实施并负责建后管理。为解决2008—2010年的建设资金,共向国家开发银行贷款1.17亿元,省市贴息3 696万元,县级配套2 600万元。此外,长治市政府还采取多种形式,鼓励社会各界兴水办水,积极筹措工程建设资金,全市社会筹资在1 500万元以上。抓质量,建精品,提高饮水安全工程建设标准。为了保证饮水安全工程的质量,他们从一开始就把质量管理牢牢抓在手上,采取了一系列有效措施。在工程规划

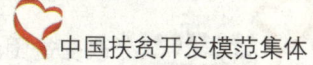

中,按照因地制宜和普惠的原则,坚持"四优先三结合":即优先解决长期以来未涉及过的村庄,优先解决严重缺水和水质严重超标的村庄,优先解决集中联片工程,优先解决延伸配套工程;把饮水安全与新农村建设、移民并村、地质灾害治理结合起来统一规划,合理安排。实行项目法人制、工程监理制、招投标制和合同管理制,所有工程建设的主要材料和设备实行了以县(市区)为单位的捆绑式政府集中采购或委托招标,施工队伍的选择,实行了招投标或合同管理,做到了公开、公正、公平。制定《农村饮水安全工程质量监督管理办法》,明确了各类工程项目的质量控制要点。工程验收严格按照省厅的验收办法执行。

抓机制,严管理,实现饮水安全工程永续利用。长治市政府对于集中供水工程实行统一的企业化管理;不断完善各项规章制度,严格操作规程,实行"水价、水量、水费"公示制度;逐步建立供水保障应急机制,让群众看到实实在在的利益,尽可能地推广工程运行自动化控制,大力推行自来水户表集装,安装防滴漏水表和防盗阀门,为工程长久正常运行打下了良好基础。通过全市农村饮水安全工程的加快实施,长治市政府得到的启示是:政府主导,社团中介,银行支持,财政贴息,企业运作,创新了社会公益事业建设的新机制;由于银行的介入大大加快了饮水安全建设的步伐;在政府投资项目中引入信贷资金,放大了财政资金的功效,缩短了工程建设周期,早完工、早受益;由于政府的主动性,加上银行的专业性兼管,农村饮水安全建设管理得到进一步加强。这些经验对进一步推进农村公益性建设项目具有借鉴意义。

长治市政府提前两年完成了"十一五"规划的82.4万农村人口的饮水安全问题,实现了饮水安全的基本覆盖,为全市农村全面建设小康社会作出巨大的贡献。

■村民们喝上了干净的饮用水

■苗家庄水调控池

中国扶贫开发协会 | 改变贫困的力量

单位档案

名称/海南航空公司
建立时间/1993年
主要事迹/捐款、捐物、捐机票价值达5.3亿元
规模/资产近900亿元，员工人数达3.9万余人，中国第四大航空公司
荣誉/中国最具社会责任感企业20强、中华慈善事业突出贡献奖、中国公益事业十大先锋企业、中华慈善事业提名奖、中华慈善奖最佳内资企业奖、全国工商联系统抗震救灾先进集体

海南航空 中国公益事业先锋企业

　　海南航空成立于1993年，已经由一家单一的航空运输企业，发展成目前以航空运输业为主体，向上下游产业延伸而成的集航空运输业、机场管理业、酒店管理业、旅游服务业和其他相关产业为一体的大型企业集团，目前拥有资产近900亿元，员工人数达3.9万余人。2002—2008年，海航集团连续7年入选中国企业500强。2008年，海航集团位列海南百强企业第一名。海航已跻身中国四大航空集团之列，其安全、正点、服务三项运营指标皆名列民航前茅，为中国民航创造了一个优秀的航空品牌，被温家宝总理称为"中国最好的航空公司"。2005年，海航决定创建大新华航空集团，立志创建中华民族的世界级航空品牌和中华民族的世界级企业，为实现民航强国作出新的贡献。

　　海航在取得自身迅速发展的同时，大力弘扬"为社会做点事，为他人做点事"的企业文化精神，将社会责任提高到企业发展的战略高度，积极承担起企业应负的社会责任，大力支持社会公益事业，向自然灾害地区、贫困地区、残疾人联合会、慈善总会、红十字会、青少年发展基金会、妇女发展基金会、环境保护协会、海南省万宁市、琼中县、白沙县等地区、单位或个人捐款、捐物、捐机票价值达5.3

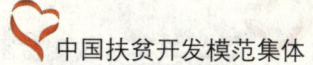

亿元，为社会公益事业的发展作出了突出贡献，得到社会的广泛赞扬。

2006年，海航集团荣获"中国最具社会责任感企业20强""中华慈善事业突出贡献奖""中国公益事业十大先锋企业"等荣誉称号；2007年荣获"中华慈善事业提名奖"。2008年获得"中华慈善奖最佳内资企业奖"、全国工商联系统"抗震救灾先进集体"荣誉称号。

为加大对社会公益事业的支持力度，自2001年起，海航从"幸运之旅"机票拍卖活动所得收入中抽取50%，建立海航"幸运之旅"扶贫捐献专项基金，有了开展社会公益工作稳定的资金来源。同时，努力探索企业参与社会公益、扶贫、慈善事业的模式，初步形成了海航社会公益工作的体系，主要工作内容有支持教育、帮孤助残、扶贫赈灾等几类。

一、支持教育，扶贫先扶智

设立贫困大学生助学金。从2000年起，海航设立海南优秀贫困大学生助学金，每年资助海南生源考入国家重点高校的贫困大学生30人，每人2 000元，2张机票。设立"海航励志班"。海南省琼中县是我国黎苗族的主要发祥地和聚居地，是国家扶贫开发工作重点县。2005年9月，海航集团与琼中县人民政府签署战略合作意向书，海航集团资助琼中县20名贫困优秀高中毕业生上大学（每人每年1张往返程机票，1 000元生活费资助，资助4年），并在琼中中学设立"海航励志班"，资助50名贫困高中生（每人每月100元生活费补助，资助3年）。

捐助高校奖学金。1998年，海航成立5周年之际，向海南大学捐助40万元

■2008年12月，航海集团董事长陈峰（左二）代表海航集团参加民政部主办的中华慈善奖颁奖典礼

■2006年7月，海航——青藏高原光明行在青海启动

修建图书馆，同时在海南大学设立第一个"海航奖学金"。之后在全国10所大学设立海航高校奖学金，每年每校奖励10人，每人3 000元。

设立海南优秀农村教师奖励基金。2004年9月，海航捐资28万元，与海南省教育厅联合开展评选表彰海南省100名优秀农村教师活动，以呼唤全社会对农村教育的重视和支持。此次大面积评选"优秀农村教师"为国内首创。

二、帮孤助残，引导社会潮流

"海航——青藏高原10年光明行动"给贫困患者带来希望。海航集团积极响应国家号召，于2004年开始开展"海航——青藏高原10年光明行动"，计划在2004—2013年间，出资500万元，为2 000名白内障患者购买人造白内障晶体，并由北京同仁医院和全国防盲技术指导组为白内障患者治疗，使他们重见光明。自2004年7月在青海省果洛自治州班玛县正式启动"海航——青藏高原10年光明行动"以来，该活动已先后在青海班玛、玉树、西藏拉萨、日喀则、林芝、四川理塘、内蒙古、新疆、甘肃等地为约3 000名各族贫困白内障患者进行了复明治疗，得到了当地政府和群众的高度赞扬。

成立海南特困儿童援助协会。2002年9月，海航带头捐资3万元，联合海南省妇联共同发起成立海南省特困儿童协会，旨在帮助海南的流浪儿童、孤儿、残疾儿童、失学儿童及黎苗山区的贫困儿童等。该协会得到社会热烈响应，共有20多家企业捐款加入，有70多名富有爱心的个人成为会员。组建几年来，共收集

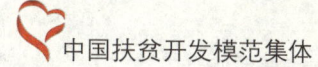

善款50多万元,开展了到社会福利院看望孤儿、帮助流浪儿童寻找亲人、帮助失学、辍学儿童重返校园等系列活动,共帮助困难儿童300名。

三、扶贫赈灾,雪中送炭

饮水思源,为海南人民打100口"至善井"。2003年,海航创建10周年之际,为了回报海南人民,海航制订"至善井"计划,计划投资2 000万元,用10年时间为海南缺水地区打100口水井,配合人民政府解决饮水的难题,帮助当地群众早日奔小康。到目前,海航已在海口、文昌、澄迈等地完成"至善井"50口,解决了约7万人的饮水困难问题,同时使部分的农田得到灌溉。

急人民所急,当救灾急先锋。2004年受厄尔尼诺现象等因素影响,海南发生了50年来最严重的旱灾。海航捐助80万元,帮助海南人民建设抗旱工程。同时,海航员工发起向海南干旱灾区"捐一车水"的活动,共向海南灾害地区捐款10.6万元,为海南人民抗旱斗争作出应有的贡献。2005年9月26日,台风"达维"正面袭击海南,这是32年来海南遭遇的最大最强的台风,给海南人民带来了巨大的损失。面对罕见的灾情,海航弘扬中华民族"一方有难,八方支援"的优良传统,捐款200万元支持海南灾区人民开展灾后重建工作。2008年5月,四川发生8级地震,海航集团投入救灾运力成本18 376万元,集团捐款100万元,员工捐款超过439万元,其中党员缴纳救灾"特殊党费"134万余元。同时,海航集团联手台湾新光人寿公司,共向四川、甘肃、陕西和中国民航广汉飞行学院捐建校款1 500万元。

■2005年7月18日,海航——西藏光明行在拉萨启动,国务委员刘延东(右六)、西藏自治区领导以及海航集团董事局主席陈峰(右七)出席启动仪式并合影